Drømmen om å reise er en drøm om å utvide
landskapet rundt meg til også å omfatte
det som er bak synsranden.
- av ukjent opprinnelse.

The dream to travel is a dream about
expanding the landscape around me to also
include that which is beyond the horizon.
- origin unknown.

Der Traum zu reisen ist ein Traum,
die Landschaft um mich zu erweitern,
um auch das zu erfassen,
was hinter dem Horizont liegt.
- Herkunft unbekannt.

Bed & Breakfast

Norge
Norway
Norwegen

2000 2001

Redigert og illustrert av:
Anne Marit Bjørgen
& Bodil Sandøy

4de utgave, 1ste opplag
Norsk tittel: Bed & Breakfast Norge
English title: Bed & Breakfast Norway
Deutscher Titel: Bed & Breakfast Norwegen
Boken er utgitt med støtte fra B&B-produktgruppe i Norsk Bygdeturisme (NBT).
Kartmateriell: Kilde Statens kartverk nr. LAD 82002-R78378

Spørsmål angående denne boken stilles til:
B&B Norway AS, Østerdalsgaten 1J, 0658 Oslo, Norway.
Tlf.: (+47) 88 00 23 13 Fax: (+47) 22 19 83 17
E-mail: bbnorway@online.no
Web: www.bbnorway.com

Omslagsdesign: Gustav Dietrichson AS, Bærum
Grafisk produksjon: a.s Joh. Nordahls Trykkeri, Oslo
Omslag: 240 g Invercoat
Materie: 80 g G-print

ISBN 82-91441-03-0
ISSN 1501-4797

Innhold
Contents
Inhaltsverzeichnis

Solvår's B&B, Elverum, page 69

Norumgården B&B, Narvik, page 184

Forord

Vi er stolte over å presentere for deg denne fjerde utgaven av norsk gjestfrihet.
Vi håper at du som bruker boken vil få en rik ferieopplevelse ved å treffe nordmenn i sine hjemlige omgivelser og bli invitert til overnatting og ferieopphold i deres respektive hus og hytter.
Totalt finner du 136 utleietilbud fordelt på nesten like mange geografiske steder i Norge.
Det ferietilbudet du nå holder i hånden ønsker vi å videreutvikle, og bare du kan fortelle oss hvordan det kan bli bedre.
Vi ønsker derfor å høre fra deg. På side 219 kan du skrive noen ord om dine inntrykk og erfaringer som B&B-gjest og som bruker av denne boken og sende dem til oss.
Hvis du leter etter B&B på et spesielt sted i Norge som du ikke finner i boken, så ta gjerne kontakt med oss, vi får stadig kontakt med nye tilbydere.
Bakerst i boken gir vi deg informasjon om B&B i andre land.

Preface

We are proud to present, to tourist and traveller alike, this fourth edition of Norwegian hospitality. Our goal is to enrich the vacation experiences of the reader by meeting Norwegians in their home environments and by inviting the reader to overnight and vacation lodgings in the hosts' homes and cottages.
This book includes 136 lodgings distributed over as many geographical locations in Norway.
This compendium of lodging opportunities undergoes continual change, and we rely on you to help us improve it. We hope you will turn to page 219 and write down your impressions and experiences as our B&B-guest and as a user of this book and send them to us.
If you cannot find a B&B in a particular area in Norway, please inquire with us as we continually make new contacts with potential hosts.
In the back of the book we provide information on B&B's in other countries.

Vorwort

Wir sind stolz darauf, Ihnen als Tourist norwegische Gastlichkeit in dieser dritten Ausgabe von "Rom i Norge" anbieten zu können. Wir hoffen, dass dieses Angebot Ihre Ferienerlebnisse bereichern kann, wenn Sie Norweger in ihrer eigenen Umwelt treffen und in ihren Häusern und Hütten zu Übernachtung und Ferienaufenthalt eingeladen werden. Insgesamt finden Sie 136 Vermietungsstätten, die sich auf beinahe gleichviele geografische Stellen in Norwegen verteilen.
Dieses Ferienangebot möchten wir gerne weiterentwickeln und nur Sie können uns berichten, wie wir es verbessern können. Auf Seite 219 können Sie Ihre Erfahrungen als B&B-Gast und Benützer dieses Buches aufschreiben und an uns schicken.
Sollten Sie in diesem Buch vergeblich nach B&B an einem bestimmten Ort in Norwegen suchen, wenden Sie sich bitte an uns, da wir laufend Kontakt mit neuen Anbietern haben.
Auf den letzten Seiten finden Sie Information über B&B in anderen Ländern.

	Symbolforklaring	Symbol reference	Symbolerklärung
120	Bed & Breakfast åpent hele året	Bed & Breakfast open year round	Bed & Breakfast ganzjahrig geöffnet
137	Bed & Breakfast åpent om sommeren	Bed & Breakfast open in summer	Bed & Breakfast im Sommer geöffnet
126	Selvhushold åpent hele året	Selfcatering open year round	Selbsthaushalt ganzjahrig geöffnet
148	Selvhushold åpent om sommeren	Selfcatering open in summer	Selbsthaushalt im Sommer geöffnet
	Tallet refererer til sidetallet i boken.	The number refers to page number.	Die Zahl bezieht sich auf die Seitenzahl des Buches.

Fylkene / The departments / Die Provinzen

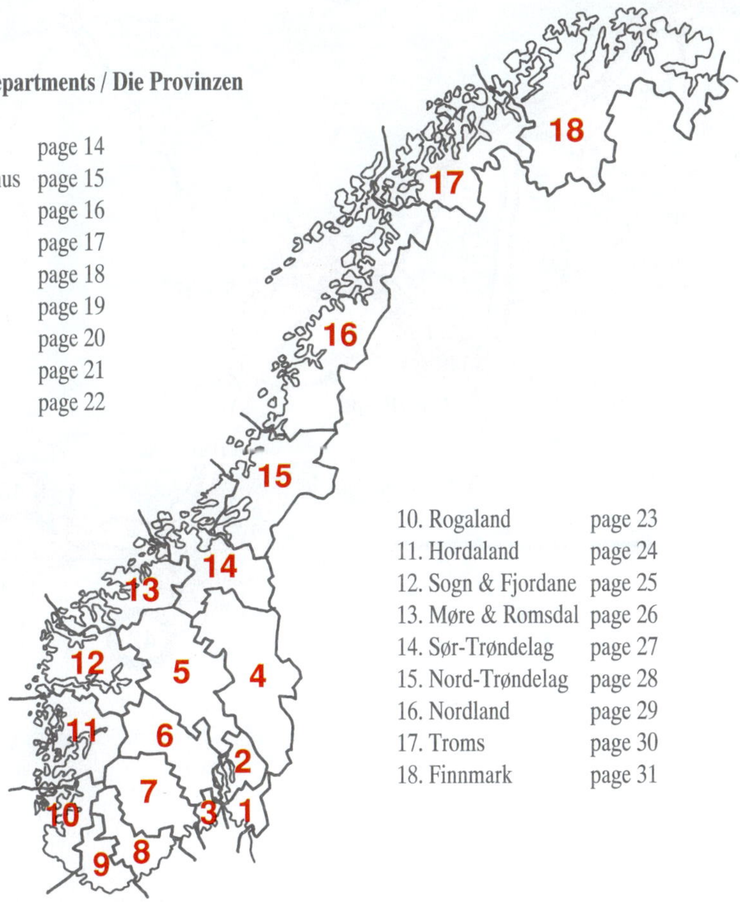

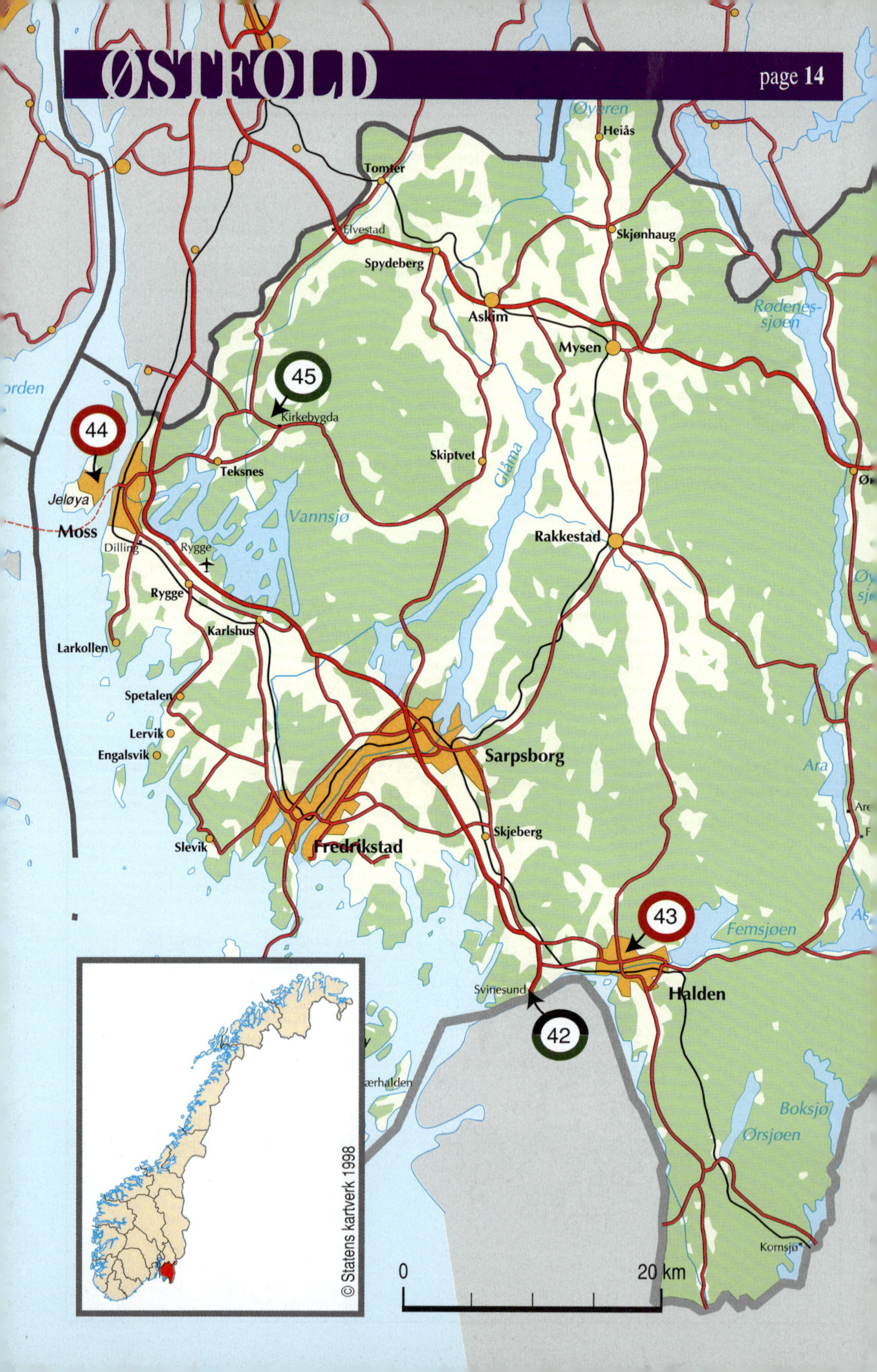
Øyeren
Heiås
Tomter
Elvestad
Spydeberg
Skjønhaug
Askim
Rødenes-sjøen
Mysen
45
Kirkebygda
44
Skiptvet
Glåma
Teksnes
Jeløya
Vannsjø
Moss
Dilling
Rygge
Rakkestad
Rygge
Karlshus
Larkollen
Spetalen
Lervik
Engalsvik
Sarpsborg
Ara
Skjeberg
Slevik
Fredrikstad
43
Femsjøen
Svinesund
Halden
42
Boksjø
Ørsjøen
Kornsjø
0
20 km
© Statens kartverk 1998

OSLO & AKERSHUS

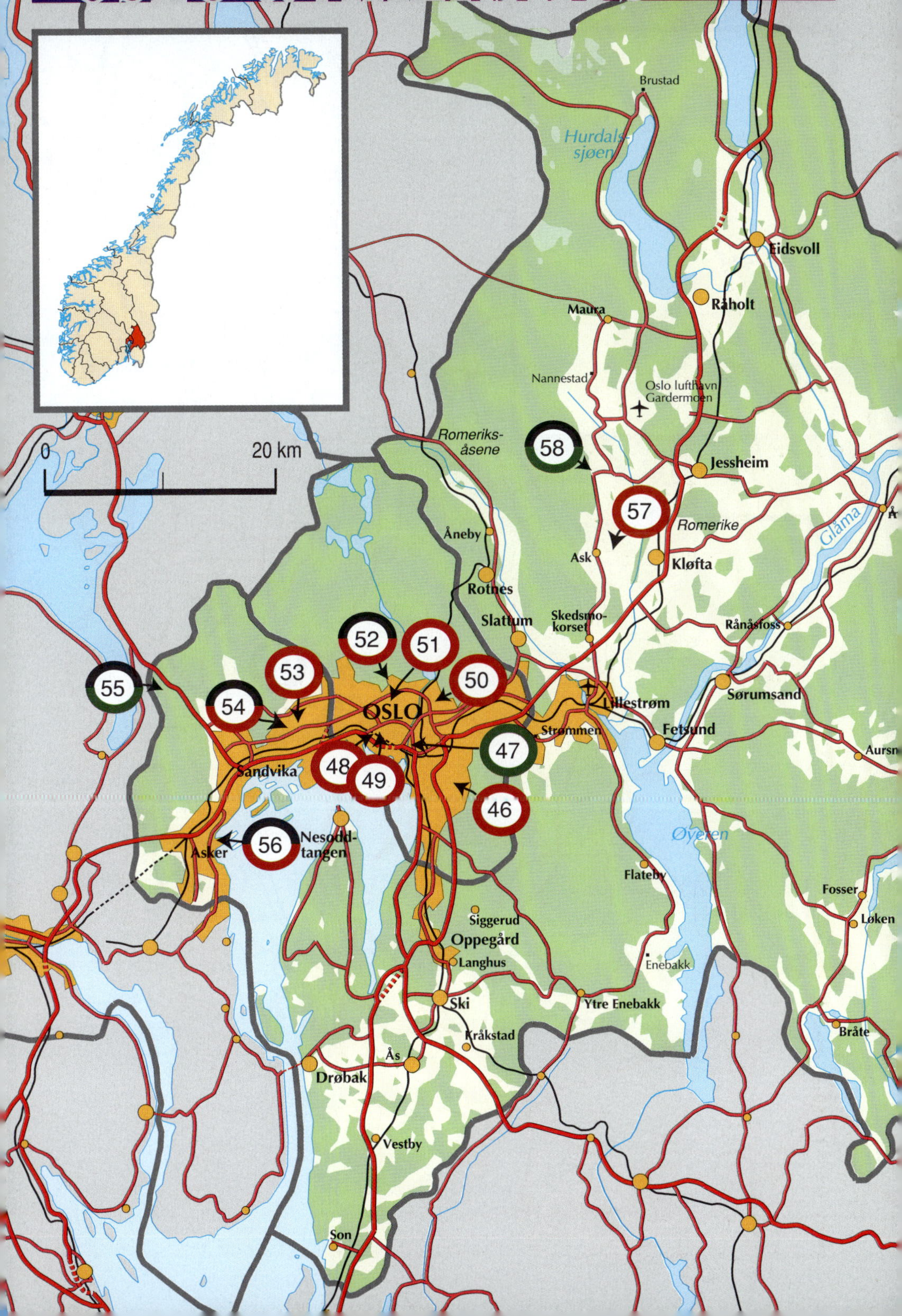

VESTFOLD

0
10 km
59
Svelvik
Sande
Eikeren
Hof
Berger
Oslofjorde
Holmestrand
HORTEN
Sørby
Nykirke
Svarstad
Numedalslågen
Ramnes
Åsgårdstrand
Andebu
60
Barkåker
Sem
TØNSBERG
SKIEN
Stokke
Melsomvik
Borgheim
Kvelde
PORSGRUNN
Årøy-
sund
Farris
SANDEFJORD
Tjøme
Verningen
LARVIK
Tjøllingvollen
Stavern
Helgeroa
Nevlunghavn

HEDMARK

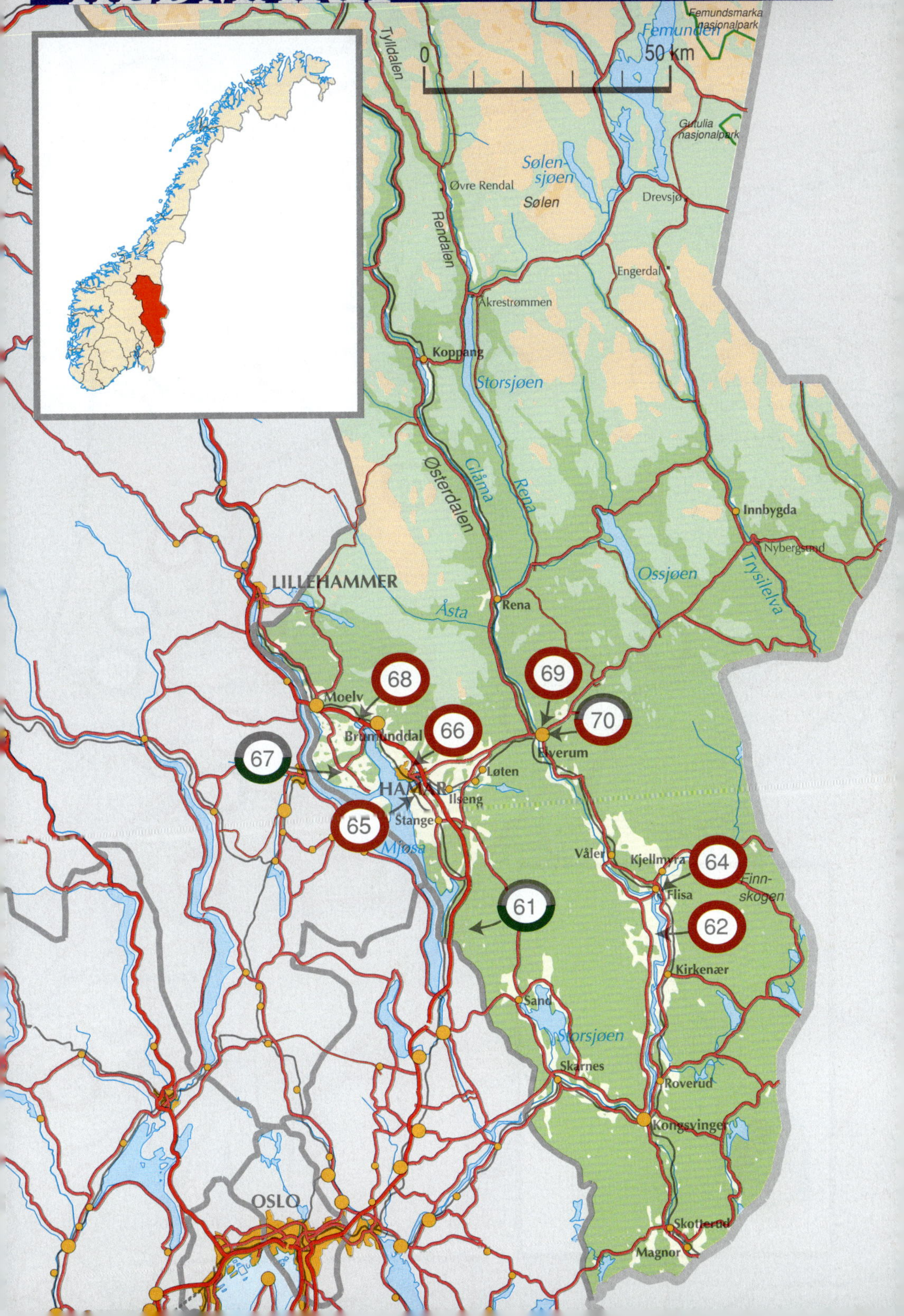
Tolga
Femundsmarka nasjonalpark
Femunden
0
50 km
Tylldalen
Gutulia nasjonalpark
Sølen-sjøen
Øvre Rendal
Sølen
Drevsjø
Rendalen
Engerdal
Akrestrømmen
Koppang
Storsjøen
Østerdalen
Glåma
Rena
Innbygda
Nybergsund
Trysilelva
Ossjøen
LILLEHAMMER
Åsta
Rena
68
69
Moelv
Brumunddal
66
70
Elverum
67
Løten
HAMAR
Ilseng
Stange
65
Mjøsa
Våler
Kjellmyra
64
Flisa
Finn-skogen
61
62
Kirkenær
Sand
Storsjøen
Skarnes
Roverud
Kongsvinger
OSLO
Skotterud
Magnor

OPPLAND

Aursjøen
Dovrefjell nasjonalpark
Dovre-
fjell
Reinheimen
Lesja
Dombås
Dovre
Rondane
Lågen
Ottadalen
Bismo
Vågåmo
Lom
Sel
Rondane nasjonalpark
Otta
Sjoa
Kvam
Jotunheimen
Memurubreen
Jotunheimen nasjonalpark
Sjodalen
Vinstra
Ringebu-
fjellet
Hundorp
Ringebu
Gudbrandsdalen
Gjende
Fåvang
Valdresflyi
Tyin
Bygdin
Vinstri
Tretten
Gausdal
Vangsmjøsi
Ormtjernkampen nasjonalpark
Øyer
Forset
Follebu
Grindaheim
Heggenes
Slidre
Fåberg
LILLEHAMMER
Synnfjell
Leirin
Fagernes
Leira
Valdres
Aurdal
Bruflat
Torpa
Biri
Bagn
Dokka
Begna
Land
Raufoss
GJØVIK
Hov
Reinsvoll
Kolbu
Kapp
Lena
Eina
Skreia
Toten
Randsfjorden
Brandbu
Jaren
Gran
Roa
Jevnaker
0
50 km
89
85
88
84
86
83
81
82
80
72
71
79
78
76
74

BUSKERUD

Hemsedalsfjella
Hemsedal
Hemsedal
Reine-
skarvet
93
Gol
ÅL
Hol
Geilo
Nesbyen
Hallingdal
Hallingdalselvi
Dagali
Tunhovd-
fjorden
Flå
Sperillen
Viker-
fjell
Ådalen
Rødberg
Norefjell
92
Eggedal
Sokna
Hallingby
Krøderen
Numedal
Noresund
HØNEFOSS
Krøderen
Tyristrand
Vik
Prestfoss
91
Tyrifjorden
90
OSLO
Rollag
Numedalslågen
Vikersund
Geithus
Finnemarka
Åmot
Sylling
Dle-
fjell
Lampeland
Skotselv
Tranby
Lier-
byen
Hokksund
Vestfossen
Røyken
Nærsnes
Mjøn-
dalen
DRAMMEN
Eikeren
Åros
KONGSBERG
Skoger
Sætre
Skrimfjella
Tofte
Hvittingfoss
Oslofjorden
Lågen
0
50 km

TELEMARK

Mår
Kvennedalen
Kalhovd-fjorden
Hardangervidda nasjonalpark
Møs-vatnet
Rjukan
Tinnsjå
Haukeli-grend
Rauland
Blefjell
99
96
Sauland
Åmot
Notodden
Seljord
Lifjell
Dalen
Bandak
Kviteseid
Bø
Gvarv
Akkerhaugen
Fyresdals-heiane
Vråvatn
Lunde
Norsjø
Ulefoss
Siljan
Fyresdal
Nisser
Skotfoss
Åfoss
Skien
Fyresvatnet
Porsgrunn
94
Eidanger
Drangedal
95
Langangen
Brevik
Grenland
Treungen
Stathelle
Langesund
Helle
Vadfoss
Kragerø
0
30 km

AUST-AGDER

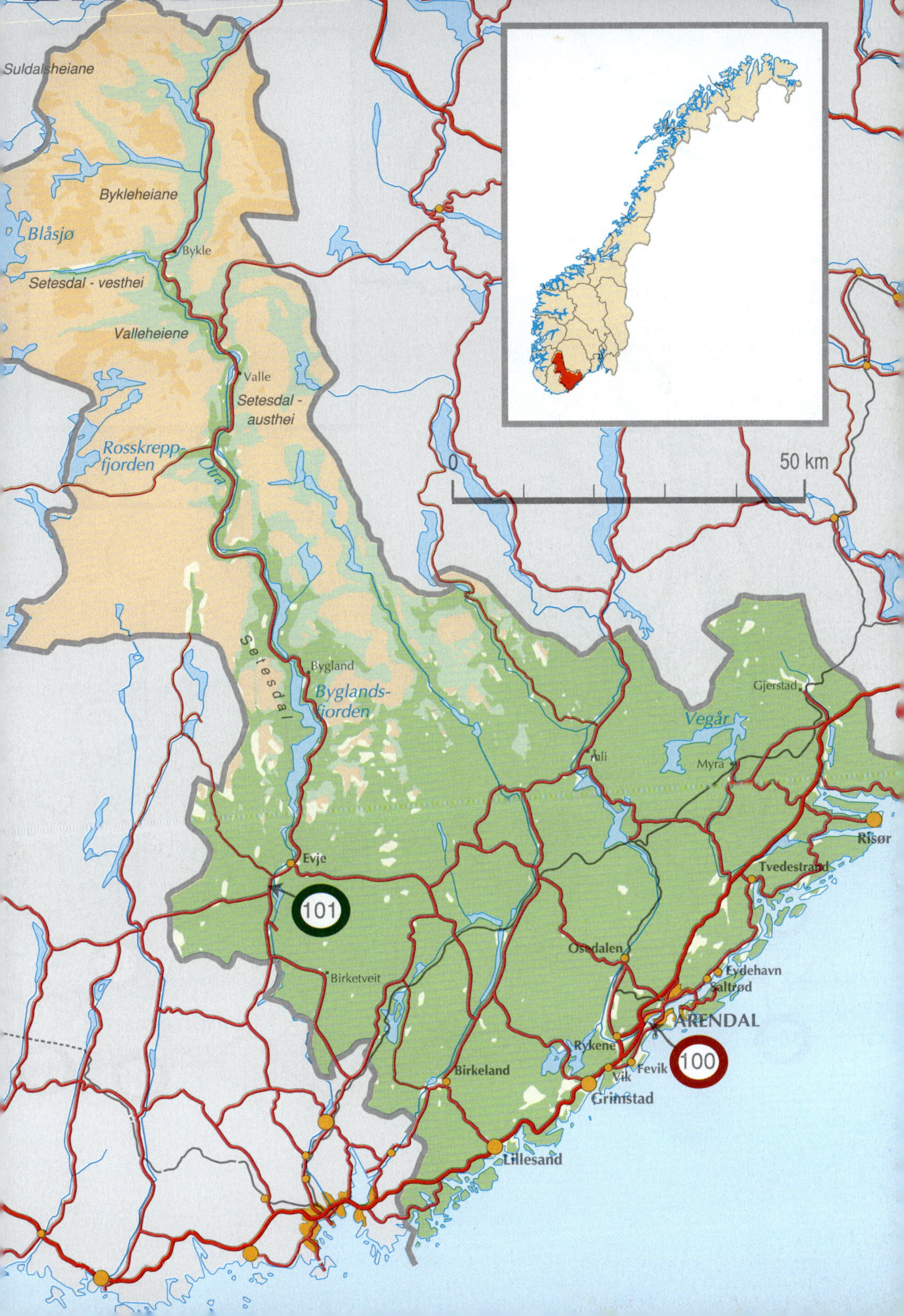
Suldalsheiane
Bykleheiane
Blåsjø
Bykle
Setesdal - vesthei
Valleheiene
Valle
Setesdal - austhei
Rosskrepp-
fjorden
Otra
0
50 km
Setesdal
Bygland
Byglands-
fjorden
Gjerstad
Vegår
Åmli
Myra
Risør
Evje
101
Tvedestrand
Osedalen
Birketveit
Eydehavn
Saltrød
ARENDAL
Rykene
100
Birkeland
Vik
Fevik
Grimstad
Lillesand

VEST-AGDER

Rosskrepp-fjorden
Sirdals-heiane
Øyar-vatnet
Valevatn
Kvi-fjorden
Sirdalen
Tonstad
Sirdals-vatnet
Kyrkjebygdi
0
20 km
Sira
Kvinesdal
Lygne
Byremo
Birkeland
Flekkefjord
Liknes
Otra
Vennesla
Marnardal
Mosby
106
Lista
Vestbygd
Vanse
103
Nodeland
Lyngdal
Farsund
KRISTIANSAND
105
Vigeland
Søgne
104
102
Mandal
SKAGERRAK

ROGALAND

Røldals-
fjellet
118
Sauda
Sletta
HAUGESUND
Vikadal
Haugalandet
Sand
Suldals-
heiene
Førde
Aksdal
Avaldsnes
116
Ryfylke
Blåsjø
Veavågen
Kopervik
Åkrahamn
Føresvik
114
Skudeneshavn
Judaberg
Kvitsøy
Vikevåg
113
Tau
Randaberg
112
Jørpeland
STAVANGER
Tananger
111
Sørnes
Sola
110
Forsand
SANDNES
Vatne
Oltedal
Kvernaland
Figgjo
Kleppe
Klepp
Ålgård
Bryne
0
30 km
Nærbø
Varhaug
Vikeså
Jæren
Vigrestad
Dalane
109
Egersund
Moi
Hauge

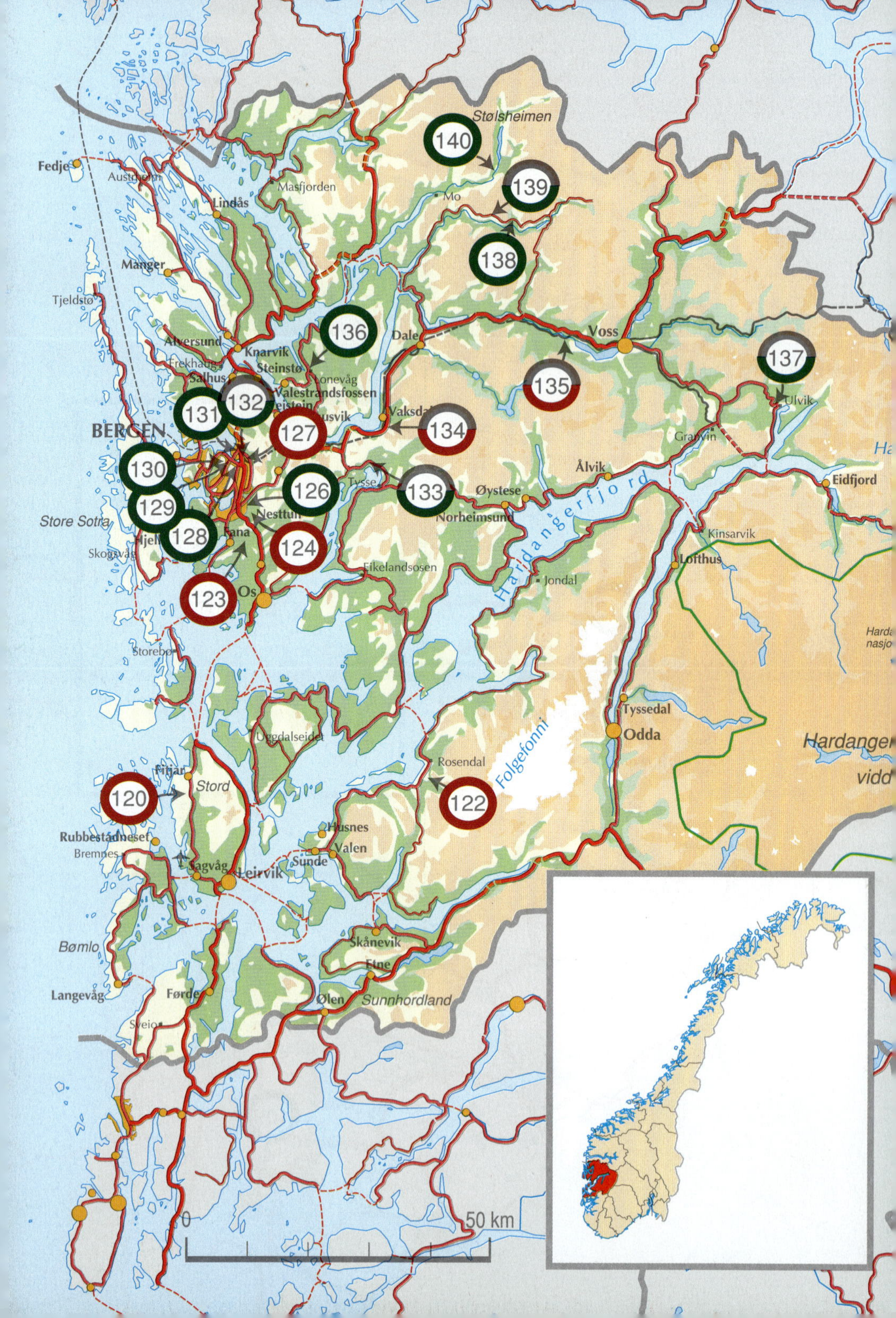
Stølsheimen
140
139
138
Mo
Masfjorden
Fedje
Austrheim
Lindås
Manger
Tjeldstø
Alversund
Frekhaug
Knarvik
Steinstø
Salhus
Lonevåg
Valestrandsfossen
Eikangervåg
136
Dale
Voss
135
137
Ulvik
131
132
127
134
Vaksdal
Osterøy
BERGEN
130
126
133
Tysse
Øystese
Norheimsund
Ålvik
Granvin
Eidfjord
129
Store Sotra
128
Nesttun
Fana
124
Hjelme
Skogsvåg
Hardangerfjord
Kinsarvik
Lofthus
Eikelandsosen
Jondal
123
Os
Storebø
Tyssedal
Odda
Uggdalseidet
Hardangervidda
Rosendal
Folgefonni
122
120
Fitjar
Stord
Rubbestadneset
Bremnes
Husnes
Valen
Sagvåg
Leirvik
Sunde
Bømlo
Skånevik
Etne
Langevåg
Førde
Ølen
Sunnhordland
Sveio
0
50 km

SOGN & FJORDANE

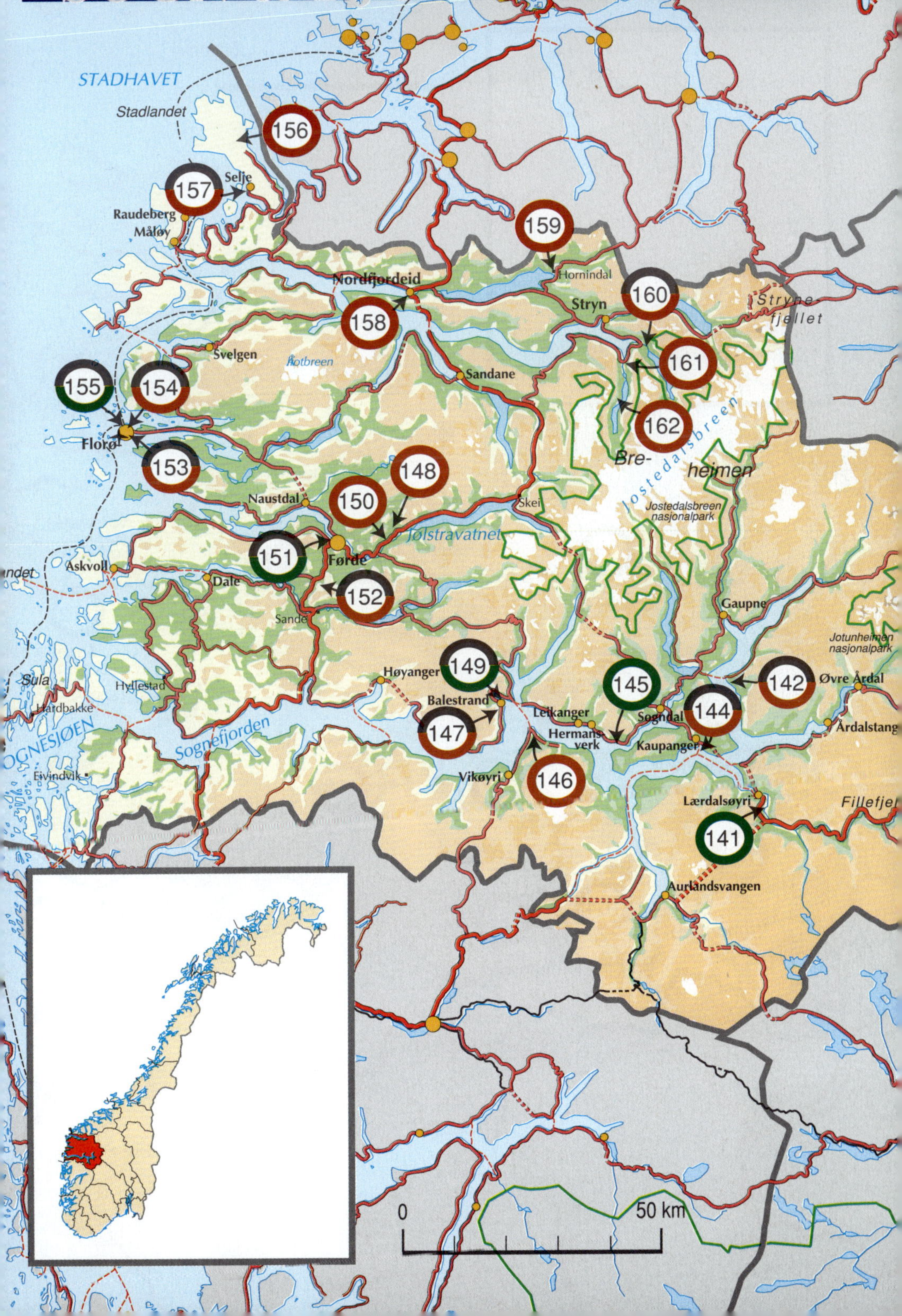

MØRE & ROMSDAL

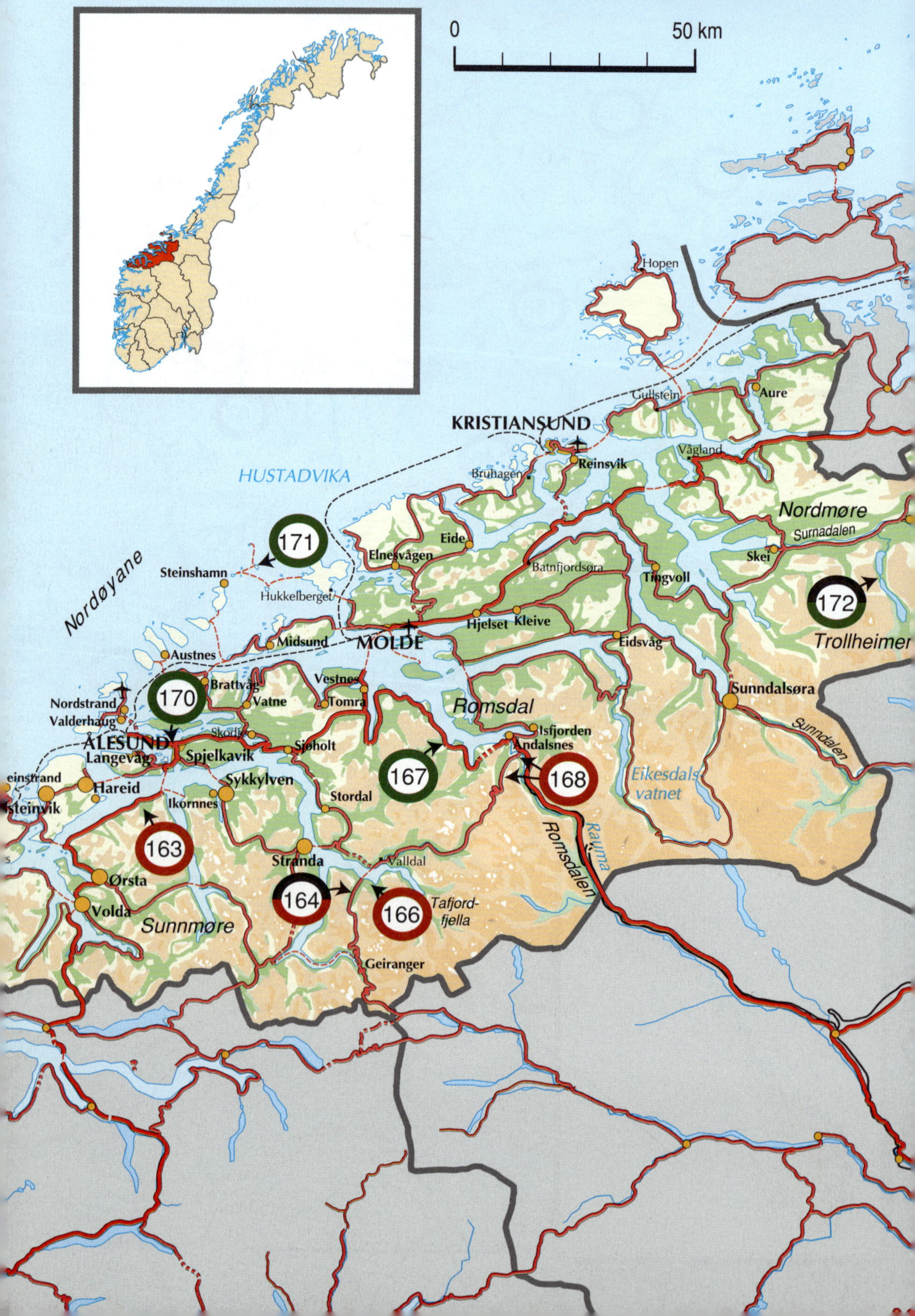

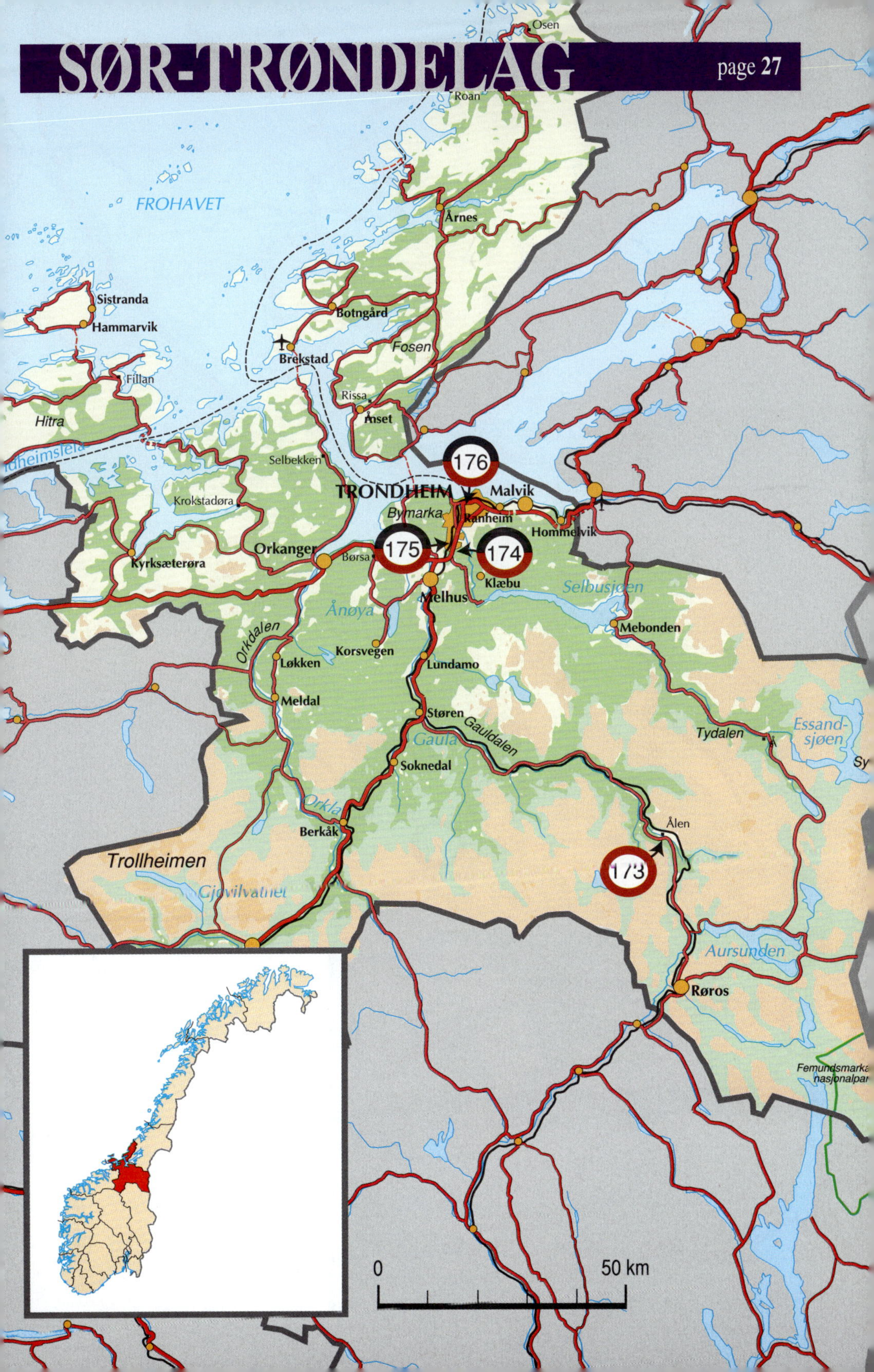
Osen
Roan
FROHAVET
Årnes
Sistranda
Hammarvik
Botngård
Fosen
Brekstad
Fillan
Hitra
Rissa
Åset
Selbekken
176
TRONDHEIM
Malvik
Bymarka
Ranheim
Hommelvik
Krokstadøra
Orkanger
Børsa
175
174
Kyrksæterøra
Klæbu
Selbusjøen
Melhus
Ånøya
Mebonden
Orkdalen
Korsvegen
Løkken
Lundamo
Meldal
Støren
Gauldalen
Tydalen
Essand-
sjøen
Gaula
Soknedal
Orkla
Ålen
Berkåk
173
Trollheimen
Gjevilvatnet
Aursunden
Røros
Femundsmarka
nasjonalpar
0
50 km

NORD-TRØNDELAG

NORDLAND

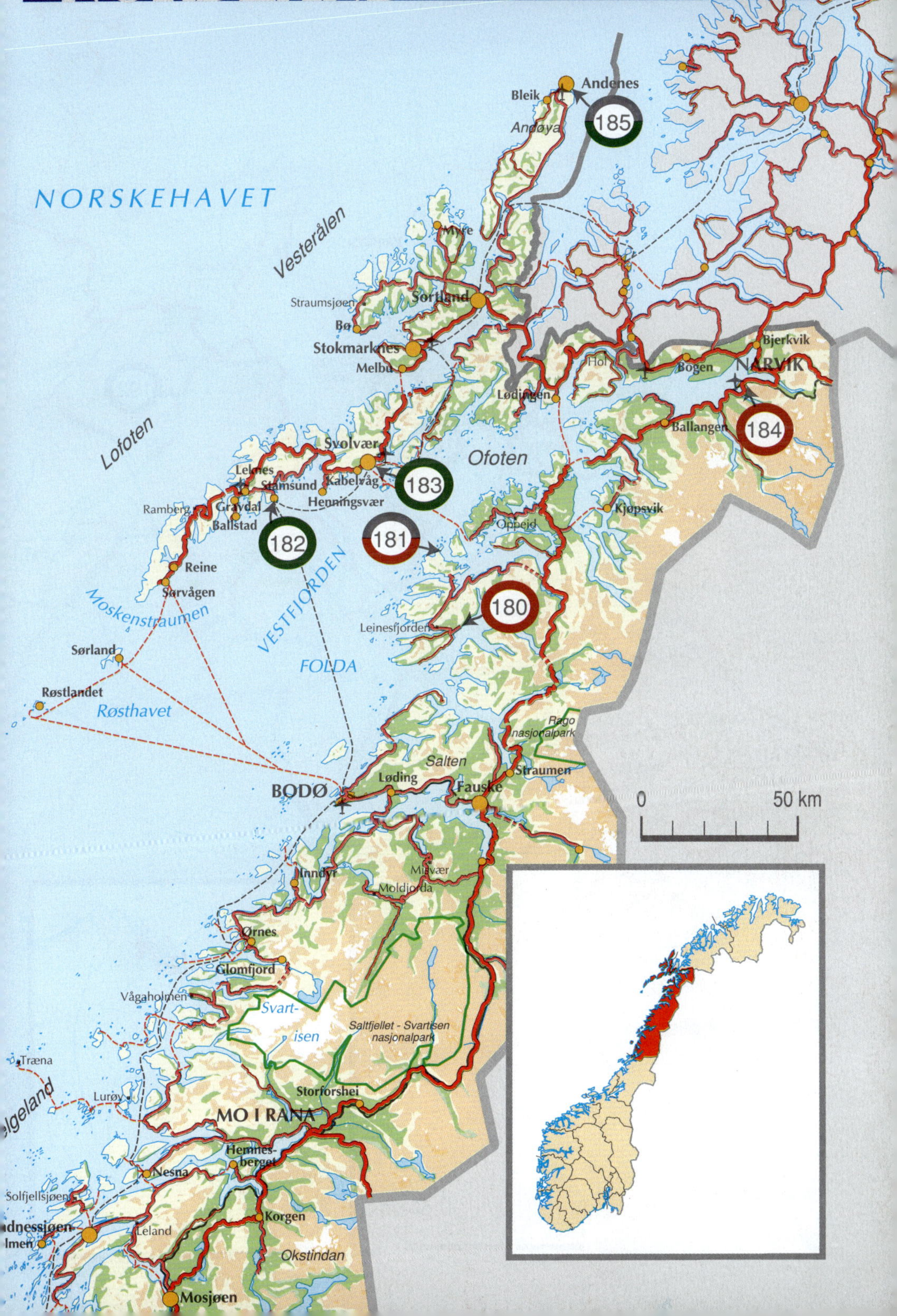
NORSKEHAVET
Vesterålen
Lofoten
Andenes
Bleik
Andøya
185
Myre
Straumsjøen
Sortland
Bø
Stokmarknes
Melbu
Hol
Bjerkvik
Bogen
NARVIK
Lødingen
Ballangen
184
Svolvær
Ofoten
Lekne s
Stamsund
Kabelvåg
183
Henningsvær
Ramberg
Gravdal
Ballstad
Kjøpsvik
182
181
Oppeid
Reine
Sørvågen
VESTFJORDEN
180
Moskenstraumen
Leinesfjorden
Sørland
FOLDA
Røstlandet
Røsthavet
Rago nasjonalpark
Salten
Straumen
Løding
BODØ
Fauske
0
50 km
Inndyr
Misvær
Moldjorda
Ørnes
Glomfjord
Vågaholmen
Svart-isen
Saltfjellet - Svartisen nasjonalpark
Træna
Lurøy
Storforshei
MO I RANA
Hemnes-berget
Nesna
Solfjellsjøen
Korgen
Leland
Okstindan
Mosjøen

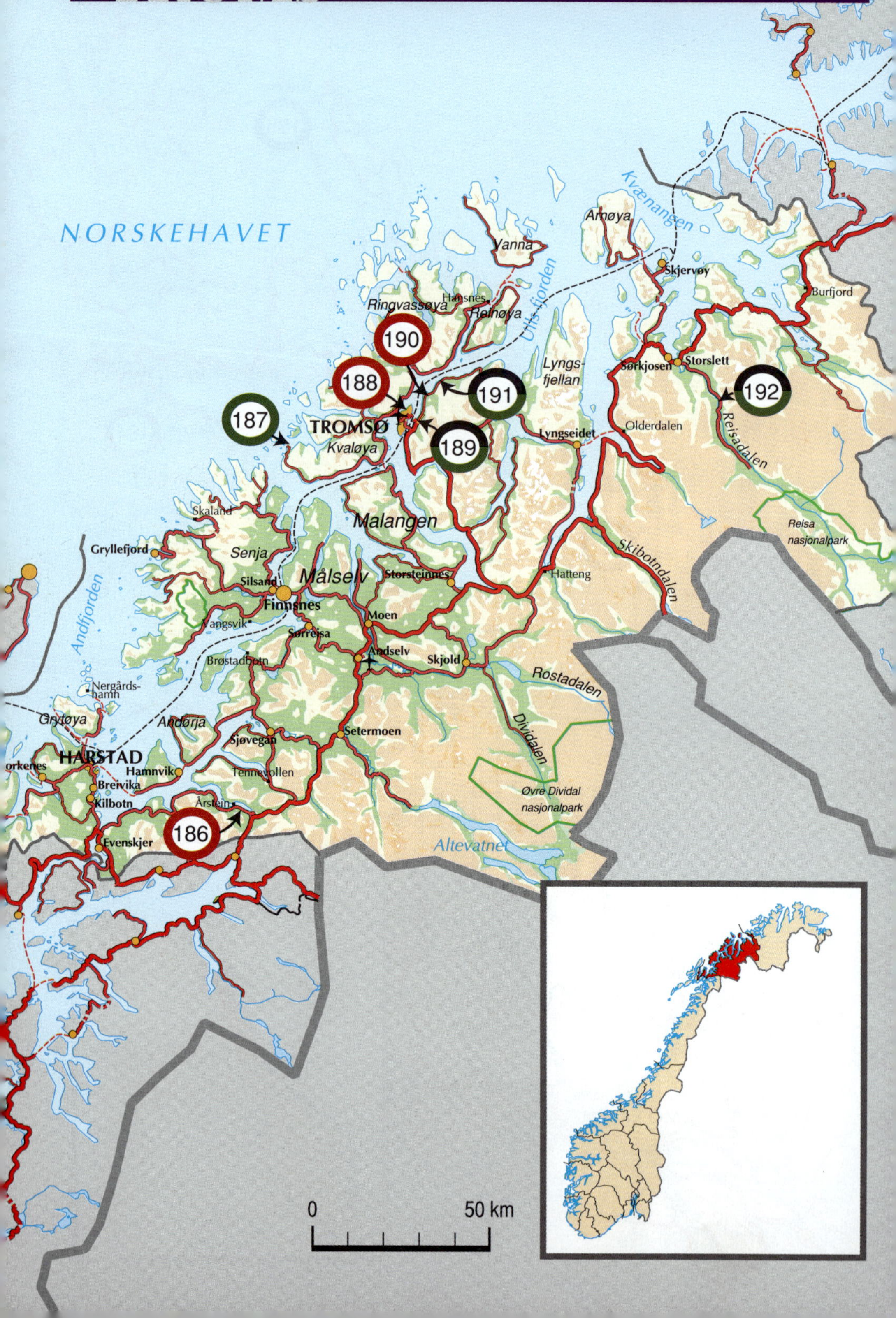
NORSKEHAVET
Kvænangen
Arnøya
Vanna
Skjervøy
Burfjord
Hansnes
Ringvassøya
Reinøya
Ullsfjorden
190
188
191
192
187
189
Lyngs-
fjellan
Sørkjosen
Storslett
Olderdalen
Reisadalen
TROMSØ
Kvaløya
Lyngseidet
Skaland
Malangen
Reisa
nasjonalpark
Gryllefjord
Senja
Silsand
Målselv
Storsteinnes
Hatteng
Skibotndalen
Finnsnes
Andfjorden
Vangsvik
Moen
Sørreisa
Andselv
Skjold
Brøstadbotn
Rostadalen
Nergårds-
hamn
Grytøya
Andørja
Setermoen
Dividalen
HARSTAD
Sjøvegan
Hamnvik
Tennevollen
Breivika
Kilbotn
Årstein
Øvre Dividal
nasjonalpark
186
Evenskjer
Altevatnet
0
50 km

BARENTSHAVET
AUSTHAVET
Mehamn
Nordkinnhalvøya
Berlevåg
Magerøya
Nordvågen
Kjøllefjord
Honningsvåg
Havøysund
Sværholt-
halvøya
Laksefjorden
Tanafjorden
Båtsfjord
Vardø
Varangerhalvøya
Kiberg
Porsanger-
halvøya
Kvaløya
Hammerfest
Rypefjord
Kvalsund
Porsangerfjorden
Børselvfjellet
Ifjordfjellet
Tana bru
Deanu aldi
Vadsø
Varangerfjorden
Varangerbotn
Vestre
Jakobselv
Bugøynes
Seiland
Laksefjordvidda
194
Sennalandet
Gáissát
Gállot
Kirkenes
Bjørnevatn
Stabbursdalen
nasjonalpark
Lakselv
Altafjorden
Alta
195
193
Tana
Sør-Varanger
Pasvikdalen
Altaelva
Karasjok
Kárá johka
Finnmarksvidda
Øvre Pasvik
nasjonalpark
Kautokeino
Guovdageaidnu
Øvre Anárjohka
nasjonalpark
0
50 km

B&B eller Selvhushold

Det er to hovedkategorier blandt overnattingstilbudene:

1) Rom & Frokost / Bed & Breakfast
2) Boenheter med selvhushold; som kan være rom, leiligheter, hytter eller hus, alle med kjøkken tilgjengelig.

Felles for alle tilbudene er at vertsfolket bor på stedet.

Symboler øverst på hver side indikerer hva som tilbys:

Rom og Frokost

Selvhushold

B&B or Self-catering

There are two main categories of lodgings:

1) Bed & Breakfast
2) Complete living units with selfcatering; which can be rooms, apartments, cabins or houses, all with kitchen available.

For both categories, the hosts live on the premises.

Uppermost on each page is a symbol indicating what is offered:

Bed & Breakfast

Self-catering

B&B oder Selbsthaushalt

Das Angebot ist in zwei Hauptkategorien aufgeteilt:

1) Zimmer und Frühstück / Bed & Breakfast
2) Wohneinheiten mit Selbsthaushalt; hier kann es sich um Zimmer, Wohnungen, Hütten oder Häuser, alle mit zugang zu Küche, handeln.

Bei beiden Kategorien wohnen die Gastgeber an der selben Stelle.

Symbole zuoberst auf jeder Seite geben die Art des Angebotes an:

Zimmer und Frühstück

Selbsthaushalt

Tålmodighet er en baktalt dyd,
kanskje fordi det er den vanskeligste av alle dyder å praktisere.

Det er bedre å få for lite
av det som er nødvendig,
enn aldri å kunne få litt
av det som er unødvendig.

Sigrid Undset, 1882 - 1949

Standard og kvalitet

For at du som bruker av boken lettere skal få et riktig bilde på hva hvert enkelt utleiested har å tilby har vi innført et graderingssystem for B&B-kategorien. Inndelighen gjelder kun de fysiske faciliteter som tilbys; hva som finnes på rommet, hvor mange som deler bad etc. Graderingssystemet sier ingenting om *kvaliteten* av tilbudet, slik som servicegrad, renhold, dekorering, kvaliteten på møbler og utstyr etc.

Den viktigste indikatoren i graderingssystemet for standard er *baderomsfacilitetene*. Her er en tommelfingerregel for inndelingen:

☘ Delt bad hvor mer enn 4 personer deler bad når det er fullt belegg.

☘ ☘ Delt bad hvor max 4 personer deler bad eller det er vask på hvert av rommene.

☘ ☘ ☘ Hvert rom har eget bad.

På neste side finner du den fulle fortegnelsen av hva som inngår i hvert av standardnivåene.

Standard and quality

In order to provide the readers of our book with a more accurate idea of what each rental location has to offer, we have implemented a grading system for the B&B category. The criteria we use pertain only to the physical facilities being offered such as which items are in the room, how many share a bathroom, etc. The grading system gives no indication as to *quality*, such as the amount of service, cleanliness, decorations, quality of the furniture and equipment, etc. The most important indicator in the grading system for standards is that for *bathroom facilities*. The levels are as follows:

☘ Shared bathroom, where more than 4 people share.

☘ ☘ Shared bathroom with a max. of 4 people, or there is a sink in each of the rooms.

☘ ☘ ☘ Private bath comes with each room.

On the next page you will find the full designation of requirements for each level of standard.

Standard und Qualität

Um allen Benutzern des Buches einen besseren Überblick über die Qualität des jeweiligen Übernachtungsbetriebs zu verschaffen, haben wir eine Klassifizierung der Angebote vorgenommen. Diese Einstufung bezieht sich allerdings nur auf die Ausstattung der Zimmer; wie z.B. was es im Zimmer gibt, wieviele das Bad teilen usw. Das System berücksichtigt nicht *Qualitäten* wie Dienstbereitschaft, Sauberkeit, Ausschmückung oder Qualität von Möbeln, Ausstattung usw. Das wichtigste Kennzeichen im Einstufungssystem für Standard sind die *Badverhältnisse*. Hier gilt als Grundregel:

☘ Gemeinsames Bad, das bei voller Belegung von mehr als 4 Personen geteilt wird.

☘ ☘ Gemeins. Bad, von höchstens 4 Pers. geteilt, oder Handwaschbecken in jedem der Räume.

☘ ☘ ☘ Jedes Zimmer hat eigenes Bad.

Auf der nächsten Seite finden Sie ein vollständiges Verzeichnis darüber, was jede der Standardstufen erfordert.

Standardinndeling for Rom og Frokost

☘

Generelt:
*Rent og ryddig i alle rom som gjestene benytter. *Lokal turistinformasjon og /eller rutetabeller. *Forskriftsmessig brannvern. *Nøkkel til ytterdør og/eller rom.
Rommet:
*Gode senger med gode madrasser. *Oppredde senger med rent sengetøy. *Ekstra pute med putetrekk tilgjengelig. *Godt lys på rommet - nattbordslampe til hver seng. *Avfallskurv. *Alle stikkontakter er i orden og fungerer. *Vannglass tilgjengelig (på rommet eller på badet). *Gardiner med fortrekks-mekanisme som fungerer. *Skuffer og/eller skap som er tomme og rene. *Stol(er). *Bøker og/eller tidsskrift tilgjengelig. *Skriveblokk og blyant tilgjengelig.
Bad og toalett:
*Toalett, håndvask og badekar eller dusj, varmt og kaldt vann. *Speil. *Såpe og håndklær - to til hver gjest. *Avfallskurv. *Toalettpapir og ekstrarull, boks el. rull m/tørkepapir. *Låsbar dør til baderom og toalett. *Stikkontakt til barbermaskin el. hårtørrer.
Frokosten:
*Te/kaffe, melk og juice. *Brødmat med 4-6 påleggstyper. *Cornflakes eller kornblandinger el.l. *Kokt egg eller speilegg ved ønske.

☘ ☘

I tillegg til ovenstående oppfylles følgende:
*Håndvask på soverom el. maks 4 pers. deler bad. *Speil på rommet. *Vekkerklokke på rommet. *Strykemuligheter. *Mulighet for bruk av telefon.

☘ ☘ ☘

I tillegg til ovenstående oppfylles følgende:
*Eget bad til hvert rom. *Tilgang på shampo og hårbalsam. *Kaffe og te-selvbetjening. *Radio på rommet. *Minst ett rom med skrivebord.

☘ ☘ ☘ ☘

I tillegg til ovenstående oppfylles følgende:
*TV på rommet. *Egen stue/oppholdsrom til gjestene. *Mulighet for klesvask. *Kan ta kreditt-kort.

Standards for all Bed and Breakfasts

☘

General:
*All guest rooms are clean and tidy. *Local tourist information and transport schedules available. *Regulation fire extinguishing equipment. *Key to the front door and/or room.

In the room:
*Good beds with proper mattresses. *Beds made with clean bed linen. *Extra pillow available. *Good lighting in the room - a night lamp by each bed. *Waste paper basket. *All electrical outlets must be secure and functioning. *Water glass available. *Curtains with functioning / drawing mechanism. *Chest of drawers / cupboards. *Chair(s). *Books and/or periodicals available. *Writing pad and pencil available.

In the bathroom:
*Toilet, hand basin and bath/shower, hot and cold water. *Mirror. *Soap and two hand towels per guest. *Waste paper basket. *Toilet paper. *Bathroom doors that can be locked. *Electrical outlets for shaver and hairdryer.

The Breakfast:
*Tea, coffee, milk and juice. *Bread with 4-6 different sandwich fillings. *Breakfast cereal. *Egg, boiled or fried upon guest preference.

☘ ☘

In addition to the above:
*Hand basin in the bedroom or max. 4 persons share a bathroom. *Mirror in the room. *Alarm clock in the room. *Iron and ironing board available. *Access to telephone.

☘ ☘ ☘

In addition to the above:
*Ensuite bathroom. *Shampoo and hair conditioner available. *Coffee and tea making facilities. *Radio in the room. *Minimum one room with a writing desk.

☘ ☘ ☘ ☘

In addition to the above:
*TV in the room. *Own guests' lounge. *Access to laundry. *Accept major credit cards.

Standardeinteilung für Zimmer und Frühstück

☘

Allgemein:
*Sauber und aufgeräumt in allen Räumen, die der Gast benutzt. *Örtliche Touristinformation und Fahrpläne. *Vorschriftsmässiger Brandschutz. *Schlüssel zu Haus- oder Zimmertür.
Das Zimmer:
*Gute Betten mit guten Matratzen. *Bezogene Better mit sauberer Bettwäsche. *Zusätzliches Kopfkissen mit Bezug zugänglich. *Ausreichendes Licht im Zimmer, Bettlampe über jedem Bett. *Abfalleimer. *Alle Steckdosen müssen in Ordnung sein. *Wasserglas zugänglich. *Gardinen, die sich vorziehen lassen. *Schublade und/oder Schrank müssen leer und sauber sein. *Stuhl(e). *Bücher und/oder anderes Lesematerial zugänglich. *Schreibmaterial zugänglich.
Toilette und Bad:
*Toilette, Handwaschbecken und Badewanne oder Dusche, W & K Wasser. *Spiegel. *Seife und Handtuch - 2 Handtücher für jeden Gast. *Abfalleimer. *Toilettenpapier und Extrarolle, Behälter oder Rolle mit Papierhandtüchern. *Abschliessbare Tür zu Bad und Toilette. *Stecker für Rasierapparat und Haarfön.
Das Frühstück:
*Tee, Kaffee, Milch und Saft. *Brot mit 4-6 verschiedenen Belägen. *Cornflakes, Müsli usw. *Gekochtes Ei oder Spiegelei nach Wunsch.

☘ ☘

Zusätzlich wird folgendes geboten:
*Handwaschbecken aut dem Zimmer, oder max. 4 Personen teilen ein Bad. *Spiegel im Zimmer. *Wecker im Zimmer. *Möglichkeit zum Bügeln. *Telefonbenutzung.

☘ ☘ ☘

Zusätzlich wird folgendes geboten:
*Eigenes Bad auf dem Zimmer. *Shampoo und Haarbalsam zugänglich. *Kaffee und Tee - Selbstbedienung. *Radio auf dem Zimmer. *Mindestens ein Zimmer mit Schreibtisch.

☘ ☘ ☘ ☘

Zusätzlich wird folgendes geboten:
*Fernsehapperat auf dem Zimmer. *Aufenthaltsraum für die Gäste. *Möglichkeit zur Kleiderwäsche. *Kreditkarten werden angenommen.

Norsk Bygdeturisme (NBT)

Den nystartede interesseorganisasjonen NBT er en uavhengig organisasjon som jobber for å utvikle Bed & Breakfast så vel som en rekke andre småskala reiselivskonsepter i Norge. NBT har satt iverk et omfattende inspeksjonprogram for B&B. Markeringen "NBT Inspected" som du finner øverst på B&B-presentasjonssidene er din garanti for at beskrivelsen av tilbudet er i samsvar med det som faktisk tilbys. Vi er glade for at vi i denne utgaven har kunnet implementere det nye inspeksjonsprogrammet. Det vil likevel ta noen år før systemet er fullt utviklet og fullt akseptert av alle parter i bransjen. Dette ber vi om forståelse for.

Når du i denne boken finner B&B som ikke er inspisert betyr ikke det nødvendigvis at de er dårligere, men at de ikke er kommet med i denne omgangen. Men der du finner "NBT Inspected" har du allerede din garanti.

Norsk Bygdeturisme (NBT)

This newly established special interest organization (Nor. NBT) functions independently and works towards the development of Bed & Breakfasts along with various other small-scale vacation concepts in Norway. NBT has initiated a comprehensive program for inspecting B&B's. The stamp "NBT Inspected", which you find at the top of each B&B presentation page is your guaranty that the description of each rental offer corresponds with actual facilities. We are happy to be able to include the inspection program in our newest issue. However, it will take years before the system is fully developed and accredited by all parties involved in this service area. Your understanding is appreciated. Please bear in mind that those B&B's you find in this book that do not have the NBT label are not necessarily of lower standard, but rather have not been inspected in time to be included in this edition. Although wherever you see "NBT Inspected", you already have your guaranty.

Norsk Bygdeturisme (NBT)

Die neugegründete Interessenvereinigung "Norsk Bygdeturisme" ist eine unabhängige Organisation, die es sich zum Ziel gesetzt hat, Bed & Breakfast sowie einige andere, kleinere Fremdenverkehrsbetriebe in Norwegen zu unterstützen.

Besonders wichtig erschien es, eine umfassende Qualitätskontrolle bei den Betrieben einzuführen. Der Begriff "NBT Inspected", den Sie ganz oben auf den Präsentationsseiten finden, dient als Garantie dafür, daß die aufgeführte Ausstattung auch tatsächlich vorhanden ist. Wir freuen uns, Ihnen unsere neue Qualitätskontrolle ab dieser Buchausgabe anbieten zu können. Es wird allerdings noch einige Jahre dauern, bis dieses neue System voll entwickelt und von allen Teilnehmern anerkannt ist. Wir bitten dafür um Ihr Verständnis. Wenn Sie in dieser Ausgabe noch Betriebe finden, die nicht mit dem Begriff "NBT Inspected" versehen sind, heißt das nicht, daß diese schlechter sind, sondern nur, daß sie noch nicht kontrolliert worden sind. Bei allen anderen können wir Ihnen dies jetzt schon garantieren.

Gamle hus og historiske B&B

Ønsker du å oppleve norsk kultur- og bygningshistorie, tradisjoner og særpreg. Her er en liste av B&B som har gamle bygninger på gården. Her kan du oppleve å sove i en gammel kroneseng eller spise frokost i et kjøkken fra 1700-tallet. Noen hus bærer en lang historie, mens andre er av nyere dato, men har mye gammelt innendørs:

Old houses and historic B&Bs

If you want to experience Norwegian culture- and building history, traditions and specialities. Here is a list over B&Bs which has historic buildings. Here you can sleep in an old canopied bed or have breakfast in a 1700-kitchen.
Some houses have a long history, while others are newer, but offers plenty of historic items in the interior decorations:

Alte Häuser und Historische B&B

Möchten Sie gerne norwegische Kultur- und Baugeschichte, Traditionen und Besonderheiten kennenlernen? Hier folgt eine Liste über B&B, bei denen es alte Häuser auf dem Hof gibt. Hier können Sie in einem alten Himmelbett schlafen oder in einer Küche aus 1700 frühstücken. Einige Häuser haben eine lange Geschichte, andere sind nicht so alt, haben aber viel altes Interieur:

Enkle faciliteter/ historisk sjarm

Normalt forventes det at et B&B har moderne faciliteter slik som tilgang på et baderom med wc, varmt og kaldt vann og dusj eller badekar. Men det finnes noen unntak. Her er stedene du kan besøke hvis du vil oppleve enkelhet; som å hente vann i brønnen eller der kan være et gammelt to-seters utedo.
For dem som foretrekker å utøve sine morgenrutiner i fliselagte "varmtvannstempel", helst med gulvvarme, down-light og bakgrunnsmusikk, er ikke dette steder å anbefale.

Simple facilities/ historical charm l charm

A B&B is generally expected to offer such modern facilities as access to a bathroom with toilet, hot & cold water and shower and/or bathtub. There are however exceptions. These include cases where you might prefer to experience simplicity: for example, fetching water from a well or using an old-fashioned two-seater outhouse. For anyone who must carry out their morning routine in a ceramic-tiled "hot water temple" including floor warming cables, soft-lighting and background music, the above lodgings are not to be recommended.

Einfache Ausstattung/Historischer Charme

Normalerweise wird erwartet, daß B&B mit modernem Komfort wie zugang zu einem Badezimmer mit WC, fließendem Kalt-/Warmwasser und Dusche oder Badewanne ausgestattet ist. Aber es gibt einige Ausnahmen. Manche Angebote sind ganz gezielt für Gäste ausgewählt, die es schlicht und einfach mögen; die erleben möchten, wie es ist, wenn man Wasser nur aus einem Brunnen holen kann oder die eine traditionell zweisitzige (!) Außentoilette ausprobieren möchten. Allen, die es vorziehen, ihre Morgentoilette in einem gefliesten "Warmwassertempel" mit Hintergrundmusik vorzunehmen, möchten wir diese Orte natürlich nicht empfehlen.

* Utleiesteder som også har moderne faciliteter.

* Rental locations that also offer modern facilities.

* Übernachtungsorte, die auch eine moderne Ausstattung aufweisen.

Hvordan bruke boken

Alle vertsfolk som er presentert i boken står oppført med navn, adresse, telefon- og eventuelt faxnummer. Du er velkommen til å ta direkte kontakt med den enkelte tilbyder. De fleste foretrekker å motta forhåndsbestillinger. Vertsfolket er da forberedt på din ankomst og du kan være sikker på at de er tilstede når du kommer.
Ikke alle tilbydere er tilgjengelig på telefon til enhver tid. "Best tid å ringe" er indikert for hver tilbyder. Når du bestiller rom, husk alltid å nevne hvilken tid på dagen du forventer å ankomme. B&B-verter har ingen 24-timers resepsjonsbetjening, de er privatpersoner som til tider kan ha mye å gjøre.

Bestilling av rom
Når du sender din bestilling pr. brev, fax eller e-mail, oppgi følgende opplysninger:
*Navn og adresse samt telfon-/faxnummer og evt. e-post adresse *Ankomstdato og tidspunkt for ankomst *Avreisedato *Antall personer i reisefølget *Antall rom/senger *Røker eller ikkerøker *Barns alder *Spesielle ønsker.

How to use this book

All hosts are presented in this book by name, address and telephone/fax number. You are welcome to contact them directly. Most hosts prefer reservations in advance; they are then prepared to welcome you, and you are assured of lodging.

Not all hosts are available by telephone at all times. The "time to call" is given for each host. When you reserve a room, remember to give your expected time of arrival. B&B hosts do not have a 24-hr reception service: they are private individuals who are occasionally very busy.

Reserving a room
When you send your reservation via mail, fax, or e-mail, please provide the following information:
*Name of guest along with the address, fax-/phone number and e-mail address *Arrival date and time of day *Date of departure *Number in party *Number of rooms/beds needed *Smoker or non smoker *Age of children *Special requirements.

Gebrauch des Buches

Alle Gastgeber in diesem Buch sind mit Name, Adresse, Telefon- und eventueller Faxnummer angeführt. Sie können somit direkt mit dem einzelnen Vermieter Kontakt aufnehmen. Die meisten bevorzugen Voranmeldungen, damit sie sich auf den Empfang der Gäste vorbereiten können. Und Sie können dann sicher sein, Ihre Gastgeber auch anzutreffen.
Nicht alle Vermieter sind zu jeder Zeit telefonisch erreichbar.
"Zeit für Anrufe" ist für jeden Vermieter angeführt. Geben Sie, bitte, bei einer Bestellung immer Ihre voraussichtliche Ankunftszeit an. Die B&B-Gastgeber haben keinen 24-Stunden-Empfangsdienst, sondern sind Privatpersonen, die oft viel zu tun haben.

Zimmerbuchung
Bitte, geben Sie bei Bestellung per Brief, Fax oder E-Post folgendes an:
*Name, Adresse, Telefon-/Faxnummer und evt. E-Postadresse *Datum und Uhrzeit Ihrer Ankunft *Abreisedatum *Anzahl Zimmer-/Betten *Raucher/Nichtraucher *Alter der Kinder *Besondere Wünsche.

Priser

Alle priser er oppgitt pr. rom pr. døgn, i norske kroner.

Bed & Breakfast

For B&B-kategorien, Rom og Frokost, inkluderer prisen oppredde senger og frokost for det antall personer som rommet er beregnet for. Det er i mange tilfeller mulig å få inn en ekstraseng på rommet for et tillegg i prisen. Noen B&B tilbyr også familierom eller flersengsrom. Spør vertskapet om pris.

Selvhushold

For utleie-enheter med selvhushold er prisene gitt enten for hele enheten eller pr. person. Der hvor sengetøy er spesifisert gjelder prisen pr. oppreiing den første natten. Man kan eventuelt benytte medbrakt sengetøy.
Der hvor frokost er spesifisert gjelder prisen pr. person.

Bokens organisering

Tilbudene er sortert fylkesvis. På kartene finner du tall som refererer til de sidetallene hvor tilbyderne er presentert.
Helt bakerst i boken finnes en liste med veibeskrivelser for de fleste av tilbyderne.

Prices

All prices are given in Norwegian currency, on a per room/-per day basis.

Bed & Breakfast

For the B&B category, the price includes beds made with linen and breakfast for the number of people the room is designed for. It is often possible to have an extra bed put in the room for an additional fee. Some B&B's also offer family rooms or rooms with several beds. Ask the host about prices.

Selfcatering

For the self-catering category, prices are given either for the whole unit or per person. Wherever a charge for bed linen is specified, the charge pertains to each set of bed linen for the first night's stay. You may subsequently use your own bed linen.
When breakfast prices are listed, they represent a per person charge.

The book's organization

The included establishments are organized by county. Individual homes are marked on the maps by a number that refers to the page number where you will find their presentation. More detailed directions given in the back of this book are unfortunately only in Norwegian.

Preise

Alle Preise sind pro Zimmer pro Tag in norwegischen Kronen angegeben.

Bed & Breakfast

Für die B&B-Kategorie "Zimmer und Frühstück" schliesst der Preis bezogene Betten und Frühstück für die Zahl der Personen, für die das Zimmer berechnet ist, ein. Gegen Preiszuschlag kann oft ein Extrabett erstellt werden. Bei einigen B&B gibt es auch Familienzimmer oder Mehrbettzimmer. Fragen Sie die Vermieter nach dem Preis.

Selbsthaushalt

Für Objekte mit Selbsthaushalt gelten die Preise für die ganze Einheit oder pro Person.
Wenn Bettwäsche aufgeführt ist, gilt der Preis für die erste Nacht. Eventuell kann mitgebrachte Bettwäsche benutzt werden.
Wenn Frühstück aufgeführt ist, gilt der Preis pro Person.

Aufbau des Buches

Die Angebote sind nach Provinzen geordnet. Auf den Karten sind sie mit einer Zahl angegeben, die sich auf die Seitenzahl der jeweiligen Beschreibung bezieht. Ganz hinten im Buch gibt es eine Liste mit Zufahrtbeschreibungen zu den meisten Angeboten, in dieser Ausgabe leider nur norwegisch.

Villa Antique

Your host:
Victor Dahle &
Renate Gustavsen
Address:
Svinesund
N - 1789 Berg i Østfold
Phone: 69 19 51 90
Fax: 69 19 51 90
Mobil: 92 62 55 56
Best time to call:
07.00 - 23.00

Leilighet for 2-6 personer
Antall soverom: 1
Eget bad og kjøkkenkrok
Pris for hele enheten: **500,-**
Pris pr. pers.: **150,-**
Tillegg for sengetøy: **40,-**
Åpent 1. mai - 10. okt.
Vinter: kun forhåndsbestilling
TV tilgjengelig
Vi tar VISA og MC

Apartment for 2-6 persons
No. of bedrooms: 2
Own bath and kitchen nook
Price for whole unit: **500,-**
Price per pers.: **150,-**
Bed linen fee: **40,-**
Open 1 May - 10 Oct.
Winter: reservations required
TV available
VISA and MC accepted
English spoken

Wohnung für 2-6 Personen
Anzahl Schlafräume: 2
Eig. Bad und Küchenecke
Ganze Einheit: **500,-**
Preis pro Pers.: **150,-**
Mieten von Bettwäsche: **40,-**
Geöffnet 1. Mai - 10. Okt.
Winter: Vorbestellung nötig
Zugang zu TV
Wir nehmen VISA und MC
Sprechen Englisch

Villa Antique ligger 900 meter fra grenseovergangen mellom Norge og Sverige. Nærmeste by er Halden som er kjent for sin festning, Rød herregård og naturomgivelsene rundt Femsjøen, samt den gamle rutebåten "Turisten" som trafikkerer vassdraget i sommersesongen. Vertskapet i Villa Antique driver egen antikvitetsbutikk i samme hus. Huset ligger lett synlig langs E6.

Veibeskrivelse:
Huset ligger 1 km inn i Norge fra Svinesundbroen. Huset er lett synlig fra E-6, ved Shell bensinstasjon.

Villa Antiques is locatad 900 meters from the Swedish border. Halden, the nearest town, is famous for its fortress, The Read Estate ("Rød Herregård") and the wilderness area are around "Femsjøen" Lake. The old coastal steamer "Turisten" makes tours of the area during the summer months. The host also runs an antique shop in the same house which is, incidentally, easily seen from E6.

Directions:
The house is located just inside the Norwegian border, 1 km from the Svinesund bridge. The house is easily visible from highway E-6, near the Shell gas station.

Villa Antique liegt nur 900 m vom Grenzübergang nach Schweden. Der nächste Ort ist Halden, bekannt für seine Festung, dem Rød Herrschaftshaus und der Natur um den Femsjø-See. Im Sommer verkehrt das alte Schiff "Turisten" auf den Binnengewässern. Die Gastgeber betreiben im Haus ein Antiquitätengeschäft. Das Haus ist leicht zu finden an der E6.

Wegbeschreibung:
Das Haus liegt von der Svinesundbrücke aus 1 km auf norwegischem Gebiet. Es ist von der E-6 aus leicht zu erkennen (in der Nähe der Shell-Tankstelle).

Pias Gjestehus

Your host:
Inger Liv Hansteen
& Svein Osborg
Address:
Brattveien 15
N - 1772 Halden
Phone/Fax: 69 17 64 12
Mobil: 90 03 30 42 / 90 66 51 66
Best time to call:
09.00 - 23.00

Dobb.-/tosengsrom:	**520,-/620,-**
Enkeltrom:	**310,-/360,-**

Antall rom: 4
Full frokost
Dekket frokostbord
Åpent hele året
TV tilgjengelig
Hage/uteplass
Selvhushold er mulig
Privat parkering

Double/Twin room:	**520,-/620,-**
Single room:	**310,-/360,-**

No. of rooms: 4
Full breakfast
Laid breakfast table
Open year round
TV available
Terrace/Yard
Selfcatering possible
Privat parking
English spoken

Doppel-/Zweibettzi.:	**520,-/620,-**
Einzelzimmer:	**310,-/360,-**

Anzahl Zimmer: 4
Volles Frühstück
Serv.: Frühstückstisch
Ganzjährig geöffnet
Zugang zu TV
Aussenplatz/Garten
Selbsthaushalt möglich
Eigener Parkplatz
Sprechen etwas Deutsch

Halden har flere ganger gjennom historien vært beleiret av svenskene. Festningsverket ruver over byen. Det er historie i hver stein og tue i området.
Reiser du med båt gjennom Haldenvassdraget, kan du oppleve naturperler på nært hold. Sluseanlegget er Nord-Europas høyeste.
Vertskapet i Pia's Gjestehus er en pensjonert sjøkaptein og en hjemmeværende telegrafist, samt fire bakgårdskatter som fant seg et nytt hjem.

In the past, Halden has been held under siege by Sweden. Because of this, fortress looms over the city, and history permeates everywhere in the area.
A trip by private boat, canoe or "route boat" through Halden's chain of lakes will unveil many natural wonders. The dam and lock system here are North Europe's highest.
The hosts are a retired sea captain, and an ex-telegraphist and four stray cats who found a new home.

Halden ist früher mehrmals von den Schweden belagert worden. Die Festung überragt die Stadt und jeder Stein zeugt von ihrer Geschichte. Mit dem eigenen Boot oder mit dem Ausflugsschiff kann man auf dem "Haldenvassdraget" Naturperlen erleben. Es gibt eine Schleusenanlage, die 28 m hoch und somit Nord-Europas höchste ist.
Die Gastgeber sind ein pensionierter Seekapitän und eine ehemalige Telegraphistin. Ausserdem gibt es 4 Katzen im Haus.

Bed & Breakfast in Moss

Your host:
Siri & Gjermund Wæhre
Address:
Stjerneveien 10
N - 1513 Moss
Phone: 69 27 23 17
E-mail: booking@bb-moss.com
Best time to call:
08.00 - 23.00

Dobbelt-/tosengsrom:	**450,-**	Double/Twin room:	**450,-**	Doppel-/Zweibettzi.:	**450,-**
1 pers. i dobbeltrom:	**350,-**	1 pers. in double room:	**350,-**	1 Pers. im Doppelzi.:	**350,-**
Antall rom: 3		No. of rooms: 3		Anzahl Zimmer: 3	
Full frokost		Full breakfast		Volles Frühstück	
Dekket frokostbord el frok.brett		Laid breakfast table or -tray		Serv.: Frühstückstisch o. -tablett	
Åpent hele året		Open year round		Ganzjährig geöffnet	
TV tilgjengelig		TV available		Zugang zu TV	
Ingen røking innendørs		No smoking inside		Kein Rauchen im Haus	
Rabatt for barn		Discount for children		Ermässigung für Kinder	
Selvhushold er mulig		Selfcatering possible		Selbsthaushalt möglich	
		English & French spoken		Sprechen Deutsch	

I et fredelig villastrøk nært inntil skogen inviteres du som gjest hos familie på fire. Eneboligen ligger på øya Jeløy som byr på gode bade- og rekreasjonsmuligheter. For utleie er to middels store soverom og et stort familierom. En stor peisestue med TV står til gjestenes disposisjon.
Jeløya ligger like utenfor Moss sentrum, og fra sentrum er det 3 km ut til fam. Wæhre.

You are a welcomed guest in the home of a family of four situated in a peaceful neighbourhood adjacent to a woodsy area. This single-family dwelling is located on the island of Jeløy, which features excellent swimming and recreational opportunities.
Rental accommodation includes two good-sized bedrooms and a large family room. A large room with an open fireplace and TV is available for guest use.
Jeløya is located just outside of the Moss city centre, and from here the distance out to the Wæhre Family is 3 km.

In einer ruhigen Wohngegend, nahe am Wald, begrüßt die vierköpfige Familie ihre Gäste. Das Einfamilienhaus liegt auf der Insel Jeløya, die für ihre guten Bade- und Erholungsmöglichkeiten bekannt ist.
Vermietet werden zwei mittelgroße Schlafräume und ein großes Familienzimmer. Eine große Kaminstube mit TV steht ebenfalls für die Gäste bereit. Jeløya ist eine der Stadt Moss vorgelagerte Insel. Vom Zentrum aus sind es ca. 3 km bis zur Familie Wæhre.

Østre Tveter Gård

Your host:
Thor & Liv Scott Anstensrud

Address:
N - 1592 Våler

Phone: 69 28 98 23

Fax: 69 28 98 66

Mobil: 91 39 67 33

E-mail: eanstens@online.no

Best time to call:
11.00 - 13.00 / 20.00 - 23.00

A: Gjestehus for 2-6 personer
Antall soverom: 3
2 bad, kjøkken og stue
Pris for hele enheten: **1.320,-**
Pris pr. pers.: **220,-**

B: Stabbur for 2-5 personer
Antall soverom: 1
Bad i sidebygn., kjøkken i stabbur
Pris for hele enheten: **880,-**
Pris pr. pers.: **220,-**

Tillegg for sengetøy: **50,-**
Åpent hele året
TV i gjestehuset (A)
Hage/terrasse/uteplass
Ingen røking innendørs

A: Guesthouse for 2-6 persons
No. of bedrooms: 3
2 baths, kitchen, LR
Price for whole unit: **1.320,-**
Price per pers.: **220,-**

B: 'Store-house' for 2-5 persons
No. of bedrooms: 1
Bath in annex, kitch. in store-house
Price for whole unit: **880,-**
Price per pers.: **220,-**

Bed linen fee: **50,-**
Open year round
TV in guesthouse (A)
Yard/Terrace/Dekk access
No smoking inside
English spoken

A: Gästehaus für 2-6 Personen
Anzahl Schlafräume: 3
2 Bäder, Küche, Stube
Ganze Einheit: **1.320,-**
Preis pro Pers.: **220,-**

B: 'Vorratshaus' für 2-6 Pers.
Anzahl Schlafräume: 1
Bad im Annex, Küche im V.haus
Ganze Einheit: **880,-**
Preis pro Pers.: **220,-**

Mieten von Bettwäsche: **50,-**
Ganzjährig geöffnet
TV im Gästehaus (A)
Garten/Terrasse/Aussenplatz
Kein Rauchen im Haus
Sprechen etwas Deutsch

Omkranset av vakkert kulturlandskap og skog finner du denne trivelige bondegården som er i full drift med sau, hest, shetlandsponnier, gris, høner, gjess, ender, kaniner, katter og hund. I tillegg er her et sagbruk, skiltverksted og galleri.
Her kan du få ta del i dyrestellet eller benytte deg av det flotte turterrenget i skogen. Muligheter for ridning. En golfbane er nærmeste nabo. 7 km til Vansjø som er et vernet vassdrag.

Beautiful rural countryside and forest are the setting for this cosy farm in full operation with sheep, horses, Shetland Ponies, pigs, hens, geese, ducks, rabbits, cats and dogs. Additionally, there is a sawmill, sign shop and gallery.
You may help take care of the animals or enjoy the nice hiking trails in the forest.
Horseback-riding. A golf course is the nearest neighbour. A protected waterway is 7 km away, at Vansjø.

Einladender Bauernhof, umgeben von reizvoller Kulturlandschaft und Wäldern. Landwirtschaftlicher Betrieb mit Schafen, Pferden, Shetlandponys, Schweinen, Hühnern, Gänsen, Enten, Kaninchen, Katzen und Hunden. Sägewerk, Schilderwerkstatt, Galerie.
Wer möchte, kann bei der Pflege der Tiere mithelfen oder das Wandergebiet ringsum erkunden. Reiten, Golfplatz in der Nähe, 7 km zum See Vansjø, einem unter Schutz stehenden Gewässer.

Ambiose B&B

Your host:
Anne Marit Bjørgen & Bala
Address:
Østbyfaret 9D
N - 0690 Oslo
Phone: 22 27 85 09
Fax: 22 27 23 00
Mobil: 92 43 70 90
E-mail: ambiose@online.no
Web: bbnorway.com
Best time to call:
08.00 - 23.00

Dobbeltrom:	450,-/500,-	Double room:	450,-/500,-	Doppelzimmer:	450,-/500,-
Tosengsrom:	450,-/500,-	Twin room:	450,-/500,-	Zweibettzi.:	450,-/500,-
Enkeltrom:	300,-/350,-	Single room:	300,-/350,-	Einzelzimmer:	300,-/350,-
Antall rom: 5		No. of rooms: 5		Anzahl Zimmer: 5	
Full frokost		Full breakfast		Volles Frühstück	
Dekket frokostbord		Laid breakfast table		Serv.: Frühstückstisch	
Åpent hele året		Open year round		Ganzjährig geöffnet	
TV tilgjengelig		TV available		Zugang zu TV	
Terrasse/Hage		Terrace/Yard		Terrasse/Garten	
Ingen røking innendørs		No smoking inside		Kein Rauchen im Haus	
VISA, MC, DC, AmEx		VISA, MC, DC, AmEx		VISA, MC, DC, AmEx	
		English & French spoken		Sprechen etwas Deutsch	

Ambiose Bed & Breakfast ligger i sør-østlige del av Oslo, på grensen til Østmarka. Likevel er det bare 15 min. med T-bane nr. 3 fra sentrum. Stasjonen heter Ulsrud. En grei base for dem som vil oppleve Oslo.
10 min. gangavstand til to butikk-sentre og Østensjøvannet med sitt rike fugleliv. 15 min. kjøring til fornøyelsesparken Tusenfryd.
Huset er en liten og koselig ene-bolig i et hyggelig og veletablert villastrøk. Huset er tegnet og bygd av vertinnen selv som er utdannet arkitekt.
Trygg parkering i privat gårds-rom.

Ambiose Bed & Breakfast is located in the southeast corner of Oslo, bordering the Østmarka forest. A 15 minute metro ride from city centre.
A ten minute walk takes you to two shopping malls. A short walk to Østensjø Lake with a rich assortment of wild birds. Tusenfryd Amusement Park is 15 minutes away by car.
The small and cozy house is all Norwegian timber and situated in a pleasant, leavy neighbourhood. It was designed and built by the hostess who is an architect.
Safe parking in private yard.

Ambiose Bed & Breakfast im Südosten von Oslo ist ein guter Ausgangspunkt, um die Stadt zu erleben, nur 15 Min. mit der T-Bahn Nr. 3 zum Zentrum, am Waldgebiet Østmarka gelegen. Zu Fuss erreichen Sie in 10 Min. 2 Geschäftszentren und den vogel-reichen See Østensjøvannet. Zum Vergnügungspark Tusenfryd sind es 15 Automin.. Das kleine neue Haus liegt zwischen älteren Villen. Die Besitzerin ist Archi-tektin, und hat das Haus selbst ge-zeichnet und gebaut.

Den Blå Dør

Your host:
Anne Gutu
Address:
Skedsmogata 7
N - 0655 Oslo
Phone: 22 19 99 44
Best time to call:
09.00 - 21.00

Rom for 2 pers.:	350,-
Rom for 1 pers.:	250,-
Delt bad og kjøkken	
Antall rom: 3	
Sengetøy er inkludert	
Frokost kan serveres:	50,-
Åpent hele året	
TV på rommene	
Hage	
Ingen røking på rom	
Rabatt for barn	

Room for 2 pers.:	350,-
Room for 1 pers.:	250,-
Shared bath and kitchen	
No. of rooms: 3	
Bed linen included	
Breakfast available:	50,-
Open year round	
TV in rooms	
Yard	
No smoking in rooms	
Discount for children	
English spoken	

Zimmer für 2 Pers.:	350,-
Zimmer für 1 Pers.:	250,-
Gemeins. Bad und Küche	
Anzahl Zimmer: 3	
Inkl. Bettwäsche	
Frühstück:	50,-
Ganzjährig geöffnet	
TV in den Zimmern	
Garten	
Kein Rauchen im Zimmer	
Ermässigung für Kinder	
Sprechen etwas Deutsch	

Den Blå Dør er et sjarmerende overnattingssted på Kampen, en av de triveligste bydelene i Oslo. Her står gamle trehus tett i tett, et populært område hvor omsorgsfulle huseiere har pusset opp og restaurert i årtier.
Stedet ligger 10 min. med buss fra Oslo sentrum, nær Tøyen og Munchmuseet. Ta buss nr. 60 til Kampen kirke. Skedsmogata ligger to kvartaler fra kirken, langs Bøgata.

Den Blå Dør (The Blue Door) is a pleasant place to stay at Kampen, one of the most attractive parts of Oslo. You will find closely built, old timber houses in a popular neighbourhood where the owners have taken pride in restoring their homes over the decades. The Blue Door is 10 minutes by bus from Oslo centre, close to Tøyen and the Munch Museum. Take bus No. 60, get off at Kampen Church. Skedsmogata is two blocks from the bus stop, along Bøgata.

Den Blå Dør ist eine gemütliche Übernachtungsmöglichkeit in Kampen, einem der nettesten Stadtteile Oslos. Dort findet man alte Holzhäuser dicht aneinander in einem beliebten Gebiet, wo umsichtige Besitzer seit Jahrzehnten ihre Häuser liebevoll restaurieren. Das Haus liegt in der Nähe vom Munch-Museum und den Tøyen-Museen und ist nach 10 Min. Busfahrt vom Zentrum Oslo aus zu erreichen. Bus Nr. 60 bis Kampen Kirche. Die Skedsmo-Strasse erreicht man nach zwei Häuserblocks der Bøgata.

Innisfree

Your host:
Dolores & Bjørn Hantsch
Address:
Kristinelundveien 16 E
N - 0268 Oslo
Phone: 93 28 17 47
E-mail: dolores@online.no
Best time to call:
08.00 - 22.00

Dobbeltrom: **700,-**
Antall rom: 1
Full frokost
Dekket frokostbord
Åpent hele året
Åpent 1. juni - 31. aug.
TV tilgjengelig
Balkong og hage
Båtutleie
Ingen røking på rom

Double room: **700,-**
No. of rooms: 1
Full breakfast
Laid breakfast table
Open year round
Open 1 June - 31 Aug.
TV available
Balcony and Yard
Boat for rent
No smoking in rooms
English spoken

Doppelzimmer: **700,-**
Anzahl Zimmer: 1
Volles Frühstück
Serv.: Frühstückstisch
Ganzjährig geöffnet
Geöffnet 1. Juni - 31. Aug.
Zugang zu TV
Balkon und Garten
Boot zu mieten
Kein Rauchen im Zimmer
Sprechen etwas Deutsch

En irsk-norsk familie ønsker deg velkommen til sitt Frogner-hjem; sentralt beliggende i det vakre ambassade-strøket; bare minutter fra sentrum, likevel et stille landlig område.
Kort spasertur til Vigeland Park og Vigeland museum. En kort trikketur tar deg til Aker Brygge, Karl Johansgate og slottet. Like kort busstur tar deg til Bygdøy med Vikingskip- og Kon-Tiki-museene.
Lokale pub'er og restauranter finner du i nærheten. Båt kan leies ved båthavnen like ved.

An Irish-Norwegian family welcomes you to their home centrally located in Frogner in the elegant embassy district, just minutes from downtown, yet a quiet countrylike setting.
Short walk to Vigeland Park and Vigeland museum. Short tram ride to Aker Brygge, Karl Johans gate and the Royal Palace. Short bus ride to Bygdøy where the Viking Ship and Kon-Tiki museums are located.
Local pubs and restaurants are a short walk or tram ride. Boat available in nearby boat yard.

Die irisch-norwegische Familie begrüßt die Gäste in ihrem Haus im Osloer Stadtteil Frogner. Zentrale Lage im reizvollen Botschafter-Viertel. Obwohl man in ruhiger, ländlicher Umgebung wohnt, ist das Stadtzentrum in wenigen Minuten erreichbar.
Einen Spaziergang entfernt liegen Vigelandpark und –museum. Mit der Straßenbahn erreicht man schnell Aker Brygge, Karl Johansgate und Schloß. Mit einer ebenso kurzen Busfahrt gelangt man nach Bygdøy (Wikingerschiffe, Kon-Tiki-Museen).
Restaurants und Pubs in der Nachbarschaft. Am nahen Bootshafen kann ein Boot gemietet werden.

Thomas Heftyesgate B&B

Your host:
Brit Hammel

Address:
Thomas Heftyesgate 56A
N - 0267 Oslo
Phone: 22 54 88 05
At work: 22 08 24 46

Best time to call:
07.00 - 08.00 / 17.00 - 23.00

Dobbeltrom: **550,-**
Enkeltrom: **350,-**
En pers. i dobbeltrom: **500,-**
Antall rom: 2
Full eller kontinental frokost
Dekket frokostbord
Åpent hele året
Ingen røking innendørs

Double room: **550,-**
Single room: **350,-**
1 pers. in double room: **500,-**
No. of rooms: 2
Full or continental breakfast
Laid breakfast table
Open year round
No smoking inside
English spoken

Doppelzimmer: **550,-**
Einzelzimmer: **350,-**
1 Pers. im Doppelzimmer: **500,-**
Anzahl Zimmer: 2
Volles oder kont. Frühstück
Serv.: Frühstückstisch
Ganzjährig geöffnet
Kein Rauchen im Haus
Sprechen Englisch

Vertinnen ønsker deg velkommen i et unikt sentrumsområde med Jugend bygninger fra rundt 1900 som rommer store og luftige herskapsleiligheter.
Det er et trygt og stille strøk av byen, lett tilgjengelig med offentlig kommunikasjon. Sentralt i forhold til sentrum og Bygdøy med museer og strender.
Det er 5 min. å gå til Vigelandsparken og Vigelandsmuseet.
Det er gratis parkering i gaten.

Your hostess welcomes you to a unique downtown area with Jugend buildings from circa 1900 that feature large and airy luxury apartments.
This city area is peaceful and secure, easily accessible with public transport. Close to both downtown Oslo and Bygdøy with its museums and beaches.
A 5 min. walk takes you to Vigeland Park and Museum.
Street parking is free.

Die Gastgeberin heißt ihre Gäste in einem sehr schönen Wohngebiet mit Jugendstilgebäuden von ca. 1900 mit geräumigen Herrschaftswohnungen willkommen.
Schöne Lage in einem ruhigen und sicheren Stadtteil. Leichte Erreichbarkeit durch gute öffentliche Verkehrsanbindung. Zentrale Lage in Zentrumsnähe. Unweit zur Halbinsel Bygdøy mit Museen und Stränden. 5 Minuten bis zum Vigelandpark (Skulpturen) und zum Vigeland Museum zu gehen.
Kostenloses Parken an der Straße.

La fortuna se ha de temer, cuando más se tenga en la mano.
Man skal frukta luckan när man säkrast har den i handen.
Antonio Pérez, 1540 - 1611

Solveig's Bed & Breakfast

Your host:
Roy Everson
Address:
Tåsen Terrasse 11
N - 0873 Oslo
Phone: 22 23 60 41
Mobil: 98 68 44 33
E-mail: raeverso@online.no
Best time to call:
08.00 - 23.00

Dobbelt-/tosengsrom:	**475,-**
En pers. i dobbeltrom:	**375,-**
Enkeltrom:	**275,-**

Antall rom: 3
Kontinental frokost
Dekket frokostbord
Åpent hele året
Terrasse/uteplass/hage
Ingen røking innendørs
Rabatt for barn
Snakker litt norsk

Double/Twin room:	**475,-**
1 pers. in double room:	**375,-**
Single room:	**275,-**

No. of rooms: 3
Continental breakfast
Laid breakfast table
Open year round
Terrace/Deck access/Yard
No smoking inside
Discount for children
English spoken

Doppel-/Zweibettzimmer:	**475,-**
1 Pers. im Doppelzimmer:	**375,-**
Einzelzimmer:	**275,-**

Anzahl Zimmer: 3
Kontinentales Frühstück
Serv.: Frühstückstisch
Ganzjährig geöffnet
Terrasse/Aussenplatz/Garten
Kein Rauchen im Haus
Ermässigung für Kinder
Sprechen Englisch

Solveig's B&B har navn etter mor Solveig som utvandret til Amerika i 1948 etter å ha vokst opp i huset under 2.verdenskrig. Verten Roy, hennes sønn, har nå utvandret fra Amerika til Norge og har åpnet dørene i Solveig's hus for gjester fra fjern og nær.
Huset ligger i en åsside i nordre del av Oslo og har fin utsikt over byen og fjorden. Det er et stille boligstrøk nær Sognsvann og Nordmarka. Det er gode offentlige transportmuligheter og kort vei til lokalt kjøpesenter.

Solveig's B&B has its name from mother Solveig who emigrated to America in 1948 after growing up in the house during WWII. Her son, your host, Roy, has now immigrated from America to Norway and opened the doors to Solveig's house for guests from far and near. The house lies on a hillside in northern Oslo and enjoys a nice view of the city and fjord. The quiet neighborhood is near Sognsvann lake and Nordmarka with easy access to public transport and the local shopping center nearby.

Solveig's Bed and Breakfast wurde nach der Mutter Solveig benannt, die während des 2. Weltkriegs in diesem Haus aufwuchs und im Jahre 1948 nach Amerika auswanderte. Der Gastgeber Roy, ihr Sohn, ist nun von Amerika nach Norwegen gezogen und hat die Pforten in Solveig´s Haus wieder für Gäste aus nah und fern geöffnet. Das Haus liegt an einem Hügel im nördlichen Teil Oslos und bietet eine reizvolle Aussicht auf Stadt und Fjord. Es liegt in einer ruhigen Wohngegend nahe des Waldgebiets Nordmarka und des Sees Sognsvann. Kurze Entfernung zu öffentlichen Verkehrsmitteln sowie zum Einkaufszentrum.

Evjen
Bed & Breakfast

Your host:
Esther & Knut Evjen

Address:
Holmenveien 16B
N - 0374 Oslo
Phone/Fax: 22 49 00 96
Mobil: 93 83 16 53

Best time to call:
09.00 - 18.00

Enkeltrom: **400,-**
Antall rom: 1
Kontinental frokost
Servering: Selvbetjening
Åpent hele året
TV tilgjengelig
Hage/terrasse/uteplass
Sykkelutleie
Selvhushold er mulig

Single room: **400,-**
No. of rooms: 1
Continental breakfast
Meals: Self-service
Open year round
TV available
Yard/Terrace/Deck access
Bike for rent
Selfcatering possible
English spoken

Einzelzimmer: **400,-**
Anzahl Zimmer: 1
Kontinentales Frühstück
Serv.: Selbstbedienung
Ganzjährig geöffnet
Zugang zu TV
Garten/Terrasse/Aussenplatz
Fahrrad zu mieten
Selbsthaushalt möglich
Sprechen Englisch

I en villa med hage, i kort avstand fra Oslo sentrum, finner du som reiser alene et trivelig rom med eget elegant dusjbad.
Villaen ligger på Vindern langs Holmenkollbanen; noe som gjør det enkelt å besøke både Holmenkollen, Vigelandsparken og sentrum av byen.
Det er gode parkeringsmuligheter og også muligheter for klesvask.
Varm mat kan bestilles.

Solo travellers will enjoy a comfortable room with its own elegant shower-bathroom, just a short distance from downtown Oslo in a manor home with garden area. This house is located at Vindern along the Holmenkollen metro-line, which makes it convenient to visit both Holmenkollen, The Vigeland Park and Oslo city centre. There is ample parking and washing of laundry is available. Warm meals can be ordered.

In einer Villa mit Garten, nicht weit vom Zentrum Oslos entfernt, finden hier alle, die allein reisen, ein gemütliches Zimmer mit einer eigenen eleganten Dusche. Die Villa liegt in Vindern an der Holmenkollenbahn. Man kann also sehr gut sowohl den Holmenkollen, den Vigelandpark und das Zentrum Oslos besuchen. Gute Parkmöglichkeiten direkt am Haus, Waschmaschine vorhanden. Warmes Essen auf Anfrage.

Veibeskrivelse:
Fra Ring 3: Ta av ved avkjørsel til Holmenkollen/Vinderen.
Fra Majorstua: Kjør Slemdalsveien til Holmenveien.
Nr. 16B er en hvit énetasjes villa.

Directions:
From Ring 3: Take the exit for Holmenkollen/Vindern.
From Majorstua: Take Slemdalsveien to Holmenveien.
Nr. 16B is a white, single-story manor home.

Wegbeschreibung:
Vom Ring 3: Abfahrt Holmenkollen/Vinderen.
Von Majorstua: Entlang Slemdalsveien bis Holmenveien. Nr. 16b ist eine weiße, eingeschossige Villa.

Mary's Bed & Breakfast

Your host:
Mary & Kjell Pedersen
Address:
Jerpefaret 15B
N - 0788 Oslo
Phone: 22 92 17 71
E-mail: kjepe@online.no
Best time to call:
09.00 - 11.00 / 18.00 - 23.00

Dobbeltrom m/vannseng:	550,-
Enkeltrom:	350,-
En pers. i dobbeltrom:	350,-

Antall rom: 2
Full frokost
Dekket frokostbord
Åpent 1. mai - 1. okt.
Terrasse/uteplass
Ingen røking innendørs

Double room w/waterbed:	550,-
Single room:	350,-
1 pers. in double room:	350,-

No. of rooms: 2
Full breakfast
Laid breakfast table
Open 1 May - 1 Oct.
Terrace/Deck access
No smoking inside
English spoken

Doppelzi. m/Wasserbett	550,-
Einzelzimmer:	350,-
1 Pers. im Doppelzi.:	350,-

Anzahl Zimmer: 2
Volles Frühstück
Serv.: Frühstückstisch
Geöffnet 1. Mai - 1. Okt.
Terrasse/Aussenplatz
Kein Rauchen im Haus
Sprechen Englisch

350 meter over havet, på Holmenkollens vestside, ønsker Mary og Kjell gjester fra inn- og utland velkommen til sin enebolig. 25 minutter med T-bane fra Oslo sentrum er du nært byen med alle dens tilbud, samtidig som du har rolige omgivelser og nydelig utsikt til Oslofjorden og nærliggende landskap.
Det er kort avstand til Holmenkollen riksanlegg (skihopp, langrenn, konserter om sommeren, Norsk Skimuseum) enten til fots eller med T-bane.

350 meters above sea level and west of Holmenkollen, Mary and Kjell welcome both Norwegian and foreign guests to their home. A 25-minute metro ride from downtown Oslo, and you are close to city offerings while enjoying peaceful surroundings and beautiful views of Oslo Fjord and nearby countryside.
A short distance away is Holmenkollen National Ski Centre (ski-jump, Nordic skiing, summer concerts, Norwegian Ski Museum). Go on foot or via metro.

Auf der Westseite des Holmenkollen, 350 Meter hoch gelegen, heißen Mary und Kjell ihre Gäste aus dem In- und Ausland in ihrem Einfamilienhaus willkommen.
Nur 25 Minuten mit der U-Bahn von Oslo Zentrum entfernt, kann man die Angebote einer Großstadt jederzeit nutzen. Gleichzeitig wohnen Sie in einer ruhigen Umgebung mit einer sehr schönen Aussicht auf den Oslofjord und die angrenzende Landschaft. Auch zur Holmenkollen-Anlage (Skispringen, Langlauf, Norwegisches Skimuseum, im Sommer Konzerte) ist es zu Fuß oder mit der U-Bahn nicht weit.

Anna's Place

Your host:
Anna Borg
Address:
Myrveien 2B
N - 1358 Jar
Phone: 67 58 92 68
Mobil: 93 69 56 14
Best time to call:
08.00 - 10.00 / 19.00 - 22.00

Dobbelt-/tosengsrom:	800,-
Pris for fam. på 4:	900,-
Pris for 4 voksne:	1.000,-

Leilighet m/eget bad, kjk., stue med dobbeltseng og soverom m/køyesenger
Full frokost
Dekket frokostbord
Åpent hele året
TV i leiligheten
Hage/Terrasse/uteplass
Sykkelutleie
Ingen røking innendørs
Selvhushold er mulig

Double/Twin room:	800,-
Price for family of 4:	900,-
Price for 4 adults	1.000,-

Apartment w/own bath, kitchen, LR with double bed and bedroom w/bunk-beds
Full breakfast
Laid breakfast table
Open year round
TV in appartment
Yard/Terrace/Deck access
Bike for rent
No smoking inside
Selfcatering possible
English and Czeck spoken

Doppel-/Zweibettzi.:	800,-
Preis für Fam. 4 Pers.	900,-
Preis für 4 Erw.	1.000,-

Wohnung mit eig. Bad, Küche, Stube mit Doppelbett und Schlafzimmer mit Kojenbetten
Volles Frühstück
Serv.: Frühstückstisch
Ganzjährig geöffnet
TV in der Wohnung
Garten/Terrasse/Aussenplatz
Fahrrad zu mieten
Kein Rauchen im Haus
Selbsthaushalt möglich
Sprechen Deutsch

I et rolig villastrøk i Bærum, like utenfor Oslo's bygrense, ligger denne moderne og romslige eneboligen. Her tilbys en fullt utstyrt og meget komfortabel utleieleilighet i underetasjen . Den har egen inngang og egen hageflekk med sitteplass. Et ping-pong bord på terassen kan også benyttes. Vertinnen er sveitsisk og mannen norsk. De har nå slått seg ned i Norge etter mange år i Sveits.

This modern and spacious detached home is situated in a quiet neighbourhood in Bærum, just outside Oslo's city limits. You will enjoy a full-featured and very comfortable basement apartment. You have your own entrance and a private garden and sitting area. A ping-pong table on the patio may be used. Your hostess is Swiss and her husband Norwegian. They have settled down in Norway after many years in Switzerland.

Das moderne, geräumige Einfamilienhaus liegt in einer ruhigen Wohngegend in Bærum, direkt hinter der Stadtgrenze Oslos. Den Gast erwartet eine sehr gut ausgestattete, komfortable Einlieger-Ferienwohnung mit eigenem Eingang und einem Fleckchen Garten mit Sitzmöbeln. Eine Tischtennisplatte auf der Terrasse steht den Gästen zur Verfügung. Die Gastgeberin stammt aus der Schweiz, ihr Mann ist Norweger. Nach einem jahrelangem Aufenthalt in der Schweiz haben sie sich nun in Norwegen niedergelassen.

Tilla's Bed & Breakfast

Your host:
Tilla Dahlstrøm

Address:
Underhaugsveien 59
N - 1358 Jar
Phone: 67 53 82 06
Mobil: 97 12 47 45

Best time to call:
Monday - Friday: 17.00 - 23.00
Weekends: 08.00 - 23.00

Dobbeltrom:	550,-
Ekstraseng:	150,-

Leil. m/soverom, eget bad og stue
Kontinental frokost
Servering: Selvbetjening
Åpent 20. mai - 1. sept.
TV tilgjengelig
Hage
Sykkelutleie
Ingen røking innendørs
Rabatt for barn

Double room:	550,-
Extra bed:	150,-

Apt. w/bedroom, own bath, LR
Continental breakfast
Meals: Self-service
Open 20 May - 1 Sept.
TV available
Yard/Garden
Bike for rent
No smoking inside
Discount for children
English spoken

Doppelzimmer:	550,-
Extrabett:	150,-

Wohnung m/Schlafzi., Bad, Stube
Kontinentales Frühstück
Serv.: Selbstbedienung
Geöffnet 20. Mai - 1. Sept.
Zugang zu TV
Garten
Fahrrad zu mieten
Kein Rauchen im Haus
Ermässigung für Kinder
Sprechen Deutsch

Huset er fra 1928 og ligger i et veletablert og rolig boligstrøk i Bærum, like utenfor Oslos bygrense. Bare 3 min. å gå til T-bane stasjonen gjør det enkelt å ta seg inn til sentrum. En 8-10 min. spasertur tar deg til et hyggelig lokalt handlesenter på Bekkestua. Vertinnen er dekormalerinne og har eget verksted i et lite hus i hagen.

Built in 1928 this house is located in a well-established, peaceful neighborhood in Bærum, just outside Oslo. A 3-minute walk to the metro station makes it easy to get to downtown. An 8-10 minute stroll takes you to a nice local shopping area at Bekkestua. Your hostess is a decorative painter and has her own workshop in the bottom of the garden.

Das Haus (Bj. 1928) liegt in einer gutsituierten und ruhigen Wohngegend in Bærum, direkt an der Stadtgrenze zu Oslo. Zur U-Bahn-Station sind es nur ca. 3 Minuten Fußweg, so daß man sehr schnell ins Stadtzentrum gelangt. Nur ca. 8-10 Minuten zu Fuß sind es bis zum netten, regionalen Einkaufszentrum in Bekkestua. Die Gastgeberin ist Dekormalerin und nutzt ein kleines Haus im Garten als Werkstatt.

Jamás al esfuerzo dewayuda al fortuna.
Aldrig låter luckan fliten gå ohjälpt.
Fernán de Rojas, 1465 - 1541

Sølvhølen Cottages

Your host:
fam. Smithurst
Address:
Ringeriksveien 278
N - 1340 Skui
Phone: 67 13 33 56 / 67 13 68 56
Best time to call:
15.30 - 22.00
09.00 - 22.00 (saturd. & sund.)

Gjestehus for 2-4 personer
Antall soverom: 1
Eget bad m/ dusj, tekjøkken, stue
Biologisk toalett
Antall gjestehus: 2
Pris pr. pers.: **150,-**
Tillegg for sengetøy: **50,-**
Åpent 1. juni - 15. sept.
Hage/terrasse/uteplass
Sykkelutleie
Rabatt for barn

Guesthouse for 2-4 persons
No. of bedrooms: 1
Own bath/shower, kitchenette, LR
Biological WC
No. of guesthouses: 2
Price per pers.: **150,-**
Bed linen fee: **50,-**
Open 1 June - 15 Sept.
Yard/Terrace/Deck access
Bike for rent
Discount for children
English and some French spoken

Gästehaus für 2-4 Personen
Anzahl Schlafräume: 1
Eig.Bad mit Dusche, Küche, Stube
Biologische Toilette
Anzahl Gästehauser: 2
Preis pro Pers.: **150,-**
Mieten von Bettwäsche: **50,-**
Geöffnet 1. Juni - 15. Sept.
Garten/Terrasse/Aussenplatz
Fahrrad zu mieten
Ermässigung für Kinder
Sprechen etwas Deutsch

Sølvhølen ligger i landlige omgivelser og har frittgående høner i hagen. Du finner stedet like ved E-16, mellom Oslo og Hønefoss.
Det vanker ferske rundstykker til gjestene om morgenen.
Fint turterreng i området, muligheter for leie av sykkel. Badestrand i Oslofjorden. Kort avstand til butikker.

Veibeskrivelse:
Fra E-18, Sandvika; ta av mot Hønefosss, E-16. Kjør 7 km til tettstedet Skui. Etter skiltet Skui kjører du videre 2 km og ser huset på venstre hånd, hvitmalt med skiltet "Rooms & Cottage".

Sølvhølen's atmosphere; a country setting with free ranging hens, located just off E-16, between Oslo and Hønefoss.
Home-made rolls beckon guests in the morning. Lovely surroundings summon one to hikes or bicycle trips (borrow from the Smithursts). Swim at nearby Oslofjord beach. Food stores close by.
Directions:
Take the exit in the direction of Hønefoss (E-16) from E-18 at Sandvika. After driving 7 km, you come to the village of Skui. Continue past the Skui sign and drive 2 km until you see a white house on the left and a sign that reads "Rooms & Cottage".

Sølvhølen, mit freilaufenden Hühnern im Garten, liegt in ländlicher Umgebung. Sie finden es an der E16 zw. Oslo und Hønefoss. Jeden Morgen warten duftende Brötchen auf die Gäste. Die Umgebung lädt zu Touren ein, Fahrräder können Sie leihen. Der Badestrand ist am Oslofjord. Unweit zu Geschäften.

Wegbeschreibung:
Von der E-18 (Sandvika): Abzweigung nach Hønefoss (E-16). Nach 7 km erreichen Sie den Ort Skui. 2 km hinter dem Ortsschild liegt ein weißes Haus auf der linken Seite. Auf dem Schild steht "Rooms & Cottage".

The Blue Room

Your host:
Tone Kringstad Mamen &
Asgeir Mamen

Address:
Nesåsen 11C
N - 1394 Nesbru
Phone: 66 84 90 10
Mobil: 90 86 12 03
E-mail: asgeirm@ibm.net
or: ToneK.Mamen@hive.no

Best time to call:
09.00 - 23.00

Dobbelt-/tosengsrom: **550,-**
Antall rom: 2
Full frokost
Servering: Dekket frokostbord
Åpent 1. mai - 1. okt.
Hage/terrasse/uteplass
Innendørs svømmebaseng
Båtutleie
Sykkelutleie
Ingen røking innendørs
Rabatt for barn
Selvhushold er mulig

Double/Twinroom: **550,-**
No. of rooms: 2
Full breakfast
Laid breakfast table
Open 1 May - 1 Oct.
Yard/Terrace/Deck access
Indoor swimmingpool
Boat for rent
Bike for rent
No smoking inside
Discount for children
Selfcatering possible
Some English spoken

Doppel-/Zweibettzimmer: **550,-**
Anzahl Zimmer: 2
Volles Frühstück
Serv.: Frühstückstisch
Geöffnet 1. Mai - 1. Okt.
Garten/Terrasse/Aussenplatz
Schwimmbad im Haus
Boot zu mieten
Fahrrad zu mieten
Kein Rauchen im Haus
Ermässigung für Kinder
Selbsthaushalt möglich
Sprechen etwas Deutsch

I utkanten av Oslo tilbyr Tone og Asgeir lyse og trivelige rom med utsikt i deres store moderne villa. Boligen har innendørs svømmebasseng og sauna, og det er gode parkeringsmuligheter ved huset. Nesåsen er et boligområde bestående av eneboliger med hager og grøntareal, og vertskapet kan også tilby båt- og sykkel-utleie. På denne måten kan man kombinere storbyferien med friluftsopplevelser.
Det er kort vei til offentlig kommunikasjon og båthavn.

On the outskirts of Oslo, Tone and Asgeir offer you airy, pleasant rooms with view in their large, modern manor home. The house has an indoor swimming pool and sauna, and ample parking nearby. Nesåsen is a residential area featuring detached homes with gardens and greenery, and your hosts also offer boat and bicycle rental. This allows you to combine a city holiday with outdoor activities.
It is a short way to public transport and the marina.

Am Rande Oslos vermieten Tone und Asgeir in ihrer großen und modernen Villa helle und einladende Zimmer mit Aussicht. Schwimmbad und Sauna im Haus vorhanden, gute Parkmöglichkeiten direkt am Haus. Nesåsen ist ein Wohngebiet, in dem Einfamilienhäuser mit Vorgarten und viel Grün dominieren. Boots- und Fahrradverleih durch die Gastgeber. Idealer Ort, um einen Großstadturlaub mit Erholung im Grünen zu kombinieren.
Kurze Entfernung zu öffentlichen Verkehrsmitteln sowie zum Bootshafen.

Smedstad Gård

Your host:
Randi Enger Johansen & Laila H.Skallerud
Address:
N - 2022 Gjerdrum
Phone: 63 99 10 90
Fax: 63 99 01 44
Best time to call:
08.00 - 22.00

Tosengsrom:	**620,-**
Enkeltrom:	**450,-**
Antall rom: 5	
Full frokost	
Servering: Frokost buffét	
Åpent hele året	
TV tilgjengelig	
Terrasse/hage	
Ingen røking på rom	
Røykerom	
Rabatt for barn	
Selvhushold er mulig:	
Tosengsrom:	**480,-**
Enkeltrom:	**380,-**

Twin room:	**620,-**
Single room:	**450,-**
No. of rooms: 5	
Full breakfast	
Breakfast buffet	
Open year round	
TV available	
Terrace/Yard	
No smoking in rooms	
Smoking room available	
Discount for children	
Selfcatering possible:	
Twin room:	**480,-**
Single room:	**380,-**
English spoken	

Zweibettzimmer:	**620,-**
Einzelzimmer:	**450,-**
Anzahl Zimmer: 5	
Volles Frühstück	
Serv.: Frühstücksbüfett	
Ganzjährig geöffnet.	
Zugang zu TV	
Terrasse/Garten	
Kein Rauchen im Zimmer	
Raucherzimmer	
Ermässigung für Kinder	
Selbsthaushalt möglich:	
Zweibettzimmer:	**480,-**
Einzelzimmer:	**380,-**
Sprechen Englisch	

Tre generasjoner ønsker velkommen til Smedstad gård som ligger i landlige omgivelser, 3 mil nord for Oslo og ca. 15 km. sør for Gardermoen.
Rommene er i hovedhuset hvor gjestene også har en felles gjestestue.
Det er dyr på gården som kan oppleves på nært hold. I nærheten ligger Romeriksåsen med fine turstier for fotturer og sykkelturer, fiskemuligheter og badevann. På vinteren er det lysløype og alpinbakke.

Three generations welcome you to Smedstad Farm which is in the country side, 30 km north of Oslo, and approx. 15 km south of Gardermoen.
The rooms are in the Main House, where the guests also have a (common) sitting-room.
The farms has livestock which can be experienced at close hand.
Close by you have Romeriksåsen which has some lovely walks, cycle paths, fishing and swimming. In the winter there is a lit Nordic skiing circuit and downhill skiing.

Der Hof Smedstad liegt in lieblichem Bauernland, 30 km nördlich von Oslo und etwa 15 km südlich vom neuen Osloer Flughafen Gardermoen. Die drei Generationen des Hofes heissen Gäste willkommen.
Die Räume, sowie ein gemeinsamer Aufenthaltsraum, befinden sich im Haupthaus. Möglichkeit für Kontakt mit Haustieren. Nahe zum Gebiet Romeriksåsen für Wanderungen, Radtouren, Angeln und Baden. Im Winter Flutlichtloipe und Alpinanlage.

Trugstadloftet

Your host:
Grethe & Lars Chr. Kjærstad

Address:
Trugstad gård
N - 2034 Holter
Phone: 63 99 50 45
Mobil: 93 42 01 54

Best time to call:
16.00 - 23.00

Stabbur for 2-8 personer
Antall rom: 4
Bad og kjøkken
Pris pr. pers.: **250,-**
Sengetøy er inkludert
Åpent april - oktober
TV tilgjengelig
Hage/terrasse/uteplass
Ingen røking innendørs
Rabatt for barn
Frokost kan serveres

'Store-house' for 2-8 persons
No. of rooms: 4
Bath and kitchen
Price per pers.: **250,-**
Bed linen included
Open April - October
TV available
Yard/Terrace/Deck access
No smoking inside
Discount for children
Breakfast service available
Some English spoken

'Vorratshaus' für 2-8 Personen
Anzahl Zimmer: 4
Bad und Küche
Preis pro Pers.: **250,-**
Inkl. Bettwäsche
Geöffnet April - Oktober
Zugang zu TV
Garten/Terrasse/Aussenplatz
Kein Rauchen im Haus
Ermässigung für Kinder
Frühstück auf Bestellung
Sprechen etwas Deutsch

Trugstadloftet er et gammelt stabbur som er ombygd og innredet med gamle bondemøbler og himmelsenger fra 1800-tallet.
Her kan gjester stelle sine egne måltider i et enkelt kjøkken.
Trugstadloftet ligger i Holter, en 12 km avstikker fra E6, vest for Jessheim og 15 min. fra Gardermoen flyplass.

Trugstadloftet, an old storehouse, which has been remodelled with house antique farm furniture and canopy beds from the 1800's. Here you can make your own meals in the kitchen.
Trugstadloftet is located in Holter, which is a 12 km sidetrip off of E6, west of Jessheim and 15 min. from Gardermoen Airport.

Trugstadloftet ist ein altes Vorratshaus (Stabbur), mit alten Bauernmöbeln (Himmelbetten anno 1880) eingerichtet. Hier können Gäste selbst ihre Mahlzeiten (kleine Küche) zubereiten.
Holter liegt 12 km westlich von der E6, westlich vom Ort Jessheim und 15 Min. vom Flughafen Gardermoen entfernt.

Whatever you are, it must be out and out,
not tepid, divided or in doubt.

Hva du er, vær fult og helt, og ikke stykkevis og delt.

Brand, Act I, Henrik Ibsen, 1866

Svelvik Romutleie

Your host:
Beate & Trond Muri
Address:
Bråtanveien 2
N - 3060 Svelvik
Phone: 33 77 36 59
Best time to call:
16.00 - 22.00

Tosengsrom:	**500,-**
1 pers. i tosengsrom:	**350,-**

Antall rom: 2
Full frokost
Dekket frokostbord
Åpent hele året
Terrasse/uteplass/hage
Ingen røking innendørs
Rabatt for barn
Selvhushold er mulig

Twin room:	**500,-**
1 pers. in twin room:	**350,-**

No. of rooms: 2
Full breakfast
Laid breakfast table
Open year round
Terrace/Deck access/Yard
No smoking inside
Discount for children
Selfcatering possible
English spoken

Zweibettzimmer:	**500,-**
1 Pers. im Zweibettzi.:	**350,-**

Anzahl Zimmer: 2
Volles Frühstück
Serv.: Frühstückstisch
Ganzjährig geöffnet
Terrasse/Aussenplatz/Garten
Kein Rauchen im Haus
Ermässigung für Kinder
Selbsthaushalt möglich
Sprechen Deutsch

Svelvik ligger ved Drammensfjorden og er et vakkert tettsted med sørlandspreg og gammel trehusbebyggelse. Badeplasser, tur- og fiskemuligheter.
Boligen ligger i et rolig villastrøk 2 km fra sentrum og har utsikt over fjorden. Rommene har utgang til hage med utemøbler, huskestativ og sandkasse.
Vertskapet er en lærerfamilie som synes det er spennende å møte nye mennesker.

Svelvik is on Drammens Fjord and is a beautiful village with southern Norway's charm, beaches, hiking and fishing.
The house, with a view of the fjord, is in a quiet neighborhood, 2 km from downtown Svelvik. The rooms have access to the secluded yard, outdoor furniture, swingset and sandbox. Your hosts, both teachers, enjoy meeting new people.

Svelvik am Drammensfjord ist ein kleiner, idyllischer Ort mit "südnorwegischer" Prägung und alten Holzhäusern. Baden im Fjord, Angeln im Svelvikfluss. Schönes Wandergelände.
Das Haus liegt in ruhiger Villengegend, 2 km vom Zentrum. Fjordaussicht.
Gartenbenutzung mit Ausgang von den Räumen. Gartenmöbel, Kinderschaukel und Sandkasten.
Das Lehrerpaar freut sich neue Menschen zu treffen.

Aarholt-tunet

Your host:
Ingfrid Weydahl &
Svein Aarholt
Address:
N - 3160 Stokke
Phone: 33 33 90 96
Fax: 33 33 90 97
E-mail: aarholt@online.no
Web: www.aarholt-tunet.com
Best time to call:
09.00 - 22.00

4-sengsrom:	**700,-**
Pris pr. pers.:	**200,-**
Antall rom: 2	
Eget bad og kjk.krok på rommet	
Tillegg for sengetøy:	**50,-**
Åpent hele året	
Terrasse/uteplass	
Ingen røking innendørs	

4-bedded rooms:	**700,-**
Price per pers.:	**200,-**
No. of rooms: 2	
Own bath, kitchen nook in rooms	
Bed linen fee:	**50,-**
Open year round	
Terrace/Deck access	
No smoking inside	
English spoken	

4-Bettzimmer:	**700,-**
Preis pro Pers.:	**200,-**
Anzahl Zimmer: 2	
Eig. Bad, Küchenecke im Zimmer	
Mieten von Bettwäsche:	**50,-**
Ganzjährig geöffnet	
Terrasse/Aussenplatz	
Kein Rauchen im Haus	
Sprechen etwas Deutsch	

Aarholt-tunet er en nyrestaurert gammel slektsgård med koselige små tømmerhus og her drives økologisk landbruk. Om sommeren tilbys også et eget bondegårdsferieprogram med aktiviteter som dyrestell, karding og toving av ull, grisling av brød, lappesteking på takke, beversafari etc. for dem som vil være med på det. Kveldsunderholdning følger også med. På gården er det esel, geit, sauer, kaniner, ender, høner og katter. Ellers i året drives det her ulike kurs, leirskole, selskaper med overnatting og lignende for grupper.

The Aarholt-tunet is a newly restored, old family farm with cozy little timber houses that practices ecological farming. In summertime, you can experience a genuine farmhand vacation program with activities such as animal care, making garments of wool, glazing bread, grilling pancakes, beaver safaris, etc., for those who are interested. Evening entertainment is included. The farm has donkeys, goats, sheep, rabbits, ducks, hens and cats. Other events during the year include various seminars, leadership training and overnight parties for groups.

Aarholt-tunet ist ein kürzlich restaurierter, historischer Generationenhof mit gemütlichen kleinen Blockhäusern. Hier wird ökologischer Landbau betrieben. Den Sommer über wird ein Bauernhof-Ferienprogramm angeboten, z.B. Tierpflege, Krempeln, Kämmen von Rohwolle, Brotbacktechniken (z.B. Vorbacken von Brotlaiben, damit sie eine gleichmäßige Kruste bekommen), Bibersafaris usw. Auch am Abend ist für ein Programm gesorgt. Auf dem Hof leben Esel, Ziegen, Schafe, Kaninchen, Enten, Hühner und Katzen. Das ganze Jahr über werden verschiedene Kurse angeboten, außerdem Ferienlager, Gesellschaften (mit Übernachtung) oder ähnliche Gruppenarrangements.

Spitalengen

Your host:
Lasse Knudsen, Elisabeth Sandnes, Anne Mari Sletli

Address:
Spitalengen
N - 2338 Espa
Phone: 62 58 08 64
Phone/Fax: 62 58 08 58
Mobil: 90 13 79 72 / 94 36 06 77
E-mail: lajok@online.no
Best time to call:
08.00 - 23.00

Hytte for 2-7 personer
Antall soverom: 2
Eget kjøkken, stue
Ikke innlagt vann, utedo
Pris for hele enheten: **300,-**
Tillegg for sengetøy: **50,-**
Åpent 1. juni - 31. aug.
Vinter: forhåndsbestilling nødv.
TV tilgjengelig
Innebygd terrasse, hage
Sykkelutleie
Ridning for øvet rytter
Ingen røking innendørs
Rabatt for barn

Cabin for 2-7 persons
No. of bedrooms: 2
Own kitchen, LR
No running water, outhouse
Price for whole unit: **300,-**
Bed linen fee: **50,-**
Open 1 June - 31 Aug.
Winter: reservations required
TV available
Indoor patio, Garden
Bike for rent
Horseback Riding; advanced level
No smoking inside
Discount for children
English spoken

Hütte für 2-7 Personen
Anzahl Schlafräume: 2
Eig. Küche, Stube
Kein fl. Wasser, Aussentoilette
Ganze Einheit: **300,-**
Mieten von Bettwäsche: **50,-**
Geöffnet 1. Juni - 31. Aug.
Winter: Vorbestellung nötig
Zugang zu TV
Überdachte Terrasse, Garten
Fahrrad zu mieten
Reiten f. geübte Reiter
Kein Rauchen im Haus
Ermässigung für Kinder
Sprechen Deutsch

Spitalengen er et lite, økologisk småbruk i ei lita bygd - Spitalen. Her bor en familie på 6 som driver med litt skogbruk, sau og hest. I bygda er det et flott turterreng med muligheter for skogsturer, jakt, fiske og bading. På Granerudsjøen er det anlagt badeplass som er ypperlig for barnefamilier. Beliggenhet 45 km fra Hamar og 6 km fra Mjøsa.
Merk: vann hentes fra pumpe ute, og det er utedo i skjul ca 10 m fra hytta.

Spitalengen is a small, ecologically run farm in the quaint village of Spitalen. A family of 6 lives here and keeps busy with forestry and caring for their sheep and horses. Beautiful walking trails with a variety of summer and winter activities. Spitalen south has several small lakes. Families with children will enjoy swimming in Granerudsjøen.
45 km from Hamar and 10 km from Mjøsa. Note: water is fetched from an outside pump and the outhouse is situated about 10 meters from the guest cottage.

Kleiner, ökologisch wirtschaftender Bauernhof in der Gemeinde Spitalen. Die sechsköpfige Familie betreibt Forstwirtschaft sowie Schaf- und Pferdezucht. Spitalen bietet im Sommer wie im Winter sehr gute Wandermöglichkeiten. Im Süden der Gemeinde gibt es viele kleine Seen, z.B. Granerudsjøen mit Bademöglichkeiten insbesondere für Familien.
45 km bis Hamar, 10 km zum See Mjøsa. Bitte beachten: Wasser aus Pumpe (außen), Außentoilette im Schuppen (10 m).

Strandsjø Bed & Breakfast

Your host:
Åse Lund Støen/Ole Egil Støen
Address:
N - 2266 Arneberg
Phone: 62 95 34 47
Fax: 62 94 34 31
Mobil: 91 88 12 95
E-mail: strandsjo@strandsjo.no
Web: www.strandsjo.no
Best time to call:
08.00 - 22.00

Dobbelt-/tosengsrom: **500,-**
1 pers. i dobbeltrom: **300,-**
Antall rom: 7
Full frokost
Serv. i potetkaféen
eller i kjøkkenet
Åpent hele året
Terrasse/hage
Båtutleie
Sykkelutleie
Ingen røking på rom
Vi tar VISA

Double/Twin room: **500,-**
1 pers. in double room: **300,-**
No. of rooms: 7
Full breakfast
Served in the kitchen
or in the "Potato Café"
Open year round
Terrace/Yard
Boat for rent
Bike for rent
No smoking in rooms
VISA accepted
English spoken

Doppel-/Zweibettzi.: **500,-**
1 Pers. im Doppelzi.: **300,-**
Anzahl Zimmer: 7
Volles Frühstück
Serv.: im "Kartoffelcafé"
oder in der küche
Ganzjährig geöffnet
Terrasse/Garten
Boot zu mieten
Fahrrad zu mieten
Kein Rauchen im Zimmer
Wir nehmen VISA
Sprechen etwas Deutsch

Ved Strandsjøen, like ved RV 210 mellom Elverum og Kongsvinger, tar vertskapet imot gjester på et småbruk med særpreg. De er 6te generasjon på gården. Gjestene bor i halmhus, tømmerhus og i våningshuset.
Frokosten serveres i et restaurert 1700-tallskjøkken, eller i "Potetkaféen" som er Norges første og åpen for publikum hver søndag hele året.
Det er husdyr på gården.
Unikt fugleliv og fiskemuligheter.

By Strandsjøen Lake, next to RV 210 between Eleverum and Kongsvinger, your hosts eager to welcome you to a small farm of character. The farm has been in the family for 6 generations.
The guests live in a straw house, a timber frame house and in the main house. Breakfast is served in a renovated kitchen from the 1700s or in the "Potato Café".
This Café is Norway's first. Open every Sunday all year.
There is livestock on the farm.
Unique fishing and bird watching possibilities.

Bei Strandsjø, nahe der Strasse 210 zwischen Elverum und Kongsvinger, empfängt man Gäste auf einem kleinen Hof besonderer Art, den die 6. Generation bewirtschaftet. Die Gäste wohnen in Häusern aus Stroh und Blockholz, sowie im Haupthaus. Das Frühstück wird in einer restaurierten Küche aus dem 18. Jahrhundert serviert, oder im "Kartoffelcafé", dem ersten in Norwegen, das ganzjährig sonntags für Gäste geöffnet ist.
Es gibt Haustiere am Hof und in der Umgebung eine Vielfalt an Vögeln, sowie Angelmöglichkeiten.

A: "Halmkroken"
Halmhus for 2-9 personer
Antall soverom: 4
To bad
Eget tekjøkken
Pris for hele enheten: **1.000,-**

B: "Halmstrået"
Halmhus for 2-3 personer
Antall soverom: 1
Eget tekjøkken, bad ved pot.kaféen
Pris for hele enheten: **400,-**

C: "Haljestugua"
Gjestehus for 2-6 personer
Antall soverom: 2
Eget bad og tekjøkken
Pris for hele enheten: **600,-**

Tillegg for sengetøy: **50,-**
Åpent hele året
Hage/terrasse/uteplass
Båtutleie
Sykkelutleie
Ingen røking på rom
Vi tar VISA

A: "Halmkroken"
Straw-cabin for 2-9 persons
No. of bedrooms: 4
Two bathrooms
Own kitchenette
Price for whole unit: **1.000,-**

B: "Halmstrået"
Straw-cabin for 2-3 persons
No. of bedrooms: 1
Own kitchenette, bath at the p.café
Price for whole unit: **400,-**

C: "Haljestugua"
Guesthouse for 2-6 persons
No. of bedrooms: 2
Own bath and kitchenette
Price for whole unit: **600,-**

Bed linen fee: **50,-**
Open year round
Yard/Terrace/Deck access
Boat for rent
Bike for rent
No smoking in rooms
VISA accepted
English spoken

A: "Halmkroken"
Strohhaus für 2-9 Personen
Anzahl Schlafräume: 4
Zwei Bäder
Kleine Küche
Ganze Einheit: **1.000,-**

B: "Halmstrået"
Strohhaus für 2-9 Personen
Anzahl Schlafräume: 1
Kleine Küche, Bad beim "Kart.café"
Ganze Einheit: **400,-**

C: "Haljestugua"
Gästehaus für 2-6 Personen
Anzahl Schlafräume: 2
Eig. Bad und kleine Küche
Ganze Einheit: **600,-**

Mieten von Bettwäsche: **50,-**
Ganzjährig geöffnet
Garten/Terrasse/Aussenplatz
Boot zu mieten
Fahrrad zu mieten
Kein Rauchen im Zimmer
Wir nehmen VISA
Sprechen etwas Deutsch

Veibeskrivelse:
Fra Elverum sørover eller fra Kongsvinger nordover følges RV-210 ca. 45 km. Ved eneste Esso-stasjon på denne strekningen, tar du av mot "Strandsjøen ". Følg deretter skilting til Strandsjø B&B.

Directions:
Drive south from Elverum or north from Kongsvinger on RV-210 about 45 km. Turn in the direction of "Strandsjøen" at the only Esso station along this route. Proceed to follow the signs to Strandsjø B & B.

Wegbeschreibung:
Aus Richtung Elverum folgen Sie der Straße 210 in südlicher, aus Richtung Kongsvinger in nördlicher Richtung, jeweils ca. 45 km. An der einzigen Esso-Tankstelle auf dieser Strecke abbiegen in Richtung "Strandsjøen". Folgen Sie dann der Beschilderung bis zum Haus.

Si nous n'avions point de défauts,
nous ne prendrions pas tant de plaisir à en remarquer dans les autres.

Om vi inte själva hade våra fel
skulle vi inte ha så stort möye av att märka dem hos andra.

François de la Rochefoucauld 1613 - 1680

Heggelund's rom og frokost

Your host:
Berit & Lars Petter Heggelund
Address:
Negardssvingen 3
N - 2270 Flisa
Phone: 62 95 16 27

Best time to call:
09.00 - 22.00

Dobbelt-/tosengsrom:	**400,-**	Double/Twin room:	**400,-**	Doppel-/Zweibettzimmer:	**400,-**
En pers. i dobbeltrom:	**300,-**	1 pers. in double room:	**300,-**	1 Pers. im Doppelzimmer:	**300,-**
Antall rom: 3		No. of rooms: 3		Anzahl Zimmer: 3	
Full frokost		Full breakfast		Volles Frühstück	
Dekket frokostbord		Laid breakfast table		Serv.: Frühstückstisch	
Åpent hele året		Open year round		Ganzjährig geöffnet.	
TV tilgjengelig		TV available		Zugang zu TV	
Hage/terrasse/uteplass		Yard/Terrace/Deck access		Garten/Terrasse/Aussenplatz	
Ingen røking innendørs		No smoking inside		Kein Rauchen im Haus	
Rabatt for barn		Discount for children		Ermässigung für Kinder	
		English spoken		Sprechen etwas Deutsch	

I en stor hage på Flisa, mellom Kongsvinger og Elverum, ønsker vertskapet Berit og Lars Petter deg velkommen til sin nyrestaurerte sveitservilla fra århundreskiftet. De har satset på å bevare husets stil og særpreg, og spisestua er helt uendret.
Det er fine muligheter for turgåing med blant annet Finnskogen i nærheten.
Om ønskelig og om været tillater det, kan frokosten serveres på terrassen eller i hagen.

Berit and Lars Petter bid you welcome to their newly restored Swiss villa from the early 1900s in a large garden at Flisa, between Kongsvinger and Elverum. They are determined to preserve the house's uniqueness and style, and the dining room is all original.
Excellent opportunities for hiking tours, including nearby Finnskogen woods. If desired - and weather permitting - breakfast may be served on the terrace or in the garden.

In Flisa, zwischen Kongsvinger und Elverum, heißen Sie die Wirtsleute Berit und Lars Petter in ihrer frisch renovierten Villa im Schweizerstil aus der Jahrhundertwende herzlich willkommen. Das Ehepaar hat es verstanden, den besonderen Stil des Hauses zu bewahren, so ist z.B. das Eßzimmer nahezu unverändert geblieben.
Die Region bietet mit dem in der Nähe liegenden Waldgebiet Finnskogen sehr gute Wandermöglichkeiten. Nach Absprache - und wenn das Wetter es zuläßt - kann das Frühstück auch im Garten oder auf der Terrasse serviert werden.

Overskott's Bed & Breakfast

Your host:
Ingrid & Svein Overskott
Address:
Buevegen 2
N - 2312 Ottestad
Phone/Fax: 62 57 61 86
Mobil: 94 82 45 04
E-mail: sv-ove@online.no
Best time to call:
16.00 - 24.00

Dobbelt-/tosengsrom: **450,-**
Enkeltrom: **250,-**
Antall rom: 5
Full frokost
Dekket frokostbord
Åpent hele året
TV tilgjengelig
Terrasse/hage
Sykkelutleie
Ingen røking på rom
Rabatt for barn
Selvhushold er mulig

Double/Twin room: **450,-**
Single room: **250,-**
No. of rooms: 5
Full breakfast
Laid breakfast table
Open year round
TV available
Terrace/Yard
Bike for rent
No smoking in rooms
Discount for children
Selfcatering possible
English spoken

Doppel-/Zweibettzi.: **450,-**
Einzelzimmer: **250,-**
Anzahl Zimmer: 5
Volles Frühstück
Serv.: Frühstückstisch
Ganzjährig geöffnet.
Zugang zu TV
Terrasse/Garten
Fahrrad zu mieten
Kein Rauchen im Zimmer
Ermässigung für Kinder
Selbsthaushalt möglich
Sprechen etwas Deutsch

OverskottsB&B finner du like sør for Hamar. Langs E6 tar man av hvor skilt viser Ottestad.
Huset er en stor og komfortabel villa fra 1971. Det er kort vei til badeplasser og Vikingskipet.
Hamar sentrum ligger 4 km unna og tilbyr historie, museer, shopping og spisesteder.
Det er en egen peisestue med TV for gjestene, og her er det tillatt å røyke.
Fam. Overskott kan etter avtale servere grillmat i egen hage sommerstid.

Overskott´s B&B is located just south of Hamar. Follow the signs from E6 to Ottestad.
The house is a large villa built in 1971. Short distances to beaches and "Vikingskipet" (Olympic site, 1994). Downtown Hamar, 4 km away, offers historical sites, museums, shopping and restaurants.
Enjoy a living room with open fireplace and TV for guests, smoking allowed.
The Overskotts can arrange for a summer BBQ.

Südlich von Hamar gelegen. Von E6 bei Schild Ottestad abzweigen.
Grosse, komfortable Villa, gebaut 1971. Unweit zu Badeplätzen und dem bekannten Wikingerschiff. 4 km nach Hamar mit Museum, historischen Stätten, Geschäften und Restaurants.
Für die Gäste steht eine eigene Kaminstube mit TV zur Verfügung. Dort ist auch das Rauchen gestattet.
Grillgerichte können im Garten serviert werden.

Bellevue Bed & Breakfast

Your host:
S.Bjørge
Address:
Aluveien 65
N - 2319 Hamar
Phone: 62 52 34 77
Fax: 62 52 66 30
Best time to call:
10.00 - 17.00

Dobbeltrom:	**595,-/750,-**	Double room:	**595,-/750,-**	Doppelzimmer:	**595,-/750,-**
Enkeltrom:	**545,-**	Single room:	**545,-**	Einzelzimmer:	**545,-**
Dobbeltrom:	**450,-/600,-**	Double room:	**450,-/600,-**	Doppelzimmer:	**450,-/600,-**
Enkeltrom:	**395,-**	Single room:	**395,-**	Einzelzimmer:	**395,-**
Antall rom: 20		No. of rooms: 20		Anzahl Zimmer: 20	
Full frokost		Full breakfast		Volles Frühstück	
Dekket frokostbord eller -brett		Laid breakfast table or -tray		Serv.: Früstückstisch oder -tablett	
Åpent hele året		Open year round		Ganzjährig geöffnet	
TV tilgjengelig		TV available		Zugang zu TV	
Terrasse/uteplass/hage		Terrace/Deck access/Yard		Terrasse/Aussenplatz/Garten	
Vi tar VISA, DC, AmEx		VISA, DC, AmEx accepted		Wir nehmen VISA, DC	
Rabatt for barn		Discount for children		Ermässigung für Kinder	
Selvhushold er mulig		Selfcatering possible		Selbsthaushalt möglich	
		English spoken		Sprechen Deutsch	

Bellevue Bed & Breakfast ligger 5 min fra Hamar sentrum med bil; nord-vest i Hamar ved Ankerskogen, svømmehall, Hedmarkstoppen, Hamar OL-amfi og Domkirkeodden med Hedmarksmuseet.

Bellevue Bed & Breakfast is located 5 min from Hamar city center by car; northwest Hamar near Ankerskogen, swimming hall, Hedmarkstoppen, Hamar Olympic Amphitheatre and Domkirkeodden with the Hedmarks Museum.

Bellevue Bed & Breakfast liegt 5 Autominuten von Hamar Zentrum entfernt, und zwar in nordwestlicher Richtung bei Ankerskogen. Aktivitäten: Schwimmhalle, Olympiahalle (Amphi), Landzunge Domkirkeodden und Hedmarkmuseum (Auswanderermuseum).

Les plus beaux vers sont ceux qu'on ne peut pas écrire.
De vackraste dikterna är de man inte kan skriva.
Alphonse de Lamartine 1790 - 1869

Skavang

Your host:
Trygve & Berte Tørud
Address:
Skavangvegen 218
N - 2350 Nes, Hedmark
Phone: 62 35 31 14
Fax: 62 35 52 97
Mobil: 95 14 30 47
Best time to call:
07.00 - 22.00

Gjestehus for 2-8 personer
Antall soverom: 2
Antall sovealkover: 2
Eget bad, kjøkken, stue
Høysesong (uke 26-31):
Pris for hele enheten: **1.100,-**
Del av enhet for 2 pers.: **600,-**
Lavsesong:
Pris for hele enheten: **900,-**
Del av enhet for 2 pers.: **500,-**
Tillegg for sengetøy: **50,-**
Åpent mars - oktober
Hage/terrasse/uteplass
Båt og sykkel kan lånes
Ingen røking innendørs
Frokost kan serveres

Guesthouse for 2-8 persons
No. of bedrooms: 2
No. of sleeping alcoves: 2
Own bath, kitchen, LR
High season (week 26-31):
Price for whole unit: **1.100,-**
Part of unit for 2 persons: **600,-**
Low season:
Price for whole unit: **900,-**
Part of unit for 2 persons: **500,-**
Bed linen fee: **50,-**
Open March - October
Yard/Terrace/Deck access
Boat and bike available
No smoking inside
Breakfast service available
English spoken

Gästehaus für 2-8 Personen
Anzahl Schlafräume: 2
Anzahl Schlafalkoven: 2
Eig. Bad, Küche, Stube
Hochsaison (Woche 26-31):
Ganze Einheit: **1.100,-**
Teil einer Einheit 2 Pers.: **600,-**
Nebensaison:
Ganze Einheit: **900,-**
Teil einer Einheit 2 Pers.: **500,-**
Mieten von Bettwäsche: **50,-**
Geöffnet März - Oktober
Garten/Terrasse/Aussenplatz
Boot u. Fahrrad zu leihen
Kein Rauchen im Haus
Frühstück auf Bestellung
Sprechen Englisch

Skavang ligger på den idylliske Helgøya, den eneste øya i Mjøsa. Det er 23 km fra Brumunddal og 3 km fra Nes. Garden er en av øyas eldste.
Det er badestrand, båt og sykler til disposisjon. Tur- og sykkelterreng. Ved brua legger Skibladner til. En tur med den gamle dampbåten kan anbefales.
På garden dyrkes det korn, poteter og grasfrø. Der er en hund og tre katter på gården.

Experience the idyllic island on Mjøsa Lake, "Helgøya", where hiking and bicycling trails are scenic beyond imagination and the lake invites you in on warm summer days. 23 km from Brumunddal and 3 km from Nes, the farm is one of the island's oldest, producing grain, potatoes and sod. Animals: one dog and three cats. Private beach, boat and bikes available.
The steamboat "Skibladner" stops close to the bridge.

Skavang liegt auf der idyllischen Insel Helgøya, 23 km von Brumunddal u. 3 km von Nes. Helgøya lädt zu schönen Ausflügen mit dem Dampfboot Skibladner u. mit dem Rad ein. Der Hof ist einer der ältesten auf der Insel.
Badestrand und Bootbrücke. Fahrrad zu leihen.
Auf dem Hof werden Getreide, Kartoffeln u. Grassamen angebaut, es gibt Hund und 3 Katzen.

Solbakken Gjestegård

Your host:
Karen & Rolf Rønnekleiv

Address:
Solbakken, Veldre
N - 2380 Brummunddal
Phone: 62 35 55 43
Fax: 62 35 45 97
E-mail: roennek@online.no
Best time to call:
15.00 - 23.00

Dobbelt-/tosengsrom:	390,-
Enkeltrom:	220,-

Antall rom: 5
Full frokost
Dekket frokostbord
Åpent hele året
TV tilgjengelig
Terrasse/hage
Ingen røking innendørs
Rabatt for barn
Selvhushold er mulig

Double/Twin room:	390,-
Single room:	220,-

No. of rooms: 5
Full breakfast
Laid breakfast table
Open year round
TV available
Terrace/Yard
No smoking inside
Discount for children
Selfcatering possible
English spoken

Doppel-/Zweibettzi.:	390,-
Einzelzimmer:	220,-

Anzahl Zimmer: 5
Volles Frühstück
Serv.: Frühstückstisch
Ganzjährig geöffnet
Zugang zu TV
Terrasse/Garten
Kein Rauchen im Haus
Ermässigung für Kinder
Selbsthaushalt möglich
Sprechen Deutsch

Solbakken gjestegård har tidligere vært drevet som pensjonat. Gjestegården ligger idyllisk til i Veldre i Ringsaker kommune, 3 km fra E6 og 5 km fra Brumunddal jernbanestasjon.
Alf Prøysens barndomshjem, Prøysenstua, er bare 6 km unna. Det er kort vei til badestrand. Ringsakerfjellet og Sjusjøen, flott ski- og turterreng, kan man nå på 30-40 min. med bil.

Solbakken Guest House was once a pension. The Guest House is beautifully situated at Veldre in Ringsaker Municipality, 3 km from highway E6 and 5 km from Brumunddal railway station. The poet Alf Prøysen's childhood home is only 6 km. away. Close by is a beach for swimming. Ringsaker Mountain and Sjusøen ski slopes and hiking terrain are 30-40 minutes away by car.

Solbakken gjestegård wurde früher als Pension betrieben. Das Haus liegt idyllisch in Veldre bei Ringsaker, 3 km von E6, 5 km von Brumunddal. Das Elternhaus des norw. Poeten Alf Prøysen liegt 6 km entfernt. Unweit zum Badestrand. 30-40 Min. Autofahrt zu den Bergen von Ringsaker und Sjusjøen mit herrlichem Wander- und Skigelände.

Je suis las des musées, - cimetières des arts.
Jag är trött på museer, dessa konsternas kyrkogårdar.
Souvenir d'un voyage en Orient, Alphonse de Lamartine 1790 - 1869

Solvår's Bed & Breakfast

Your host:
Solvår & Jan Viggo Oppegård
Address:
Barbra Ringsvei 14
N - 2400 Elverum
Phone: 62 41 49 48
Mobil: 98 88 82 33
Best time to call:
08.00 - 23.00

Dobbeltrom:	**380,-**
Enkeltrom:	**240,-**

Antall rom: 2
Full frokost
Dekket frokostbord
Åpent hele året
TV tilgjengelig
Terrasse/uteplass/hage
Ingen røking innendørs
Rabatt for barn
Selvhushold mulig

Double room:	**380,-**
Single room:	**240,-**

No. of rooms: 2
Full breakfast
Laid breakfast table
Open year round
TV available
Terrace/Deck access/Yard
No smoking inside
Discount for children
Selfcatering possible
English & some French & Greek spoken

Doppelzimmer:	**380,-**
Einzelzimmer:	**240,-**

Anzahl Zimmer: 2
Volles Frühstück
Serv.: Frühstückstisch
Ganzjährig geöffnet
Zugang zu TV
Terrasse/Aussenplatz/Garten
Kein Rauchen im Haus
Ermässigung für Kinder
Selbsthaushalt möglich
Sprechen etwas Deutsch

Solvår's Bed & Breakfast ligger i Elverum med gangavstand til Skogbruksmuseet og Glåmdalsmuseet. Bak eiendommen ligger skogen med turterreng.
Ett av utleierommene er i vertskapets egen bolig og ett i gjestehytten like ved.
Har du noe å feire, steller de gjerne i stand noe ekstra.

Veibeskrivelse:
Følg RV-20 mot Kongsvinger. 1 km etter at du har passert Norsk Skogbruksmuseum; se etter B&B-skilt, følg skilt videre.

In Elverum, Solvår's Bed & Breakfast is within walking distance of the Forestry Museum and Glåmdal Museum. Behind the property lies a forest area with good hiking terrain. The rooms are in the host's own home; and in a guest cottage next door.
If you are celebrating something, the host will gladly offer something special.

Directions:
Follow RV-20 towards Kongsvinger. Look for a sign marked B&B 1 km after passing Norsk Skogbruksmuseum (Norwegian Forestry Museum) and proceed to follow the sign.

Solvår's Bed & Breakfast liegt in Elverum, in Reichweite des Forstwirtschaftsmuseums und des Glåmdalsmuseums. Wandermöglichkeiten im nahen Wald. Ein Mietzimmer befindet sich im Haus des Besitzers, und das andere in einer Gasthütte daneben. Wenn Sie etwas feiern wollen, helfen die Gastgeber gerne.

Wegbeschreibung:
Folgen Sie der Straße 20 in Richtung Kongsvinger. 1 km hinter dem Norwegischen Forstwirtschaftsmuscum auf das B&B-Schild achten. Folgen Sie weiter diesem Schild.

Skogholtet utleie

Your host:
Marit Nesset

Address:
Dagfinn Grønosetsveg 12B
N - 2400 Elverum
Phone: 62 41 54 42

Best time to call:
08.00 - 11.00 / 16.00 - 22.00

Tosengsrom: **390,-**
Enkeltrom: **210,-**
Antall rom: 2
Kontinental frokost
Åpent 1. juni - 31. aug.
Uteplass/hage
Selvhushold er mulig

Twin room: **390,-**
Single room: **210,-**
No. of rooms: 2
Continental breakfast
Open 1 June - 31 Aug.
Deck access/Yard
Selfcatering possible
English spoken

Zweibettzimmer: **390,-**
Einzelzimmer: **210,-**
Anzahl Zimmer: 2
Kontinentales Frühstück
Geöffnet 1. Juni - 31. Aug.
Aussenplatz/Garten
Selbsthaushalt möglich
Sprechen Englisch

Skogholtet utleie ligger 1,7 km sør-øst for Elverum kirke. Kort vei til Elverum sentrum, til Skogbruksmuseet og til badeplass. Fine turmuligheter i skogen rett bak huset.

Veibeskrivelse:
Fra Norsk skogbruksmuseum; ta til venstre ut på RV-20, så til høyre to ganger. Følg Grindalsbakken 1 km forbi boligblokker på venstre side. Ta første til høyre som er Dagfinn Grønnosets vei. Ta så straks til venstre og finn en brunbeiset tomannsbolig i svingen.

Skogholtet is situated 1,7 km. south-east of Elverum Church, a short distance from Elverum centre, the Forestry Museum and a swimming beach. Fine hiking in the woods directly behind the house.

Directions:
From Norsk skogbruksmuseum; take a left onto RV-20, then make two rights. Follow Grindalsbakken for 1 km passing block apartments on the left. Take the first right which is Dagfinn Grønnosets vei. Take an immediate left and look for a light brown townhouse in the road's curve.

Skogholtet utleie liegt 1,7 km südöstlich von der Kirche in Elverum. Unweit zum Zentrum von Elverum, zum Forstwirtschaftsmuseum und zum Badeplatz. Gute Wandermöglichkeiten in Waldgelände direkt vom Haus aus.

Wegbeschreibung:
Vom Norwegischen Forstwirtschaftsmuseum: biegen Sie nach links auf die Straße 20 ab, dann zweimal nach rechts. Folgen Sie der Straße Grindalsbakken bis ca. 1 km hinter einige Wohnblocks (linke Seite). Anschließend in die erste Straße rechts abzweigen (Dagfinn Grønnosets vei). Dann sofort wieder nach links, und Sie erreichen in der Kurve ein braunes Haus.

Jotungløtt

Your host:
Bente & Trygve Schlytter
Address:
N - 2943 Rogne, Valdres
Phone/Fax: 61 34 23 17
Mobil: 91 32 71 33
Best time to call:
09.00 - 23.00

Jotungløtt ligg i Valdres mellom Fagernes og Beitostølen, 100 m fra RV 51. Her finn du eit velstelt tun med fleire eldre tømmerhus, nyoppsatt i 1997, eit torg-tun der produksjon, oppleving, kultur og tradisjon blir sameina. I "Eldhuset" finn du vertinne Bente som bakar brød i ovnsfyrt bakarovn og serverer frokost med mykje heimelaga. Du får bu på "Stabburet". I "Bua" finn du lokalt handverk for sal og "Finstogo" nyttast som selskapslokale.

Jotungløtt lies in Valdres between Fagernes and Beitostølen, 100 m from Route 51. Here you will find a tidy farm yard with several older log houses set up in 1997 with a court yard where one can experience production, culture and traditions. In "Eldhuset" your hostess Bente bakes bread in baker's oven and serves breakfast. You will live in "Stabburet". In "Bua" local handicrafts are for sale, and "Finstogo" is a reception room.

Jotungløtt, eine gepflegte Anlage von mehreren alten Blockhäusern, 1997 neu wiedererrichtet, liegt in Valdres, zw. Fagernes und Beitostølen, 100 m von Str. 51. Eine Stätte der Tradition und Heimkunst. Im Backhaus "Eldhuset" bäckt Gastgeberin Bente Brot im alten Backofen und serviert Frühstück mit viel Hausgemachtem. Sie wohnen im Speicher "Stabburet", in "Bua" wird Heimkunst verkauft und "Finstoga" ist Gesellschaftslokal.

Hör' auf doch, mit Weisheit zu prahlen, zu prangen,
Bescheidenheit würde dir löblicher stehn.
Kaum hast du die Fehler der Jugend begangen,
So musst du die Fehler des Alters begehn.

Sluta att skryta och pråla med din visdom!
Anspråksløshet skulle klä dig bättre.
Knappt har du begått ungdomens fel
förrän du måste begå dem som hör ålderdomen till.

Johann Wolfgang von Goethe, 1749 - 1832

Sørre Hemsing

Your host:
Berit & Arne Nefstad
Address:
Heensgarda
N - 2975 Vang i Valdres
Phone: 61 36 72 70 / 61 36 70 73
Fax: 61 36 77 71
Mobil: 94 46 64 82
E-mail: j-bli@online.no
Best time to call:
09.00 - 22.00

Dobbeltrom: **500,-**
1 pers. i dobbeltrom: **350,-**
Antall rom: 2
Full frokost
Dekket frokostbord
Åpent 15. mai - 15. sept.
TV tilgjengelig
Hage/terrasse/uteplass
Båtutleie
Ingen røking innendørs
Rabatt for barn

Double room: **500,-**
1 pers. in double room: **350,-**
No. of rooms: 2
Full breakfast
Laid breakfast table
Open 15 May - 15 Sept.
TV available
Yard/Terrace/Deck access
Boat for rent
No smoking inside
Discount for children
Some English spoken

Doppelzimmer: **500,-**
1 Pers. im Doppelzi.: **350,-**
Anzahl Zimmer: 2
Volles Frühstück
Serv.: Frühstückstisch
Geöffnet 15. Mai - 15. Sept.
Zugang zu TV
Garten/Terrasse/Aussenplatz
Boot zu mieten
Kein Rauchen im Haus
Ermässigung für Kinder
Sprechen etwas Englisch

Veibeskrivelse:
Fra Fagernes: E-16 mot Lærdal, i Vang i Valdres ta til høyre over Hemsing bru og kjør ca. 1 km oppover mot Heensåsen kirke. (En skal ikke ta av før en har kjørt langs Vangsmjøsa, ca 2 km).

Directions:
From Fagernes: Take E-16 towards Lærdal and take a right turn over Hemsing bridge at Vang in Valdres. Drive approx. 1 km climbing towards Heensåsen church. (Do not exit before having driven along Vangsmjøsa lake, about 2 km).

Wegbeschreibung:
Von Fagernes: Auf der E 16 Richtung Lærdal, in Vang i Valdres rechts ab, über die Brücke Hemsing bru und dann ca. 1 km bergan zur Heensåsen-Kirche (biegen Sie erst ab, nachdem Sie 2 km am See Vangsmjøsa entlanggefahren sind).

Non è cosa alcuna che impedisca più la ragione e 'l discorso dell' uomo, che fa l'ira.

Det finns inget som hämmar människans förnuft och tal mer än vreden.

Giambattista Gelli, 1498 - 1563

A: Gjestehus for 1-6 personer
Antall soverom: 2
Eget bad, kjøkken, stue
Åpent 15. sept. - 15. mai
Rom for 2 pers.: **500,-**
Rom for 1 pers.: **350,-**

B: Gjestehus for 1-2 personer
Antall soverom: 1
Stue og tekjøkken, utedo
Vann hentes fra nabohuset
Åpent hele året
Pris pr. pers.: **200,-**

Sengetøy er inkludert
TV tilgjengelig
Terrasse/uteplass
Ingen røking innendørs
Vi tar VISA

A: Guesthouse for 1-6 persons
No. of bedrooms: 2
Own bath, kitchen, LR
Open 15 Sept. - 15 May
Room for 2 pers.: **500,-**
Room for 1 pers.: **350,-**

B: Guesthouse for 1-2 persons
No. of bedrooms: 1
LR and kitchenette, outhouse
Fetch water from the neighbor's
Open year round
Price per pers.: **200,-**

Bed linen included
TV available
Terrace/Deck access
No smoking inside
VISA accepted
Some English spoken

A: Gästehaus für 1-6 Personen
Anzahl Schlafräume: 2
Eig. Bad, Küche, Stube
Geöffnet 15. Sept. - 15. Mai
Zimmer für 2 Pers.: **500,-**
Zimmer für 1 Pers.: **350,-**

B: Gästehaus für 1-2 Personen
Anzahl Schlafräume: 1
Stube u. kl. Küche, Aussentoilette
Wass. vom Nachbarhaus zu holen
Ganzjährig geöffnet
Preis pro Pers.: **200,-**

Inkl. Bettwäsche
Zugang zu TV
Terrasse/Aussenplatz
Kein Rauchen im Haus
Wir nehmen VISA
Sprechen etwas Englisch

Sørre Hemsing er vernet og er et vakkert eksempel på norsk kulturhistorie. Gården består av våningshus, fjøs, bu, låve, kvernhus, smie og tørkehus. Noen av husene er nyrestaurerte, mens noen ikke er helt ferdige ennå. Det unike særpreget ved gården er godt bevart i interiør og møblement, dog er kjøkken og bad både moderne og lekkert.
Vang er ei fjellbygd der næringsveien er sau, geit og ku. På sommerstid er det en del stølsdrift, og da er det gjerne dyr på Sørre Hemsing.

Sørre Hemsing is a beautiful example of a Norwegian historical landmark. The farm consists of a farmhouse, barn, stall, millhouse, forgery and drying hut. Some of the structures are newly renovated while others are not quite finished. The farm's unique character is well preserved in its interiors and furnishings. The kitchen and bathrooms are both modern and comfertable.
Vang is a mountain village whose main activities are sheep, goat and cattle raising. Mountain dairy farming is a summertime activity that often brings livestock to Sørre Hemsing.

Sørre Hemsing steht unter Denkmalschutz und ist ein schönes Beispiel für die norwegische Bauernkultur. Das Gehöft besteht aus Wohnhaus, Stall, Speicher, Scheune, Mühlenhaus, Schmiede und Darre (hist. Trockenanlage für Getreide). Einige Gebäude sind gerade restauriert worden, einige sind noch nicht fertiggestellt (Dez. 99). Die besondere Atmosphäre des Hofes wurde auch bei der Möblierung beibehalten. Küche und Bad sind aber modern und einladend gestaltet. Vang ist eine Fjellgemeinde mit Schaf-, Ziegen- und Viehwirtschaft. Den Sommer über sind manche Almen bewirtschaftet, dann sind auch auf Sørre Hemsing öfter Tiere zu sehen.

Holthe Gård

Your host:
Inger Johanne & Ole Holthe
Address:
N - 2847 Kolbu
Phone/Fax: 61 16 72 10
Mobil: 91 30 00 32
Best time to call:
08.00 - 09.00 / 17.00 - 23.00

Dobbeltrom: **480,-/600,-**
Enkeltrom: **380,-**
Antall rom: 6
Full frokost
Dekket frokostbord
eller frokost buffét
Åpent hele året
TV tilgjengelig
Terrasse/uteplass/hage
Sykkelutleie
Ingen røking på rom
Rabatt for barn

Double room: **480,-/600,-**
Single room: **380,-**
No. of rooms: 6
Full breakfast
Laid breakfast table
or breakfast buffet
Open year round
TV available
Terrace/Deck access/Yard
Bike for rent
No smoking in rooms
Discount for children
Some English spoken

Doppelzimmer: **480,-/600,-**
Einzelzimmer: **380,-**
Anzahl Zimmer: 6
Volles Frühstück
Serv.: Frühstückstisch
oder Frühstücksbüfett
Ganzjährig geöffnet
Zugang zu TV
Terrasse/Aussenplatz/Garten
Fahrrad zu mieten
Kein Rauchen im Zimmer
Ermässigung für Kinder
Sprechen etwas Englisch

Veibeskrivelse:
Fra Gjøvik; Kjør mot Minnesund (Lena), etter 15 km, i en rundkjøring; ta av mot Lena RV 246 og kjør ca 1 km. Ta RV 244 inn til Lena sentrum og gjennom videre RV 244 ca 12-13 km. Ved S-markedet står skilt til Holthe Gård.
Fra Oslo: RV-4 mot Gjøvik, etter 90 km ta av mot Lena.

Directions:
From Gjøvik: Drive towards Minnesund (Lena) for 15 km and exit from roundabout towards Lena on RV 246 and drive about 1km. Take RV 244 in to Lena city centre and continue on RV 244 about 12-13 km. Look for sign to Holthe Gård near S-markedet.
From Oslo: RV-4 towards Gjøvik. Exit in direction Lena after 90 km.

Wegbeschreibung:
Von Gjøvik: Richtung Minnesund (Lena), nach 15 km biegen Sie in einem Kreisverkehr ab Richtung Lena (Straße 246) und fahren ca. 1 km. Dann auf der Straße 244 Richtung Zentrum. Weiter auf der Straße 244 durch Lena hindurch. Nach ca. 12-13 km steht an einem Supermarkt ein Schild nach Holthe Gård.
Von Oslo: Auf der Straße 4 Richtung Gjøvik, nach ca. 90 km abbiegen Richtung Lena.

A: Stabbur for 2-10 personer
Antall soverom: 4
4 bad, kjøkken, stue
Pris for hele enheten: **1.800,-**
Pris pr. pers.: **300,-**

B: Gjestehus for 2-6+ personer
Antall soverom: 3
3 bad, 1 kjøkken
Pris for hele enheten: **1.500,-**
Pris pr. pers.: **300,-**

Sengetøy er inkludert
Åpent hele året
Hage/terrasse/uteplass
Sykkelutleie
Ingen røking på rom
Rabatt for barn

A: 'Store-house' for 2-10 pers.
No. of bedrooms: 4
4 baths, kitchen, LR
Price for whole unit: **1.800,-**
Price per pers.: **300,-**

B: Guesthouse for 2-6+ persons
No. of bedrooms: 3
3 baths, 1 kitchen
Price for whole unit: **1.500,-**
Price per pers.: **300,-**

Bed linen included
Open year round
Yard/Terrace/Deck access
Boat for rent
No smoking in rooms
Discount for children
Some English spoken

A: 'Vorratshaus' für 2-10 Pers.
Anzahl Schlafräume: 4
4 Bäder, Küche, Stube
Ganze Einheit: **1.800,-**
Preis pro Pers.: **300,-**

B: Gästehaus für 2-6+ Personen
Anzahl Schlafräume: 3
3 Bäder, 1 Küche
Ganze Einheit: **1.500,-**
Preis pro Pers.: **300,-**

Inkl. Bettwäsche
Ganzjährig geöffnet
Garten/Terrasse/Aussenplatz
Boot zu mieten
Kein Rauchen im Zimmer
Ermässigung für Kinder
Sprechen etwas Englisch

Holthe Gård ligger vakkert til på Toten, og er et ideelt sted for såvel barn som voksne som trenger å bevege seg. Her er det stor hage med leketilbud til barna; blant annet en stor trampoline, husker, kurvball, bordtennis og muligheter for å ri på hester. En av gårdens stoltheter er en påfugl i hagen.
I kjelleren finnes det en egen gårdskro hvor middag kan kjøpes, og ellers er det hyggelige oppholdsrom hvor gjestene kan møtes.
Bademuligheter og kort vei til Raufoss Badeland.

Holthe Gård is beautifully situated in Toten and is the ideal place for both children and adults who like to be active. There is a large yard with children's play facilities including a large trampoline, swings, basketball, table tennis and horseback riding. The farm is quite proud of its peacock. The cellar hosts the farm's own country café where you can buy dinner and there is also a pleasant common area where guests may meet.
Swimming facilities and nearby Raufoss Badeland Swim Center.

Der Hof Holthe Gård liegt reizvoll in der Landschaft Toten und ist ideal für alle, die im Urlaub ihr Bedürfnis nach Bewegung ausleben möchten. Den Gast erwartet ein großes Gartengrundstück mit Spielmöglichkeiten für Kinder, u.a. ein großes Trampolin, Schaukel, Basketball, Tischtennis u. sogar Reitmöglichkeiten. Der Stolz des Hofes ist ein prächtiger Pfau. Im Kellergeschoß gibt es eine kleine Wirtschaft, die warme Mahlzeiten anbietet. Darüber hinaus stehen den Gästen gemütliche Aufenthaltsräume zur Verfügung. In der Nähe Bademöglichkeiten; kurze Entfernung zum Raufoss Badeland.

Libenter homines id quod volunt credunt. (latin)

Människorna tror gärna vad de vill tro.

Gaius Julius Cæsar, 100 - 44 f.Kr.

Kronviksætra Bed & Breakfast

Your host:
Jorunn Bjørnslien
& Geir Raaum
Address:
Kronviksætra
N - 2861 Landåsbygda
Phone/Fax: 61 12 68 85
Mobil: 90 17 47 90 / 90 51 42 37
E-mail: kronviksetra@ol.telia.no
Web: www.kronviksetra.com
Best time to call: 17.00 - 24.00

Dobbelt-/tosengsrom:	**400,-**	Double/Twin room:	**400,-**	Doppel-/Zweibettzi.:	**400,-**
Enkeltrom:	**250,-**	Single room:	**250,-**	Einzelzimmer:	**250,-**
Antall rom: 5		No. of rooms: 5		Anzahl Zimmer: 5	
Full frokost		Full breakfast		Volles Frühstück	
Dekket frokostbord		Laid breakfast table		Serv.: Frühstückstisch	
Åpent hele året		Open year round		Ganzjährig geöffnet	
TV tilgjengelig		TV available		Zugang zu TV	
Terrasse/uteplass		Terrace/Deck access		Terrasse/Aussenplatz	
Båtutleie		Boat for rent		Boot zu mieten	
Sykkelutleie		Bike for rent		Fahrrad zu mieten	
		Some English spoken		Sprechen etwas Deutsch	

Kronviksætra ligger landlig og fredelig til 20 km vest for Gjøvik. Det er fin utsikt ned til Landåsvannet med bade- og fiskemuligheter. For vintersportsinteresserte har Landåsbygda lysløype og flott turterreng.
Kronviksætra ble bygd i 1936 som pensjonat, nå restaurert, hvor stil og atmosfære er bevart. Gamle vedovner i alle rom. Peisestue og TV-stue disponibel for gjester.
Det er dyr på gården.

Kronviksætra lies quietly situated 20 km west of Gjøvik. There is a view over Landås Lake, hiking, swimming or fishing. For winter sports enthusiasts: crosscountry ski trails.
Kronviksætra was originally built as a boarding house in 1936. It is now fully renovated in its original style with the atmosphere still intact. Charming wood stoves in the rooms. Cozy living room, fireplaceand TV.
Farm animals outside.

Kronviksætra liegt ländlich und ruhig, 20 km westl. von Gjøvik. Herrliche Aussicht auf den See Landåsvann mit Bade- und Angelmögl. Für Wintersportinteressierte: Schönes Gelände für Skiwandern mit beleuchteter Loipe.
Kronviksætra wurde 1936 als Pension gebaut, nun modernisiert, aber Stil und Atmosphäre bewahrt. Alte Holzöfen in allen Zimmern. Kamin- und TV-Stube für Gäste.
Tiere am Hof.

Non teneas aurum totum quod splendet ut aurum. (latin)
Allt är inte guld som glimmar som guld.
Alanus de Insulis, 1114 - 1203

Hytte for 2 personer
Delt bad og kjøkken
Pris for hele enheten: **300,-**
Sengetøy er inkludert
Åpent hele året
Hage/terrasse/uteplass
Båtutleie
Sykkelutleie
Ingen røking innendørs

Cabin for 2 persons
Shared bath and kitchen
Price for whole unit: **300,-**
Bed linen included
Open year round
Yard/Terrace/Deck access
Boat for rent
Bike for rent
No smoking inside
Some English spoken

Hütte für 2 Personen
Gemeins. Bad und Küche
Ganze Einheit: **300,-**
Inkl. Bettwäsche
Ganzjährig geöffnet
Garten/Terrasse/Aussenplatz
Boot zu mieten
Fahrrad zu mieten
Kein Rauchen im Haus
Sprechen etwas Deutsch

Veibeskrivelse:
Fra Gjøvik; følg RV-33 mot Fagernes/Dokka 14 km. Ta av mot Kronviksætra/Landåsbygda på fylkesvei 132, følg denne 6 km. Det er skiltet helt frem.

Directions:
From Gjøvik: follow RV-33 towards Fagernes/Dokka 14 km. Exit in direction Kronviksætra/ Landåsbygda and drive 6 km on County Hwy 132. Follow posted signs.

Wegbeschreibung:
Von Gjøvik: 14 km auf der Straße 33 in Richtung Fagernes/Dokka, dann abbiegen auf Str. 132 in Richtung Kronviksætra/Landåsbygda. Etwa 6 km weiter auf dieser Straße. Die Strecke ist bis zum Ziel ausgeschildert.

¿Qué es la vida? Un frenesí;
¿Qué es la vida? Una ilusión,
Una sombra, una ficción,
Y el mayor bien es pequeño;
Que toda la vida es sueño;
Y los sueños, sueños son.

Vad är livet? Moln som fara,
rop som inga röster svara ...
Intet verkligt är oss givet,
ty en dröm är hela livet,
själva drömmen drömmar bara.

La vida es sueño, Pedro Calderón de la Barca, 1600 - 1681

Hindklev Gård

Your host:
Eivind Mæhlum &
Anne Mari Råbøl

Address:
Kongsveien 23
N - 2614 Lillehammer
Phone: 61 25 06 24
Fax: 61 26 99 03

Best time to call:
08.00 - 23.00

A: Leilighet for 2-3 personer
Eget bad og minikjøkken
Pris for hele enheten: **360,-**

B: Leilighet for 4-5 personer
Eget bad og stue m/minikjøkken
Pris for hele enheten: **500,-**

Tillegg for sengetøy: **60,-**
Antall leiligheter: 7
Åpent hele året
TV tilgjengelig
Uteplass
Ingen røking på rom
Frokost kan serveres; **50,-**

A: Apartment for 2-3 persons
Own bath and kitchenette
Price for whole unit: **360,-**

B: Apartment for 4-5 persons
Own bath and LR w/kitchenette
Price for whole unit: **500,-**

Bed linen fee: **60,-**
No. of apartments: 7
Open year round
TV available
Yard
No smoking in rooms
Breakfast service available; **50,-**
English spoken

A: Wohnung für 2-3 Personen
Eig. Bad und Küchenecke
Ganze Einheit: **360,-**

B: Wohnung für 4-5 Personen
Eig. Bad u. Stube mit Küchenecke
Ganze Einheit: **500,-**

Mieten von Bettwäsche: **60,-**
Anzahl Wohnungen: 7
Ganzjährig geöffnet
Zugang zu TV
Aussenplatz
Kein Rauchen im Zimmer
Frühstück auf Bestellung; **50,-**
Sprechen etwas Deutsch

Like utenfor Lillehammer ligger Hindklev Gård med flott utsikt over Mjøsa. Det går en fin sti med til vannet.
De sju utleieleilighetene har alle eget bad og minikjøkken. På den store gårdsplassen er det leker for barna og utemøbler. På gården er det kaniner, høner og geiter. Vertskapet er en familie på fem.

Veibeskrivelse:
Fra Lillehammer, følg RV 213 sørover. Etter 5-6 km finner du skilt til Hindklev, Ta av til høyre og du er framme.

Just outside of Lillehammer you will find Hindklev Gård enjoying a lovely view of Lake Mjøsa. There is an excellent trail down to the water. All 7 of the rental cottages have their own bathroom and kitchenette. On the large courtyard you will find toys for children and outdoor furniture. The farm has rabbits, hens and goats. Your hosts are a family of five.

Directions:
From Lillehammer: Follow RV 213 southward. After driving 5-6 km, look for the sign for Hindklev. Exit to the right and you are there.

Der Hof liegt etwas ausserhalb von Lillehammer und bietet schöne Aussicht auf den Mjøsa-See. Ein kleiner Pfad führt hinunter zum See. 7 Ferienwohnungen, alle mit eigenem Bad und Miniküche. Auf dem großen Vorplatz stehen Gartenmöbel und Spielgeräte für Kinder. Kaninchen, Hühner und Ziegen am Hof. Fünfköpfige Wirtsfamilie.

Wegbeschreibung:
Von Lillehammer: Straße 213 südwärts. Nach 5-6 km Schild nach Hindklev folgen. Rechts abbiegen, und Sie sind am Ziel.

Øvergaard

Your host:
Egil Sorgendal & Åse Skarbø
Address:
Jernbanegaten 24
N - 2609 Lillehammer
Phone: 61 25 99 99
Fax: 61 26 02 26
Mobil: 92 82 72 75
E-mail:
overgaard-overnatting@c2i.net
Best time to call:
16.00 - 21.00

Dobbeltrom:	**490,-/590,-**
Tosengsrom:	**490,-**
1 pers. i dobbeltrom:	**390,-**
Enkeltrom:	**330,-**

Antall rom: 8
Full frokost
Dekket frokostbord el. frokostbrett
Åpent hele året
TV/radio tilgjengelig
Uteplass/Hage
Kanoutleie
Rabatt for barn
Selvhushold er mulig

Double room:	**490,-/590,-**
Twin room:	**490,-**
1 pers. in double room:	**390,-**
Single room:	**330,-**

No. of rooms: 8
Full breakfast
Laid breakfast table or br.fast tray
Open year round
TV/Radio available
Deck access/Yard
Canoe for rent
Discount for children
Selfcatering possible
English spoken

Doppelzimmer:	**490,-/590,-**
Zweibettzimmer:	**490,-**
1 Pers. im Doppelzi.:	**390,-**
Einzelzimmer:	**330,-**

Anzahl Zimmer: 8
Volles Frühstück
Serv.: Frühstückstisch o. -tablett
Ganzjährig geöffnet
Zugang zu TV/Radio
Aussenplatz/Garten
Kanu zu mieten
Ermässigung für Kinder
Selbsthaushalt möglich
Sprechen etwas Deutsch

Øvergaard med sin nyrestaurerte herskapelige gårdsbygning fra 1850-tallet ligger i stille og rolige omgivelser midt i sentrum av byen. Det er 2 min. gangavstand til gågaten. Gode parkeringsmuligheter.
Lillehammer er en typisk turistby med mange og varierte turistattraksjoner; Maihaugen med friluftsmuseum og De Sandvigske Samlinger. Skibladner, den gamle dampbåten, går i turisttrafikk på Mjøsa. OL-byen er godt utstyrt med lysløyper og slalåmbakker.

Øvergaard features a tastefully renovated, luxurious farmhouse dating from around 1850 and is located in quiet and peaceful surroundings in the middle of the town center. It is a 2 min. walk to the pedistrian-only shopping lane. Good parking facilities.
Lillehammer is popular and tourist attractions includes: "Maihaugen", an open-air museum and craftshop museum, the old steamboat, "Skibladner", touring on Mjøsa Lake. For skiing enthusiasts Olympic City '94 has an enviable assortment of lit tracks for both Nordic and alpine skiing.

Das frisch renovierte Hofgebäude von Øvergaard von ca. 1850 liegt im Zentrum der Stadt in ruhiger und friedlicher Umgebung. In nur 2 Minuten gelangt man in die Fußgängerzone. Gute Parkmöglichkeiten.
Lillehammer ist ein typischer Touristenort mit vielerlei Angeboten: Maihaugen mit Freilichtmuseum und den Sandvigschen Sammlungen. Das alte Dampfschiff Skibladner verkehrt im Sommer auf dem Mjøsa-See. Für Wintersportler bietet die Olympia-Stadt Flutlichtloipen und Alpinpisten.

Høvren Gård

Your host:
Gudrun & Laurits Høvren
Address:
N - 2636 Øyer
Phone/Fax: 61 27 81 57
Mobil: 94 37 91 84
Best time to call:
08.00 - 23.00

A: Gjestehus for 2-7 personer
2 soverom, 1 sovealkove
Eget bad, kjøkken, stue
Pris for hele enheten: **750,-**

B: Leilighet for 2-7 personer
Antall soverom: 2
Eget bad, kjøkken, stue
Pris for hele enheten: **700,-**

Tillegg for sengetøy: **50,-**
Åpent 1. mai - 1. oktober
TV i begge enheter
Hage/terrasse/uteplass
Ingen røking innendørs

A: Guesthouse for 2-7 persons
2 bedrooms, 1 sleeping alcove
Own bath, kitchen, LR
Price for whole unit: **750,-**

B: Apartment for 2-7 persons
No. of bedrooms: 2
Own bath, kitchen, LR
Price for whole unit: **700,-**

Bed linen fee: **50,-**
Open 1 May - 1 October
TV in both units
Yard/Terrace/Deck access
No smoking inside
English spoken

A: Gästehaus für 2-7 Personen
2 Schlafräume, 1 Schlafalkoven
Eig. Bad, Küche, Stube
Ganze Einheit: **750,-**

B: Wohnung für 2-7 Personen
Anzahl Schlafräume: 2
Eig. Bad, Küche, Stube
Ganze Einheit: **750,-**

Mieten von Bettwäsche: **50,-**
Geöffnet 1. Mai - 1. Oktober
TV in beiden Einheiten
Garten/Terrasse/Aussenplatz
Kein Rauchen im Haus
Sprechen etwas Deutsch

Høvren Gård ligger høyt med fritt utsyn over Øyerbygda. Gården har vært i slekten i fem generasjoner, men har sin opprinnelse helt tilbake til 1300-tallet.
Kårhuset, enhet A, er fra ca. 1750 og er restaurert etter dagens behov. Enhet B er en kjellerleilighet bygget i 1985 i hovedhuset på gården.
På Høvren Gård kan du oppleve gårdsdrift på tradisjonelt vis med melke- og kjøttproduksjon. Ellers er det en del dyr på gården som geiter, høner, minigris og kanin. Vertskapet er en familie på fem. Pilgrimsleden går gjennom her.

Høvren Gård has an open overview of Øyerbygda. The farm, originally established way back in the 1300s, has been in this family for five generations. 'Kårhuset', unit A, is from around 1750 and is carefully renovated. Unit B, a cellar apartment built in 1985 is part of the farmhouse. A stay at Høvren Gård allows you to experience traditional farming including both milk and meat production. You will also see other animals on the farm such as goats, hens, miniature pigs and rabbits. Your hosts are a family of five. The pilgrimage route passes by.

Hochgelegener Hof mit freier Aussicht auf die Gemeinde Øyer. Familienbetrieb seit 5 Generationen, die Spuren reichen zurück bis ins 14. Jahrhundert. Das ehemalige Altenteil (Wohneinheit A) stammt von 1750 und wurde für heutige Anforderungen umgebaut. Wohneinheit B ist eine Kellerwohnung aus 1985 im Hauptgebäude des Hofes. Traditionelle Vieh- und Milchwirtschaft. Ziegen, Hühner, Ferkel und Kaninchen. Fünfköpfige Wirtsfamilie. Der Pilgerpfad Pilegrimsleden führt am Hof vorbei.

Skåden Gård

Your host:
Anne Marie & Trond Skåden

Address:
Skåden Gård
N - 2636 Øyer
Phone: 61 27 81 60
Fax: 61 27 83 12
Mobil: 97 65 93 01
Web: www.naringsnett.no/bedrift/skaaden-gaard

Best time to call:
08.00 - 16.00 / 18.00 - 23.00

Leil./hytter for 2-6 personer
Antall boenheter: 8
Eget bad, kjøkken, stue
De minste enhetene deler bad

Pris opp til 3 pers.:	**190,-**
Pris opp til 4 pers.:	**500,-**
Pris opp til 6 pers.:	**700,-**
Pris opp til 6 pers.:	**750,-**
Tillegg for sengetøy:	**50,-**

Åpent hele året
TV i de fleste enheter
Terrasse/uteplass/hage
Rabatt utenom sesong

Apt./cabins for 2-6 persons
No. of units: 8
Own bath, kitchen, LR
Shared bath for smallest utnits

Price for up to 3 pers.:	**190,-**
Price for up to 4 pers.:	**500,-**
Price for up to 6 pers.:	**700,-**
Price for up to 6 pers.:	**750,-**
Bed linen fee:	**50,-**

Open year round
TV in most rental units
Terrace/Deck access/Yard
Discount off-season
Some English spoken

Wohn./Hütten für 2-6 Pers.
Anzahl Einheiten: 8
Eig. Bad, Küche, Stube
Gemeins. Bad f. die kleinsten Einh.

Preis für 3 Pers.:	**190,-**
Preis für 4 Pers.:	**500,-**
Preis für 5 Pers.:	**700,-**
Preis für 6 Pers.:	**750,-**
Mieten von Bettw.:	**50,-**

Ganzjährig geöffnet
TV in den meisten Einheiten
Terrasse/Aussenplatz/Garten
Ermässigung Nebensaison
Sprechen etwas Englisch

20 km nord for Lillehammer ligger Skåden Gard, en gammel og tradisjonesrik gård med slektsrøtter tilbake til 1734. Den ligger høyt oppe i dalsiden med storslått utsikt over Øyerbygda. Gjennom flere generasjoner er det samlet gamle bruksgjenstander som idag utgjør et lite gårdsmuseum.
Gården er i full drift med ku og smågrisproduksjon.
Pilegrimsleden mot Trondheim går gjennom gårdstunet.

Skåden Gård is located 20 km north of Lillehammer, a farm which is steeped in tradition tracing its family roots back to 1734. The farm lies high up in the valley with an incredible view over the valley. The Trondheim pilgrim route passes through the farm courtyard.
Through many generations artefacts have been collected and today are exhibited in a small farm museum.
The farm is a dairy and breeds pigs.

Der alte, traditionsreiche Hof Skåden liegt 20 km nördlich von Lillehammer, hoch oben am Hang mit grossartiger Aussicht über das Tal. Die seit 1734 ansässige Familie hat viele alte Gegenstände zu einem kleinen Hofmuseum gesammelt.
Der Hof wird mit Rinder- und Schweinezucht betrieben.
Der alte Pilgerpfad nach Trondheim geht mitten durch den Hof.

Skarsmoen Gård

Your host:
Marit & Anders Bleka
Address:
N - 2635 Tretten
Phone: 61 27 63 13
Fax: 61 27 64 66
E-mail: info@skarsmoen.no
Web: www.skarsmoen.no
Best time to call:
08.00 - 23.00

Dobbeltrom: **500,-/540,-**
Dobb.-/tosengsrom: **580,-/650,-**
1 pers. i dobbeltrom: **440,-/475,-**
Antall rom: 8
Full frokost
Servering: Frokostbrett
eller Frokostbufféť
Åpent hele året
TV tilgjengelig
Terrasse/uteplass
Ingen røking innendørs
Vi tar VISA, MC, AmEx
Selvhushold er mulig

Double room: **500,-/540,-**
Double/Twin room: **580,-/650,-**
1 pers. in dbl. room: **440,-/475,-**
No. of rooms: 8
Full breakfast
Breakfast tray
or breakfast buffet
Open year round
TV available
Terrace/Deck access
No smoking inside
VISA, MC, AmEx accepted
Selfcatering possible
Some English spoken

Doppelzimmer: **500,-/540,-**
Doppel-/Zweibettzi.: **580,-/650,-**
1 Pers. im Doppelzi.: **440,-/475,-**
Anzahl Zimmer: 8
Volles Frühstück
Serv.: Frühstückstablett
oder Frühstücksbüfett
Ganzjährig geöffnet
Zugang zu TV
Terrasse/Aussenplatz
Kein Rauchen im Haus
Wir nehmen VISA, MC, AmEx
Selbsthaushalt möglich
Sprechen Deutsch

I et idyllisk skogområde mellom Øyer og Tretten ligger gården Skarsmoen, med hovedhus fra 1760, nå restaurert og ombygd. På gården er det melkeproduksjon.
På merkede turstier kan du møte elg og småvilt. Floraen kan by på mange overraskelser. Det er 500 m til Lågen, hvor du kan fiske ørret, sik og harr.
Oppkjørte skiløyper på vinteren.
Vil du ha det stille og fredelig, ønsker vi deg velkommen til hyggelige og velutstyte rom og hytter.

The Skarsmoen Farm is located in an idyllic wilderness area between Øyer and Tretten. The main house, from 1760, is now fully restored and renovated.
The farm has a dairy herd.
On marked walking trails you chance sightings of elk and deer. The flora is exceptional. 500 m from farm is Lågen in which you can fish trout and pike.
In the winter there are prepared Nordic skiing trails.
This is the place for quiet contemplation, in inviting and well equipped rooms and huts.

Der Hof Skarsmoen liegt idyllisch in einer Waldgegend zwischen Øyer und Tretten und wird mit Milchwirtschaft betrieben. Das restaurierte, angebaute Haupthaus stammt aus 1760. Auf markierten Wanderpfaden mit reicher Flora kann man Elchen und Kleinwild begegnen. 500 m zum Angelfluss Lågen mit Forellen, Felchen und Äschen. Präparierte Loipen im Winter. Ruhiger, friedlicher Ferienplatz mit gemütlichen, wohlausgestatteten Zimmern und Hütten.

Glomstad Gård

Your host:
Janna Glomstad & Odd Pedersen

Address:
N - 2635 Tretten
Phone: 61 27 62 57
Fax: 61 27 69 77
Mobil: 91 79 98 50
E-mail: glogap@online.no
Web: www.glomstad.de

Best time to call:
09.00 - 23.00

Dobb.-/tosengsrom:	**515,-/530,-**
Firesengsrom:	**700,-/720,-**
Enkeltrom:	**330,-/345,-**

Antall rom: 28
Full frokost
Servering: Frokost buffét
Mulighet for lunsj og middag
Åpent hele året
TV tilgjengelig
Vi tar VISA, MC
Rabatt for barn

Double/Twin room:	**515,-/530,-**
Room with 4 beds:	**700,-/720,-**
Single room:	**330,-/345,-**

No. of rooms: 28
Full breakfast
Breakfast buffet
Lunch and dinner possible
Open year round
TV available
VISA, MC
Discount for children
English, German & Dutch spoken

Doppel-/Zweibettzi.:	**515,-/530,-**
4-Bettzimmer:	**700,-/720,-**
Einzelzimmer:	**330,-/345,-**

Anzahl Zimmer: 28
Volles Frühstück
Serv.: Frühstücksbüfett
Mittag-/Abendessen auf Wunsch
Ganzjährig geöffnet
Zugang zu TV
Wir nehmen VISA, MC
Ermässigung für Kinder
Sprechen Deutsch

Glomstad Gård, 5 km fra Tretten, har tradisjoner tilbake til det 16. århundre, og Janna er 12. generasjon på gården som startet med gjester i 1942.
I dag er det et moderne feriested preget av Gudbrandsdalens rike bygdekultur, og norsk tradisjon preger såvel interiøret som kokkekunsten. Den gode maten har også ført til reportasjer i ukepressen. Her er det en vennlig, hjemmekoselig og avslappet atmosfære. Kort avstand til Lillehammer, Hunderfossen familiepark, skianlegg, Rondane og Jotunheimen.

Glomstad Gård, 5 km from Tretten, has traditions dating back to the 16th century. Janna is the 12th generation since the farm started hosting guests since 1942. Today you find a modern vacation spot characterized by Gudbrandsdalen's rich village heritage, and Norwegian tradition is present in both interior design and local cuisine. The delicious food has been featured in newspaper articles. Friendly, homey and relaxed atmosphere. Short distance to Lillehammer, Hunderfossen Family Park, ski centre, Rondane and Jotunheimen.

Der Hof Glomstad Gård, 5 km von Tretten entfernt, ist ein Traditionsbetrieb mit Wurzeln bis ins 16. Jahrhundert. Übernachtungsgäste kamen erstmals 1942. Heute ist Glomstad ein moderner Urlaubsort, geprägt von der bäuerlichen Kultur des Gudbrandsdals. Norwegische Tradition ebenfalls bei Interieur und Kochkunst. Das schmackhafte Essen wurde in der Wochenpresse vorgestellt. Glomstad strahlt eine freundliche, gemütliche und entspannte Atmosphäre aus. Kurze Entfernung bis Lillehammer, zum Hunderfossen-Familienpark, zu Skigebieten sowie, zu den Nationalparks Rondane und Jotunheimen.

Valberg Fjellgard

Your host:
Reidun & Bård Valberg
Address:
Kvarvet
N - 2647 Sør-Fron
Phone: 61 29 64 42
E-mail: baar-val@online.no
Best time to call:
08.00 - 23.00

Dobbeltrom: **350,-**
Enkeltrom: **250,-**
Fam.leil. for 2-5 pers.: **400,-/600,-**
Antall rom: 3
Full frokost
Dekket frokostbord
Åpent hele året
TV i leilighet
Terrasse/uteplass/hage
Ingen røking innendørs
Vi tar VISA, MC
Rabatt for barn
Selvhushold er mulig

Double room: **350,-**
Single room: **250,-**
Fam.apt. for 2-5 pers.: **400,-/600,-**
No. of rooms: 3
Full breakfast
Laid breakfast table
Open year round
TV in appartment
Terrace/Deck access/Yard
No smoking inside
VISA, MC accepted
Discount for children
Selfcatering possible
English spoken

Doppelzimmer: **350,-**
Einzelzimmer: **250,-**
Wohnung für 2-5 Pers.:**400,-/600,-**
Anzahl Zimmer: 3
Volles Frühstück
Serv.: Frühstückstisch
Ganzjährig geöffnet
TV in Wohnung
Terrasse/Aussenplatz/Garten
Kein Rauchen im Haus
Wir nehmen VISA, MC
Ermässigung für Kinder
Selbsthaushalt möglich
Sprechen etwas Deutsch

Valberg Fjellgard ligger 850 m.o.h. med storlått utsikt, 12 km fra E6 ved skiltet "Kvarvet". Her er gode muligheter for å oppleve naturen. Korte og lange fotturer i Rondane, elgsafari.
Her er også bygdetun og severdigheter i bygda.
På garden er det sau-, kjøtt- og grasproduksjon. Her er også en glad liten hund.

Valberg Mountain Farm is located 850 meters above sea level, with a great view, 12 km from the E6 signpost "Kvarvet".
Good possibilities for experiencing nature. Short and long hikes in Rondane, elk safaries.
You'll also find a rural community and historical sites nearby.
The farm is mainly for sheep and fodder production. Meet a happy little dog running round the farmstead.

Der Gebirgshof Valberg liegt auf 850 m Höhe, 12 km von E6 Schild «Kvarvet», und bietet grossartige Aussicht. Er wird mit Schaf- und Mastviehzucht, sowie Heuwirtschaft betrieben und es gibt einen netten, kleinen Hund. Erleben Sie die Natur auf längeren oder kürzeren Wanderungen in Rondane, Elchsafari, sowie das Heimatmuseum.

Storrusten Gjestegård

Your host:
Ingrid Kjørum
Address:
Varphaugen
N - 2670 Otta
Phone/Fax: 61 23 52 20
Mobil: 90 88 70 72
Best time to call:
15.00 - 22.00

Dobbelt-/tosengsrom: **450,-**
1 pers. i dobbeltrom: **225,-**
Antall rom: 7
Myntapparat for varmtvann i dusj
Full frokost
Dekket frokostbord
Åpent 15. juni - 15. aug.
Terrasse/uteplass/Hage
Vi tar VISA
Rabatt for barn
Selvhushold mulig

Double/Twin room: **450,-**
1 pers. in double room: **225,-**
No. of rooms: 7
Coin-operated hot water shower
Full breakfast
Laid breakfast table
Open 15 June - 15 Aug.
Terrace/Deck access/Yard
VISA accepted
Discount for children
Selfcatering possible
English spoken

Doppel-/Zweibettzi.: **450,-**
1 Pers. im Doppelzi.: **225,-**
Anzahl Zimmer: 7
Münzautomat für Dusche
Volles Frühstück
Serv.: Frühstückstisch
Geöffnet 15. Juni - 15. Aug.
Terrasse/Aussenplatz/Garten
Wir nehmen VISA
Ermässigung für Kinder
Selbsthaushalt möglich
Sprechen etwas Deutsch

Storrusten Gjestehus & Camping finner du langs E-6 ca 7 km sør for Otta og 3 km nord for Sjoa. Det er et rolig, lite sted med flott natur og flere aktivitetstilbud i nærheten. Det er en raftingplass i nærheten og pilgrimsleden går forbi her. Det er ikke langt fra elva, og den som har ønske om å fiske har muligheten til det. Gjestehuset har et badstuhus i skogen og en egen leirplass/ bålplass.
Stedet er også barnevennlig med trampoline og huske.

Storrusten Gjestehus (Guesthouse) & Camping are found along highway E-6, about 7 km south of Otta and 3 km north of Sjoa. It is a quiet, little place offering beautiful natural attractions and numerous local activities. There is a rafting base nearby and the pilgrimage route to Trondheim passes by here. It is not far to the river, convenient for those who are interested in fishing. The guesthouse has a sauna in the woods and its own camping ground and open fire pit. The area offers activities for children with a trampoline and swings.

Storrusten Gjestehus & Camping befindet sich an der E 6, ca. 7 km südlich von Otta und 3 km nördlich von Sjoa. Ein ruhiger kleiner Ort inmitten reizvoller Landschaft und mit vielen Freizeitangeboten in der Umgebung. Eine Rafting-Anlegestelle und ein historischer Pilgerpfad (Pilegrimsleden) liegen ganz in der Nähe. Auch bis zum Fluß ist es nicht weit, so daß auch Angelfreunde auf ihre Kosten kommen. Zum Gästehaus gehört ein eigenes Saunagebäude im Wald sowie ein Zeltplatz mit Feuerstelle. Für Kinder stehen Trampolin und Schaukel zur Verfügung.

Skåbu Hytter og Camping

Your host:
Arnhild & Arne Evjen
Address:
N - 2643 Skåbu
Phone: 61 29 56 24
Web:
www.gudbrandsdalsnett.net/skabuhytterogcamping
Best time to call:
08.00 - 22.00

Tosengsrom: **400,-**
Antall rom: 5-8
Full frokost
Dekket frokostbord
Åpent hele året
TV tilgjengelig
Terrasse/uteplass/hage
Ingen røking innendørs
Rabatt for barn

Twin room: **400,-**
No. of rooms: 5-8
Full breakfast
Laid breakfast table
Open year round
TV available
Terrace/Deck access/Yard
No smoking inside
Discount for children
English spoken

Zweibettzimmer: **400,-**
Anzahl Zimmer: 5-8
Volles Frühstück
Serv.: Frühstückstisch
Ganzjährig geöffnet
Zugang zu TV
Terrasse/Aussenplatz/Garten
Kein Rauchen im Haus
Ermässigung für Kinder
Sprechen Englisch

Idyllisk sted på gårdstun i Gudbrandsdalen. Skåbu er et av Norges høyestliggende bygdesamfunn på 800 m.o.h. og er rikt på kultur- og naturopplevelser både sommer og vinter. Fjellterreng for fotturer og med sykkel. Sentralt for bilturer også. Skientusiaster kan benytte et stort preparert løypenett.
De tre store hyttene har vedfyring med gratis ved for kveldskosen etter fjellturen. Fin utsikt over landskapet. Stillhet og frisk fjellluft.

Idyllic country farm with courtyard in Gudbrandsdalen. Skåbu is one of Norway's loftiest village communities at 800 metres above sea level and is rich in cultural and nature activities - both summer and winter. Mountain trails for walks and bicycling. Convenient for vacations by car. Skiers will enjoy a large, groomed Nordic complex. The 3 large cabins include fireplaces and free wood for cosy evenings after a hike. Nice view of countryside. Peaceful with fresh mountain air.

Skåbu ist ein idyllisches Plätzchen auf einem Gehöft im Gudbrandsdal. Mit 800 m Meereshöhe ist Skåbu eine der höchstgelegenen Ortschaften Norwegens. Genau der richtige Ort, um im Sommer wie im Winter die kulturellen und landschaftlichen Schönheiten zu genießen. Ausgezeichnete Fahrrad- und Wandermöglichkeiten. Zentrale Lage für Autoausflüge. Langlauffans können sich auf eine Vielzahl präparierter Loipen freuen. Die drei großen Hütten sind mit einem Holzofen ausgestattet, der nach einer zünftigen Wanderung für gemütliche abendliche Wärme sorgt (Brennholz kostenlos). Schöne Aussicht auf die umliegende Landschaft. Ruhe und frische Gebirgsluft.

A: Hytter for 4-6 personer
Antall soverom: 1-2
Separat kjk. el. kjk.krok i stuen
Pris for hele enheten: **300,-**

B: Hytter for 2-4 personer
Kjøkkenkrok
Pris for hele enheten: **200,-**

Tillegg for sengetøy: **50,-**
Hyttene har ikke innlagt vann
Felles sanitæranlegg og oppvask-kjøkken for alle hyttene

Åpent hele året
Uteplass
Ingen røking innendørs
Frokost og middag kan serveres på bestilling

A: Cabins for 4-6 persons
No. of bedrooms: 1-2
Kitchen or kitchen nook in LR
Price for whole unit: **300,-**

B: Cabins for 2-4 persons
Kitchenette
Price for whole unit: **200,-**

Bed linen fee: **50,-**
Cabins do not have running water
Common kitchen for all cabins
Shared sanitary facilities

Open year round
Yard
No smoking inside
Breakfast and dinner available
English spoken

A: Hütten für 4-6 Personen
Anzahl Schlafräume: 1-2
Küche oder Küchenecke in Stube
Ganze Einheit: **300,-**

B: Hütten für 2-4 Personen
Küchenecke
Ganze Einheit: **200,-**

Mieten von Bettwäsche: **50,-**
Kein fließendes Wasser in den Hütten.
Sanitäranlage und Spülküche stehen allen Gästen zur Verfügung.

Ganzjährig geöffnet
Aussenplatz
Kein Rauchen im Haus
Frühstück u. Mittagessen auf Bestellung
Sprechen Englisch

Veiveskrivelse:
Fra Vinstra og E-6; ta RV 255 mot Skåbu og kjør 25 km. Plassen ligger 4 km fra Skåbu sentrum.

Directions:
From Vinstra and E-6: Take RV 255 towards Skåbu and drive 25 km. The farm is 4 km from the center of Skåbu.

Wegbeschreibung:
Aus Richtung Vinstra (E 6): Fahren Sie auf der Straße 255 nach Skåbu (ca. 25 km). Der Campingplatz liegt etwa 4 km vom Zentrum entfernt.

jï mu, ts'ang shan yüan
ti'en han, pai wu p'in
ch'ai men, wen k'üan fei
feng süe, ye kuei jen.

"Feng süe su Fu-jung shan"

Dagen kvällas, det gröna berget är avlägset
himlen är frostig, det vita huset torftigt
vid gärdsgårdsgrinden hör jag hunden skälla
en gäst kommer vandrande i denna natt av snö och vind.

"Att överraskas av snö och övernatta på Lotus-berget"

Liu Ch'ang-Ch'ing, 700 - talet

Nordre Ekre Gård

Your host:
Oddrun & Petter Ekre

Address:
N - 2677 Nedre Heidal
Phone: 61 23 41 13
Fax: 61 23 57 17
Mobil: 94 31 89 71
E-mail: pekre@online.no
Web: **www**.gudbrandsdalsnett.net/nordre-ekre

Best time to call:
08.00 - 23.00

A: Gjestehus for 2-10 personer
Antall soverom: 3
Eget bad, kjøkken, stue m/peis
Pris pr. pers.: : **220,-**

B: Stabbur for 2-8 personer
Eget WC og kjøkken, delt bad
C: 4-sengsrom
Eget WC og kjøkken, delt bad

B&C: Pris pr. pers.: **150,-** til **220,-**

Sengetøy er inkludert
Åpent hele året
TV tilgjengelig
Hage/terrasse/uteplass
Vi tar VISA,
Rabatt for barn
Frokost kan serveres; **50,-**

A: Guesthouse for 2-10 persons
No. of bedrooms: 3
Own bath, kitchen, LR w/fireplace
Price per pers.: **220,-**

B: 'Store-house' for 2-8 persons
Own WC and kitchen, shared bath
C: 4-bedded room
Own WC and kitchen, shared bath

B&C: Price p. pers.: **150,-** to **220,-**

Bed linen included
Open year round
TV available
Yard/Terrace/Deck access
VISA accepted
Discount for children
Breakfast service available; **50,-**
English spoken

A: Gästehaus für 2-10 Personen
Anzahl Schlafräume: 3
Eig. Bad, Küche, Stube m/Kamin
Preis pro Pers.: **220,-**

B: 'Vorratshaus' für 2-8 Pers.
Eig. WC u. Küche, Gemeins. Bad
C: 4-Bettzimmer
Eig. WC u. Küche, Gemeins. Bad

B&C: Preis p. Pers.: **150,-** zu **220,-**

Inkl. Bettwäsche
Ganzjährig geöffnet
Zugang zu TV
Garten/Terrasse/Aussenplatz
Wir nehmen VISA
Ermässigung für Kinder
Frühstück auf Bestellung; **50,-**
Sprechen etwas Deutsch

Utleiehusene på Nordre Ekre Gård er tømmerhus fra 1800. De er av de eldste på gården og er nylig restaurert. Heidal blir ofte kalt Norges levende museum med sine 100 freda tømmerhus. Ni gårder er totalfredet. En unik opplevelsesmulighet for den som er interessert i det særpregede norske. Omvisning på gården kan avtales. Nordre Ekre gård ligger midt i Heidal med elva Sjoa som nærmeste nabo. Rafting, elvepadling og gode turmuligheter.

The houses for rent on Nordre Ekre Gård are carefully restored log cabins from 1800, the oldest on the farm. With its 100 protected log cabins, Heidal is often called Norway's living museum. Nine farms are heritage protected, giving a unique chance to experience the historic Norwegian environment. A tour on the farm can be arranged. It lies in the middle of Heidal and close to Sjoa River. Rafting, paddling and good hiking opportunities.

Die Blockhäuser auf Nordre Ekre Gård stammen aus 1800 und wurden kürzlich restauriert. Heidal mit seinen 100 denkmalgeschützten Blockhäusern wird oft als Norwegens lebendes Museum bezeichnet. Neun der grossen Höfe sind total geschützt. Ein einmaliges Erlebnis für alle an Volkstum Interessierten. Führung auf dem Hof nach Vereinbarung. Nordre Ekre gård liegt mitten in Heidal, direkt am Fluss Sjoa. Rafting und Flusspaddeln möglich.

Brenden Seter

Your host:
Bergljot Brenden
Address:
Postboks 2
N - 2665 Lesja
Phone: 61 24 37 32
Mobil: 94 14 93 28
Best time to call:
08.00 - 12.00 / 16.00 - 23.00

Pris pr. pers.:	**230,-**
Barn under 12 år:	**175,-**
Antall sengeplasser: 4	
Full frokost	
Dekket frokostbord	
Fullpensjon:	**450,-**
Fullpensjon barn under 12:	**350,-**
Åpent 24. juni - 18. aug.	
Uteplass	

Price per pers.:	**230,-**
Children under 12 years:	**175,-**
No. of beds: 4	
Full breakfast	
Laid breakfast table	
Full board:	**450,-**
Full board; children u.12:	**350,-**
Open 24 June - 18 Aug.	
Yard	
English spoken	

Preis pro Pers.:	**230,-**
Kinder unter 12:	**175,-**
Anzahl Betten: 4	
Volles Frühstück	
Serv.: Frühstückstisch	
Vollpension:	**450,-**
Vollpension; Kinder u.12:	**350,-**
Geöffnet 24. Juni - 18. Aug.	
Aussenplatz	
Sprechen Deutsch	

Denne nydelige gamle seteren drives på tradisjonelt vis hver sommer. Dyrene melkes og melkeprodukter tilberedes på tradisjonelt setervis. Gjestene er velkomne til å nyte smaken av seterkost. Ingen steder får du bedre rømmegrøt.
Seterhuset for gjestene har ett soverom og en peisestue. Det er ikke innlagt vann, men det er tilgang på kaldt/varmt vann, vaskevannsfat og det er en fin utedo til bruk for gjestene.
Seteren ligger midt i et åpent landskap med flott turterreng, gode fiskemuligheter, fjellturer og elgsafari.

This beautiful pasture is farmed the traditional way every summer. The cows are milked and the dairy products are processed in the traditional pasture way. Guests are welcome to enjoy the taste of fresh dairy staples. Nowhere will you taste better sour cream porridge.
The guest cottage on the pasture has one bedroom and one living room with fireplace. There is no running water, but guests have access to hot & cold water, a washing basin and there is a nice outhouse for the guests.
The pasture is situated in the middle of wide-open countryside with excellent hiking trails, good fishing spots, mountain walks and moose safaris.

Die gemütliche Alm wird jeden Sommer auf traditionelle Art und Weise bewirtschaftet. Die Tiere werden von Hand gemolken, die Milchprodukte auf traditionelle Art zubereitet. Alle Gäste sind willkommen, die Spezialitäten der Alm zu probieren. Nirgendwo anders bekommt man ein besseres Rømmegrøt (Sauerrahmbrei).
Für die Gäste steht ein Schlafraum und eine Kaminstube zur Verfügung. Es gibt kein fließendes Wasser im Haus, Kalt-/Warmwasser, Waschschüssel und gute Außentoilette können aber genutzt werden. Die Alm liegt in einer offenen Landschaft mit Wander- und Angelmöglichkeiten. Bergtouren und Elchsafaris können organisiert werden.

Lyse

Your host:
Astrid & Hans Viktil
Address:
Lyse
N - 3531 Krokkleiva
Phone: 32 15 93 43
Fax: 32 15 99 31
E-mail: viktil@online.no
Best time to call:
15.00 - 23.00

Hytte for 2-4 personer
Antall soverom: 1-2
Eget bad, kjøkken, stue
Pris for hele enheten: **250,-**
Tillegg for sengetøy: **30,-**
Tillegg for rengjøring: **100,-**
Åpent hele året
TV tilgjengelig
Uteplass
Båtutleie
Frokost kan serveres; **30,-**

Cabin for 2-4 persons
No. of bedrooms: 1-2
Own bath, kitchen, lounge
Price for whole unit: **250,-**
Bed linen fee: **30,-**
Cleaning : **100,-**
Open year round
TV available
Garden
Boat for rent
Breakfast service available; **30,-**
English spoken

Hütte für 2-4 Personen
Anzahl Schlafräume: 1-2
Eig. Bad, Küche, Stube
Preis pro Einheit: **250,-**
Mieten von Bettw.: **30,-**
Abgabe für Reinigung: **100,-**
Ganzjährig geöffnet
Zugang zu TV
Aussenplatz
Boot zu mieten
Frühstück auf Bestellung; **30,-**
Sprechen Deutsch

I åssiden øst for Steinsfjorden ligger små rødmalte stuer idyllisk og fredelig til. Lyse er en gammel husmansplass under trinnvis restaurering.
To hytter leies ut til turister.
Her er det muligheter for badeliv og fiske, og man kan leie en 13 fots plastbåt. I nærheten av Lyse ligger museer, kirker, historiske gårder, gallerier, etc.
Stedet ligger litt forbi Sundvollen, ca. 50 km fra Oslo langs E-16.

On the hilly east side of Steinsfjorden you'll find some cozy red cottages. At one time this was a "cotter's house," now being gradually restored.
Two rental cabins for tourists.
There is swimming and fishing and a 13 ft. boat is available for use. The area has many cultural attractions: historical farms, museums, galleries, churches, etc.
Lyse is found just beyond Sundvollen, ca. 50 km from Oslo via E-16.

Am Waldhang östlich vom Steinsfjorden liegen kleine, rotgestrichene Bauernhäuschen, idyllisch und ungestört. Alter Häuslerhof, der laufend restauriert wird.
Zwei Hütten werden an Touristen vermietet.
Bade- und Angelmöglichk.. 13' Boot kann gemietet werden.
Museen, alte Kirchen, historische Bauernhöfe, Kunstausstellungen, u.s.w. in Reichweite.
Lyse liegt ca 50 km von Oslo entfernt. E-16 in Richtung Hønefoss etwas nach Sundvollen Hotel.

Frøhaug Gård

Your host:
Ellen & Arne Fjeldstad
Address:
N - 3530 Røyse
Phone/Fax: 32 15 71 09
E-mail: arnfje@online.no
Best time to call:
07.00 - 22.00

Dobbeltrom:	450,-
3-sengs rom:	600,-
Tosengsrom:	350,-

Antall rom: 5
Full frokost
Servering: Frokost buffét eller dekket frokostbord
Åpent hele året
TV tilgjengelig
Terrasse/uteplass/hage
Ingen røking innendørs
Vi tar VISA

Double room:	450,-
3-bedded room:	600,-
Twin room:	350,-

No. of rooms: 5
Full breakfast
Breakfast buffet or laid breakfast table
Open year round
TV available
Terrace/Deck access/Yard
No smoking inside
VISA accepted
Some English spoken

Doppelzimmer:	450,-
3-Bettzimmer:	600,-
Zweibettzimmer:	350,-

Anzahl Zimmer: 5
Volles Frühstück
Serv.: Frühstücksbüfett oder Frühstückstisch
Ganzjährig geöffnet
Zugang zu TV
Terrasse/Aussenplatz/Garten
Kein Rauchen im Haus
Wir nehmen VISA
Sprechen etwas Deutsch

Frøhaug gård, 5 km fra Vik i Hole, ligger høyt og fritt, med utsikt over Tyrifjorden og med Krokskogen i bakgrunnen. Hovedbygningen er fra 1766, TV-stuen i 2. etg. er i biedermeierstil. Stor frokost serveres i stort gårdskjøkken.
Vertskapets sønn har overtatt driften av gården. Det er noen dyr. Stor hage og uteplass ved husene, stille og barnevennlig.

Frøhaug Farm, located in a quiet area 5 km from Vik in Hole, with view of Tyrifjorden and Krokskogen forest. The "Main House," from 1766, the second floor room is in Biedermeier style. A large farm kitchen offers large farm style breakfasts. The hosts' son runs the farm. There are farm animals, and a large quiet yard, safe for children.

Der Hof Frøhaug, 5 km von Vik in Hole, liegt hoch und frei, mit Aussicht über den See Tyrifjord, umgeben vom Waldgebiet Krokskogen.. Das Haupthaus ist aus 1766, die TV-Stube im Biedermeierstil. In der grossen Bauernküche gibt es ein reichhaltiges Frühstück.
Der Sohn hat den Hof mit einigen Tieren übernommen. Grosser Garten, ruhig u. kinderfreundlich.

Ein Gutes Gewissen ist ein sanftes Ruhekissen,
Ett gott samvete är en mjuk vilokudde.
Tysk ordspråk

Sevletunet

Your host:
Gro Sevle
Address:
N - 3630 Rødberg
Phone/Fax: 32 74 15 86
Mobil: 97 66 56 38
Best time to call:
08.00 - 23.00

Dobbeltrom:	**690,-**
1 pers. i dobbeltrom:	**510,-**
Tosengsrom:	**500,-**
Enkeltrom:	**360,-**

Antall rom: 6
Full frokost
Frokostbrett eller frokost buffét
Åpent hele året
TV tilgjengelig
Terrasse/uteplass/hage
Båt- og sykkelutleie
Ingen røking innendørs
Selvhushold er mulig

Double room:	**690,-**
1 pers. in double room:	**510,-**
Twin room:	**500,-**
Single room:	**360,-**

No. of rooms: 6
Full breakfast
Breakfast tray or breakfast buffet
Open year round
TV available
Terrace/Deck access/Yard
Boat and bike for rent
No smoking inside
Selfcatering possible
English spoken

Doppelzimmer:	**690,-**
1 Pers. im Doppelzi.:	**510,-**
Zweibettzimmer:	**500,-**
Einzelzimmer:	**360,-**

Anzahl Zimmer: 6
Volles Frühstück
Frühstückstablett oder F.büfett
Ganzjährig geöffnet
Zugang zu TV
Terrasse/Aussenplatz/Garten
Boot u. Fahrrad zu mieten
Kein Rauchen im Haus
Selbsthaushalt möglich
Sprechen etwas Deutsch

Rustikt, koselig gjestehus i låve fra 1700-tallet på tun blant fredede bygninger. Vertskapet legger høy vekt på service og trivsel, og her vil du finne noe av det som særpreger norsk kulturarv. Gjestehuset har høy standard og den historiske gården fikk Norsk Kulturarvs "Olavsrosa" i 1999. Restaurert og ombygget for 1 år siden.
Det finnes flere aktivitetstilbud i nærheten; badestrand, fiske, villmarkspark, fjellområder. I tillegg forteller vertskapet gjerne historier fra gamledager på gården.

Rustic and cosy guestrooms in a barn from the 1700s, situated in a farmhouse grouping of historical landmark status. You will find a place rich in Norwegian cultural heritage. The various structures are of very high standard and this farm received the Norwegian Heritage Society's "Olav's Rose" in 1999. It was renovated and restored to original condition 1 year ago. There are numerous activities offered nearby: swimming, fishing, wilderness park, mountain areas. In addition; your hosts will gladly tell stories about the old days on the farm.

Rustikales, gemütliches Ferienhaus. Es handelt sich um eine historische Scheune als eines von mehreren denkmalgeschützten Gebäuden auf einem Gehöft aus dem 17. Jahrhundert,. Die Gastgeber legen besonderen Wert auf Service und Wohlbefinden der Gäste und berichten gerne aus der Hofgeschichte. Der Hof vermittelt einen guten Eindruck von der bäuerlichen Kultur Norwegens. Das Gehöft wurde 1998 restauriert und erhielt 1999 den Preis "Olavsrosa". Freizeitangebote: Badestrand, Angelmöglichkeiten, Wildnispark, Gebirgsregionen.

Laa Gjestestugu

Your host:
Lise Laa
Address:
N - 3570 Ål
Phone: 32 08 12 12
Best time to call:
08.00 - 23.00

Dobbeltrom:	**500,-**
1 pers. i dobbeltrom:	**250,-**

Antall rom: 2
Full frokost
Servering: Frokostbrett
Åpent hele året
TV tilgjengelig
Terrasse/uteplass
Ingen røking innendørs
Rabatt for barn
Selvhushold er mulig
Ikke husdyr innendørs

Double room:	**500,-**
1 pers. in double room:	**250,-**

No. of rooms: 2
Full breakfast
Breakfast tray
Open year round
TV available
Terrace/Deck access
No smoking inside
Discount for children
Selfcatering possible
No indoor pets
English spoken

Doppelzimmer:	**500,-**
1 Pers. im Doppelzi.:	**250,-**

Anzahl Zimmer: 2
Volles Frühstück
Serv.: Frühstückstablett
Ganzjährig geöffnet
Zugang zu TV
Terrasse/Aussenplatz
Kein Rauchen im Haus
Ermässigung für Kinder
Selbsthaushalt möglich
Keine Haustiere drinnen
Sprechen etwas Deutsch

Nybygget tømret gjestehus i gårdstun med ni hus; det eldste fra 1706. Hytten/gjestehuset har høy standard med peis og boblebad. Vaskemaskin til tøy tilgjengelig. Gården ligger på solsiden av dalen, på 720 m.o.h, med utsikt over bygda.
Det er muligheter for å ri på hester hos en nabo hele året untatt i skoleferien. Muligheter for foturer på merkede stier.

Veibeskrivelse:
Følg skilting til Kvinnegardslia. 3.5 km fra Ål sentrum. Brun låve, brun tømmerhytte ved veikryss.

In the country farm courtyard are 9 houses: the oldest being from 1706. For rent is a recent wooden guesthouse which offer high standard with a fireplace and Jacuzzi. Access to washing machine. The farm is situated 720 meters above sea level on the sunny side of the valley with a view of the village. Neighboring farm offers horseback-riding throughout the year except during school vacation. Hiking facilities with marked trails. Directions:
Follow the signs to Kvinnegardslia. 3 1/2 km from Ål town center. Brown wooden house with brown barn, at the crossroad.

Neuerbautes Gästeblockhaus auf einem Gehöft mit 9 Gebäuden; das älteste von 1706. Hütte/Gästehaus ist komfortabel und hat Kamin und Whirlpool. Zugang zur Waschmaschine. Der Hof liegt auf der Sonnenseite des Tals auf 720m ü. d. M. mit schöner Aussicht über Ål. Ganzjährige (exkl. Schulferien) Reitmöglichkeiten beim Nachbarn. Markierte Wanderpfade.

Wegbeschreibung:
Folgen Sie Schild Kvinnegardslia. 3,5 km vom Ort entfernt an einer Kreuzung braune Scheune und ein braunes Blockhaus.

Fjellheim Bed & Breakfast

Your host:
Solveig Wiersdalen
Address:
Bedehusbakken 8
N - 3947 Langangen
Phone: 35 56 83 64
Best time to call:
09.00 - 21.00

Dobbeltrom:	**550,-**
Dobbeltrom m/ekstra seng:	**750,-**
En pers. i dobbeltrom:	**325,-**

Antall rom: 3
Full frokost
Servering: Frokost buffét
Åpent hele året
TV tilgjengelig
Eget oppholdsrom
Hage/terrasse/uteplass

Double room:	**550,-**
Double room w/extra bed:	**750,-**
1 pers. in double room:	**325,-**

No. of rooms: 3
Full breakfast
Breakfast buffet
Open year round
TV available
Common LR for guests
Yard/Terrace/Deck access
English spoken

Doppelzimmer:	**550,-**
Doppelzi. m/Extrabett:	**750,-**
1 Pers. im Doppelzimmer:	**325,-**

Anzahl Zimmer: 3
Volles Frühstück
Serv.: Frühstücksbüfett
Ganzjährig geöffnet
Zugang zu TV
Eigener Aufenthaltsraum
Garten/Terrasse/Aussenplatz
Sprechen Englisch

Der Sørlandet starter kan du søke kost og losji hos Solveig og hennes 5 katter. Hun ønsker dere velkommen til sin store koselige enebolig i den lille bygda Langangen, midt i mellom Porsgrunn og Larvik.
Fra huset er det 5 minutter til sjøen med gode bade- og fiskemuligheter, og det er også fine turområer i nærheten.
Av attraksjoner i nærheten har man bl.a. muligheten til å få med seg Porsgrunns porselensfabrikk og museum, grunnlagt i 1887.
Fra Larvik er det ferjeforbindelse til Danmark.

The beginning of Southern Norway marks the spot where you can enjoy food and lodging with your hostess Solveig and her 5 cats. She wishes you welcome to her large and comfortable detached home in the small village of Langangen, right between Porsgrunn and Larvik. It's 5 min. from the house down to the sea and there are good swimming and fishing facilities, along with excellent hiking areas nearby. Among other local attractions, you might visit Porsgrunn's porcelain factory and museum, founded in 1887. Ferry connections from Larvik to Denmark.

Vor den Toren Südnorwegens freuen sich Solveig und ihre 5 Katzen auf die Gäste. Die Gastgeberin heißt Sie in ihrem gemütlichen Einfamilienhaus im kleinen Ort Langangen, auf halber Strecke zwischen Porsgrunn und Larvik willkommen. Vom Haus sind es nur 5 Minuten bis zum Meer mit guten Bade- und Angelmöglichkeiten, und in der Umgebung kann man schöne Wanderungen unternehmen. Eine interessante Sehenswürdigkeit ist die Porzellanfabrik in Porsgrunn (seit 1887) mit angrenzendem Museum.
Von Larvik aus gibt es eine Fährverbindung nach Dänemark (Frederikshavn).

Åkerveien romutleie

Your host:
Ruth & David Tenden

Address:
Åkerveien 11
N - 3929 Porsgrunn
Phone: 35 51 08 70

Best time to call:
09.00 - 18.00

Tosengsrom: **375,-**
1 pers. i tosengsrom: **300,-**
Antall rom: 1
Full frokost
Dekket frokostbord
Åpent hele året
TV tilgjengelig
Hage/terrasse/uteplass

Twin room: **375,-**
1 pers. in twin room: **300,-**
No. of rooms: 1
Full breakfast
Laid breakfast table
Open year round
TV available
Yard/Terrace/Deck access
English spoken

Zweibettzimmer: **375,-**
1 Pers. im Zweibettzimmer: **300,-**
Anzahl Zimmer: 1
Volles Frühstück
Serv.: Frühstückstisch
Ganzjährig geöffnet
Zugang zu TV
Garten/Terrasse/Aussenplatz
Sprechen Englisch

Åkerveien romutleie kan tilby en hyggelig møblert kjellerstue med en liten sovealkove i en enebolig 3 km syd for Porsgrunn sentrum. Kjellerstuen har vinduer mot sydvest, og utenfor er det hage. Her er det også et bad som bare brukes av gjestene, og i stuen er det kabel-TV og radio.
Vertskapet er nå begge pensjonister etter et langt yrkesaktivt liv. Av severdigheter er et besøk på Porsgrunn Porselensfabrikk og museum å anbefale.

Åkerveien romutleie can offer you a pleasantly furnished cellar apartment with a small sleeping alcove in a detached home, 3 km south of Porsgrunn city centre. The cellar apartment has windows facing southwest, overlooking the garden. Guests have their own bathroom, both cable-TV and radio in the living room. Your hosts are now both retired after long, active careers. Sites of interest include the Porsgrunn porcelain factory and museum - definitely worth a visit!

Åkerveien romutleie liegt 3 km südlich von Porsgrunn und bietet seinen Gästen in einem Einfamilienhaus eine gemütlich möblierte Kellerwohnung mit einem kleinen Schlafalkoven und Bad. Die Fenster liegen in südwestlicher Richtung, vor dem Haus steht ein Garten zur Verfügung. Der Wohnraum verfügt über Kabel- und Radioanschluß.
Die Gastgeber sind nach einem langen Berufsleben nun beide Rentner. Eine interessante Sehenswürdigkeit ist die Porzellanfabrik in Porsgrunn mit angrenzendem Museum.

Huldrehaug

Your host:
Elinor Igelkjøn
Address:
N - 3841 Flatdal
Phone: 35 05 22 87
Fax: 35 05 21 16
Mobil: 97 04 29 80
Best time to call:
09.00 - 23.00

Dobbeltrom:	**350,-/500,-**
1 pers. i dobbeltrom:	**200,-/375,-**
Familierom 3-4 pers:	**650,-/700,-**

Antall rom: 4
Full frokost
Dekket frokostbord
Åpent hele året
TV tilgjengelig
Terrasse/hage
Ingen røking innendørs
Vi tar VISA
Rabatt for barn under 12 år

Double room:	**350,-/500,-**
1 pers. in dbl room:	**200,-/375,-**
Family room 3-4 pers.:	**650,-/700,-**

No. of rooms: 4
Full breakfast
Laid breakfast table
Open year round
TV available
Terrace/Yard
No smoking inside
VISA accepted
Discount for children under 12
English spoken

Doppelzimmer:	**350,-/500,-**
1 Pers. im Dpl.zi.:	**200,-/375,-**
Familienzi. 3-4 Pers:	**650,-/700,-**

Anzahl Zimmer: 4
Volles Frühstück
Serv.: Frühstückstisch
Ganzjährig geöffnet
Zugang zu TV
Terrasse/Aussenplatz
Kein Rauchen im Haus
Wir nehmen VISA
Ermässigung für Kinder unter 12
Sprechen Deutsch

Flatdal er en særegen dal og er, som navnet forteller, helt flat i bunnen. På begge sider stiger fjellene opp.
Med Elinor som vertskap vanker det både tur- og middagsinvitasjoner.
Du befinner deg midt blandt Telemarks mange kulturelle og historiske opplevelsestilbud. Like ved ligger Nutheim, med kafé, galleri og et flott utendørs svømmebasseng.

Flatdal is a distinctive valley, completely flat between steep mountain walls. Huldrehaug is in the midst of Telemark's many cultural and historical attractions; only 200 m. from Nutheim, with a café, a gallery and an outdoor pool.
With Elinor as your hosts, there likely will be both hiking and dinner invitations.

Flatdal ist ein eigenartiges Tal und wie der Name andeutet ganz flach im Grund mit zu beiden Seiten steil aufragenden Bergen.
Bei Elinor wird man auch zu Touren und Mittagessen eingeladen. Günstiger Ausgangspunkt zu vielen kulturellen und historischen Erlebnissen in Telemark. 200 m nach Nutheim mit Galerie, Cafè und schönem Schwimmbecken.

Leilighet for 2-5 personer
Kjøkken, stue, sovealkove
Delt bad
Pris for hele enheten: **500,-**
Sengetøy inkludert
Åpent hele året
TV tilgjengelig
Hage/terrasse/uteplass
Ingen røking innendørs
Vi tar VISA
Rabatt for barn

Apartment for 2-5 persons
Kitchen, LR, sleeping alcove
Own bath
Price for whole unit: **500,-**
Bed linen included
Open year round
TV available
Yard/Terrace/Deck access
No smoking inside
VISA accepted
Discount for children
English spoken

Wohnung für 2-5 Personen
Küche, Stube, Schlafalkoven
Eig. Bad
Ganze Einheit: **500,-**
Inkl. Bettwäsche
Ganzjährig geöffnet
Zugang zu TV
Garten/Terrasse/Aussenplatz
Kein Rauchen im Haus
Wir nehmen VISA
Ermässigung für Kinder
Sprechen Deutsch

Veibeskrivelse:
Fra Notodden følges RV-134 til Flatdal. I bakkene ned mot Flatdal skal du se etter Nutheim Gjestgiveri. Huldrehaug ligger opp til venstre, 250 m lenger nede. Skilt med "seng og frokost".

Directions:
From Notodden, take RV-134 to Flatdal. Look for Nutheim Gjestgiveri (Guesthouse) among the hills down close to Flatdal. Huldrehaug is located up on the right, 250 m further down. Look for sign: "seng og frokost" (i.e. bed and breakfast).

Wegbeschreibung:
Von Notodden fahren Sie auf der Straße 134 bis Flatdal. Bei der Abfahrt hinunter in Richtung Flatdal achten Sie auf den Gasthof "Nutheim Gjestgiveri". Huldrehaug liegt 250 m weiter talwärts auf der linken Seite. Dort steht ein Schild mit der Aufschrift "seng og frokost" (Übernachtung m. Frühstück).

Monsieur Ballon: You are Norwegian?
Peer Gynt: By birth indeed,
but in spirit a citizen of the world.
For such fortune as I have enjoyed,
I can thank America.
My amply furnished bookshelves,
I owe to the later German schools.
From France again, I have my clothes,
my manners and my touch of wit,
from England an industrious hand,
and self-interest nursed with hightened care.

Peer Gynt, Act IV by Henrik Ibsen, 1867

Jeg kan godt li dyr,
men jeg bryder mig ikke om dyrevenner.

"Kort sagt", Poul Henningsen

I think I could turn and live with animals, they are so placid and self-contain'd, I stand and look at them long and long. They do not sweat and whine about their condition, they do not lie awake in the dark and weep for their sins, they do not make me sick discussing their duty to God, not one is dissatisfied, not one is demented with the mania of owning things, not one kneels to another, nor to his kind that lived thousands of years ago, not one is respectable or unhappy over the whole earth.

Jag tror att jag kunde sadla om och leva med djuren, jag står och ser på dem länge och väl. De bryr sig inte om att svettas och gnälla över sina villkor, de ligger inte vakna i mörkret och gråter över sina synder, de gör mig inte sjuk med diskussioner om sin plikt mot Gud, inte en enda är missnöjd, inte en enda har blivit tokig av manin att äga saker, inte en enda böjer knä för någon annan eller för sina förfäder som levde för tusentals år sedan, inte en enda på hela jorden är respektabel eller olycklig.

Walt Whitman, 1819 - 1892

Teneo lupum auribus.

Jag håller en varg i öronen.
(dvs. kan varken släppa eller döda den)

Publius Terentuis Afer, 190 - 159 f.Kr.

Plassen

Your host:
Ellen & Olav Nordstoga
Address:
N - 3892 Vinje
Phone: 35 07 25 53
Fax: 35 07 26 33
Mobil: 94 83 15 75
E-mail: plassen@online.no
Best time to call:
08.00 - 10.00 / 17.00 - 23.00

Gjestehus for 2-7 personer
Antall soverom: 2
Eget bad, kjøkken, stue
Pris for hele enheten: **800,-**
Tillegg for sengetøy: **50,-**
Åpent hele året
TV tilgjengelig
Terrasse/uteplass/hage
Båtutleie
Ingen røking innendørs
Frokost kan serveres

Guesthouse for 2-7 persons
No. of bedrooms: 2
Own bath, kitchen, LR
Price for whole unit: **800,-**
Bed linen fee: **50,-**
Open year round
TV available
Terrace/Garden
Boat for rent
No smoking inside
Breakfast service available
English spoken

Gästehaus für 2-7 Personen
Anzahl Schlafräume: 2
Eig. Bad, Küche, Stube
Preis pro Einheit: **800,-**
Mieten von Bettw.: **50,-**
Ganzjährig geöffnet
Zugang zu TV
Terrasse/Aussenplatz/Garten
Boot zu mieten
Kein Rauchen im Haus
Frühstück auf Bestellung
Sprechen etwas Deutsch

Vinje ligg 65 km vest for Seljord. Her på garden, i "Vinjestoga", var det diktaren Aasmund Olavson Vinje vaks opp (1818 - 1870). Vinjestoga står slik den alltid har gjort og kvar sommar er det mange turistar oppom for å kikke på den.
På garden er det kyr, kalvar, høner og ein hund som passar på.
Gjesthuset er ei koseleg tømra hytte av høg standard med svalgang og veranda.
Aktivitetar: Tur til geitestøl, fotturar i storslått natur, eggplukking, 800 m til badeplass og høve til fiske.

Vinje is located 65 km west of Seljord. On this farm, in "Vinjestoga", the great poet Aasmund Olavson Vinje (1818-1870, was born and grew up. Vinjestoga has been preserved in its original form, and every year many tourists come to visit.
The farm has cattle, chickens and a watch dog. The guesthouse is a comfortable timber cottage with an outside veranda.
Activities: Trip to the diary, hiking in magnificent country side, egg collecting, 800 m to nearest beach and fishing possibilities.

Auf diesem Bauernhof in Vinje, 65 km westlich von Seljord, liegt "Vinjestoga", das Haus, in dem der bekannte Dichter Aasmund Olavson Vinje (1818-1870) aufgewachsen ist. Auf dem Hof gibt es Kühe, Kälber, Hühner und einen Wachhund. Das Gästehaus ist eine gemütliche Blockhütte mit hohem Standard, Laubengang und Veranda. Aktivitäten: Ausflug zur Ziegenalm, Wandern in herrlicher Landschaft, Eier einsammeln, 800 m zu Badeplatz und Angelmöglichkeiten.

Templen Bed & Breakfast

Your host:
Britt Egeland
Address:
Vestre Bievei 6
N - 4825 Arendal
Phone: 37 09 59 81
Mobil: 90 75 02 88
Best time to call:
08.00 - 12.00

Dobbelt-/tosengsrom:	**600,-**
En pers. i dobbeltrom:	**400,-**

Antall rom: 3
Full frokost
Dekket frokostbord
Åpent hele året
TV tilgjengelig i loftsstue
Terrasse/uteplass/hage
Ingen røking innendørs
Rabatt for barn
Parkeringsplass

Double/Twin room:	**600,-**
1 pers. in double room:	**400,-**

No. of rooms: 3
Full breakfast
Laid breakfast table
Open year round
TV available in the loft
Terrace/Deck access/Garden
No smoking inside
Discount for children
Parking
Some English spoken

Doppel-/Zweibettzi.:	**600,-**
1 Pers. im Doppelzi.:	**400,-**

Anzahl Zimmer: 3
Volles Frühstück
Serv.: Frühstückstisch
Ganzjährig geöffnet
Zugang zu TV
Terrasse/Aussenplatz/Garten
Kein Rauchen im Haus
Ermässigung für Kinder
Parkplatz
Sprechen etwas Deutsch

Templen, et lite gardsbruk på 95 mål, ligger i rolige omgivelser ca. 5 km vest for Arendal. Her er fine turmuligheter i skogen like ved, og det er kort avstand til fine badestrender. Til Kristiansand Dyrepark tar det ca 45 min med bil. Gode ferjeforbindelser til kontinentet og Danmark. Rododendron- og staudehage like ved. Visning etter avtale.

Templen, a small farming complex on 95 hectares, is situated among peaceful surroundings about 5 km west of Arendal. There is excellent hiking in the nearby woods, and a short distance to nice beaches. Kristiansand Dyrepark (animal park) is about a 45 min drive. Easy ferry connections to the continent, including Denmark. Rhododendron and perennial garden nearby. Tours upon request.

Templen ist ein kleiner Bauernhof von 95 Dekar, der in ruhiger Umgebung ca. 5 km westlich von Arendal liegt. Schöne Wandermöglichkeiten im nahegelegenen Wald, kurze Entfernung zu reizvollen Badeständen. 45 Minuten mit dem Auto bis zum Tierpark in Kristiansand. Gute Fährverbindungen nach Dänemark und Mitteleuropa. Rhododendron- und Staudengarten nebenan. Führungen nach Absprache.

Gjestehus for 2-4 personer
Bad, tekjk., stue med veranda og sovealkove
Pris for hele enheten: **800,-**
Tillegg for sengetøy: **25,-**
Åpent hele året
TV tilgjengelig
Hage/terrasse/uteplass
Frokost kan serveres

Guesthouse for 2-4 persons
Bath, kitchenette, LR with terrasse, sleeping alcove
Price for whole unit: **800,-**
Bed linen fee: **25,-**
Open year round
TV available
Yard/Terrace/Deck access
Breakfast service available
Some English spoken

Gästehaus für 2-4 Personen
Bad, Teeküche, Stube mit Veranda, Schlafalkoven
Ganze Einheit: **800,-**
Mieten von Bettwäsche: **25,-**
Ganzjährig geöffnet
Zugang zu TV
Garten/Terrasse/Aussenplatz
Frühstück auf Bestellung
Sprechen etwas Deutsch

Veibeskrivelse:
Ta av fra E-18 ved Bjorbekk/Hisøy-skiltet vest for Arendal. I Bjorbekkrysset sving til venstre mot Hisøy. Kjør ca 1-2 km til en rørleggerforretning (Egil Bringsverd) på høyre side. Her svinger du inn på en sidevei til venstre som heter Gamle Bievei. Denne deler seg i to; og du følger så Vestre Bievei. Kjør Vestre Bievei til venstre, så inn på en grusvei, opp en liten bakke, og da ser dere huset rett fremfor dere.

Directions:
Exit from E-18 at the Bjorbekk/Hisøy sign, west of Arendal. Turn left in the Bjorbekkrysset (crossing) towards Hisøy. Drive about 1-2 km to a plumbing service on the right roadside (Egil Bringsverd). Turn right onto the side-road called Gamle Bievei. The road splits into two: you take Vestre Bievei to the left and continue on a gravel road and up a small hill. The house will be visible straight ahead.

Wegbeschreibung:
Biegen Sie westlich von Arendal von der E 18 ab in Richtung Bjorbekk/Hisøy. An der Kreuzung Bjorbekkrysset links ab nach Hisøy. Nach 1-2 km liegt auf der rechten Seite ein Installateurbetrieb (Rørlegger Egil Bringsverd). Dort nach links auf eine kleine Straße einbiegen (Gamle Bievei). An der Gabelung dem Vestre Bievei nach links folgen, dann in einen Kiesweg einbiegen und einen kleinen Hang hinauf bis zum Haus.

Hornnes
Dåsnesvegen

Your host:
Randi & Oddvar Kallhovd
Address:
Dåsnesvegen
N - 4670 Hornnes
Phone: 37 93 11 94
Best time to call:
18.00 - 23.00

Dobbeltrom: **200,-**
Tillegg for sengetøy: **50,-**
Åpent hele året

Double room: **200,-**
Bed linen fee: **50,-**
Open year round

Doppelzimmer: **200,-**
Mieten von Bettwäsche: **50,-**
Ganzjährig geöffnet

Sjøgløtt
Det lille hotell

Your host:
Helene Ranestad

Address:
Østre Strandgate 25
N - 4610 Kristiansand
Phone: 38 02 21 20
Fax: 38 02 21 20
Mobil: 90 57 23 32

Best time to call:
07.00 - 22.30

Dobbeltrom: **590,-/690,-**
Enkeltrom: **350,-/560,-**
Antall rom: 12
Full frokost
Servering: Frokost buffét
Åpent hele året
TV tilgjengelig
Hage/terrasse/uteplass
Ingen røking innendørs
Vi tar VISA, MC, DC

Double room: **590,-/690,-**
Single room: **350,-/560,-**
No. of rooms: 12
Full breakfast
Breakfast buffet
Open year round
TV available
Yard/Terrace/Deck access
No smoking inside
VISA, MC, DC accepted
English spoken

Doppelzimmer: **590,-/690,-**
Einzelzimmer: **350,-/560,-**
Anzahl Zimmer: 12
Volles Frühstück
Serv.: Frühstücksbüfett
Ganzjährig geöffnet
Zugang zu TV
Garten/Terrasse/Aussenplatz
Kein Rauchen im Haus
Wir nehmen VISA, MC, DC
Sprechen Deutsch

Sjøgløtt er et lite familiedrevet hotell med 12 rom, der vertskapet forsøker å skape et sted der du kan føle deg hjemme og velkommen. Hotellet finner du i et rolig område i sentrum av Kristiansand; i nærheten av gjestehavnen og den gamle festningen. Kort avstand (3 min gange) til Markensgate som er byens handlegate med restauranter og utesteder. Det er også kort vei til sjøen og "strandpromenaden". Noen av rommene har utsikt mot sjøen, og hotellet har også egen hage hvor barna kan leke trygt. Velkommen til et hyggelig opphold på "Det lille hotell"!

Sjøgløtt Hotell is a small, family-run hotel with 12 rooms and is a place where your hosts do their best to create an atmosphere in which you can feel welcome and at home. You find the hotel in a quiet part of downtown Kristiansand, near the guest marina and the old fortress. Walking distance (3 min.) to Markensgate, which is the city's main shopping thoroughfare with restaurants and night-spots. Also close to the ocean and the beachside "promenade". Some of the rooms feature ocean views and the hotel also has its own garden area where children can safely play. Welcome to an enjoyable stay at "The Little Hotel"!

Ein kleines, familienbetriebenes Hotel mit 12 Zimmern. Die Wirtsleute möchten ihren Gästen einen Aufenthaltsort bieten, an dem man sich richtig heimisch fühlen kann. Das Hotel liegt in einem ruhigen Viertel im Zentrum von Kristiansand; in der Nähe Gästehafen und historische Festung. Nur 3 Minuten Fußweg zur Fußgängerzone (Markensgate) mit Restaurants und Lokalen. Ebenfalls in unmittelbarer Nähe liegt das Meer und die "Strandpromenade".
Einige Zimmer bieten Aussicht aufs Meer. Ein hoteleigener Garten, in dem Kinder sicher spielen können, ist vorhanden. Willkommen zu einem gemütlichen Aufenthalt in unserem kleinen Hotel!

Villa Frobusdal Bed & Breakfast

Your host:
Galina Lind & Arne Herigstad
Address:
Frobusdalen 2, Sentrum
N - 4613 Kristiansand
Phone: 3807 0515 Fax: 3807 0115
Mobil: 90 78 18 37 / 95 20 36 17
E-mail: frobus@online.no
www.aktiv-urlaub.com/B&B/
Best time to call:
08.00 - 12.00 / 16.00 - 22.00

Dobbeltrom:	**690,-/790,-**
Tosengsrom:	**790,-**
Enkeltrom:	**590,-/650,-**

Antall rom : 7
Full frokost
Servering: Frokost buffét
Åpent 2. jan. - 30. nov.
Kabel-TV på alle rom
Hage/uteplass
Ingen røking innendørs
VISA, MC, DC, AmEx
Kjæledyr ikke tillatt
Innsjekking 16-18 eller etter avtale

Double room:	**690,-/790,-**
Twin room:	**790,-**
Single room:	**590,-/650,-**

No. of rooms: 7
Full breakfast
Breakfast buffet
Open 2 Jan. - 30 Nov.
Cabel TV in all rooms
Terrace/Deck access/Yard
No smoking inside
VISA, MC, DC, AmEx
No pets
Check-in 16-18 or by appointment
English & Russian spoken

Doppelzi.:	**690,-/790,-**
Zweibettzi.:	**790,-**
Einzelzi.:	**590,-/650,-**

Anzahl Zimmer: 7
Volles Frühstück
Serv.: Frühstücksbüfett
Geöffnet 2. Jan. - 30. Nov.
Kabel-TV in allen Zi.
Terrasse/Aussenplatz/Garten
Kein Rauchen im Haus
VISA, MC, DC, AmEx
Keine Tiere
Ankunft 16-18 h oder nach Vereinb.
Sprechen Deutsch

Et førsteklasses Bed & Breakfast, i verneverdig Skipsredervilla fra 1917 ved byens sentrum. Unikt møblert jugend spisestue fra 1890, krystallysekroner, seilskutemalerier. Pent innredede rom, førsteklasses senger. Privat billedgalleri. Friluftsområde og park like ved. Et pent og rolig sted for et voksent publikum.
Beliggenhet 300 m fra gågaten og buss/jernbane/taxi. 700 m til ferje. 12 km til flyplass.
Et norsk/russisk par er vertskap.

A high standard Bed & Breakfast in the historical Skipsredervilla from 1917 in city centre. Uniquely furnished "jugend" dining room from 1890, crystal chandeliers, nautical paintings. Nicely furnished rooms, first-class beds. Private picture gallery. Outdoor area and park nearby. A beautiful and peaceful place for senior guests. Located 300 m from the pedestrian-only shopping lane and bus/railway/ taxi. 700 m to ferry. 12 km to airport. Hosted by a Norwegian/ Russian couple.

Ein erstklassiger Bed & Breakfast-Betrieb im Stadtzentrum in einer denkmalgeschützten Schiffsreeder Villa von 1917. Sehr schöne Möblierung: Jugendstil-Eßzimmer von 1890, Kristallkronleuchter, Segelschiffgemälde usw. Geschmackvoll eingerichtete Zimmer, erstklassige Betten. Private Bildergalerie. Park und Erholungsgebiet direkt nebenan. Ein schöner und ruhiger Ort für Erwachsene. 300 m von der Fußgängerzone sowie von Bus/Bahn/Taxi entfernt. 700 m zur Fähre. 12 km zum Flughafen. Die Besitzer sind ein norwegisch/russisches Ehepaar.

Westerberg Bed & Breakfast

Your host:
Nancy Westerberg
Address:
Auglandsveien 24B
N - 4621 Kristiansand
Phone: 38 01 02 32
Mobil: 98 63 25 59
E-mail: n-west@online.no
Best time to call:
07.00 - 10.00 / 17.00 - 23.00

Dobbeltrom: **450,-**
Enkeltrom: **350,-**
Antall rom: 4
Full frokost
Dekket frokostbord
Andre måltider kan bestilles
Åpent hele året
TV tilgjengelig
Terrasse/hage
Internett og fax tilgjengelig
Ingen røyking innendørs

Double room: **450,-**
Single room: **350,-**
No. of rooms: 4
Full breakfast
Laid breakfast table
Other meals can be requested
Open year round
TV available
Terrace/Garden
Internet & fax available
No smoking inside
English spoken

Doppelzimmer: **450,-**
Einzelzimmer: **350,-**
Anzahl Zimmer: 4
Volles Frühstück
Serv.: Frühstückstisch
Mahlzeiten können bestellt werden
Ganzjährig geöffnet
Zugang zu TV
Terrasse/Garten
Zugang zu Internet und Fax
Kein Rauchen im Haus
Sprechen Englisch

Nancy, din norsk-amerikanske vertinne, ønsker deg velkommen til sitt hjem i utkanten av Kristiansand. Det komfortable interiøret er innredet med et utvalg av kunst og antikviteter. Møbler, gulv- og sengetøy av naturmaterialer sikrer selv allergikere et behagelig opphold. Våkn opp til en frokost sammensatt av ferske norske spesialiteter og etterpå ta deg tid til å utforske området. Der er vakre skogsområder i nærheten, eller hvis du foretrekker havet, går det ferger som kan frakte deg til øyene utenfor havnen.
Westerberg er lett tilgjengelig både med bil og offentl. transport, bare 7 km fra Kristiansand.

Nancy, your norwegian-american hostess, welcomes you to her home just ouside Kristiansand. The comfortable interior is the backdrop for an eclectic collection of artwork and antiques. The furnishings, floors and bedlinens assure even allergy-sensitiv guests a comfortable stay.
Awake to a breakfast of freshly prepared norwegian specialties and then take some time to explore the area. There are beautiful forests nearby, or if you prefer the sea, ferries can take you to islands just outside the harbour.
Westerberg B&B is easily accessible by car or public transportation just 7 km from Kristiansand.

Nancy, die norwegisch-amerikanische Gastgeberin, heißt ihre Gäste in einem Vorort der Stadt Kristiansand (7 km) herzlich willkommen. Im sehr schön eingerichteten Haus merkt man, daß sie an Kunst und Antiquitäten interessiert ist. Zimmer auch für Allergiker. Morgens wird ein aus frischen norwegischen Spezialitäten zubereitetes Frühstück serviert. Wer mag, kann anschließend die Umgebung erkunden. Schöne Waldgebiete ringsum. Fährverbindungen zu den vor der Schärenküste liegenden Inseln. Westerberg ist von Kristiansand aus gut mit dem Auto als auch mit öffentlichen Verkehrsmitteln zu erreichen.

Vatne Gård

Your host:
Lars & Lise Sandnes

Address:
Østre Vatne
N - 4560 Vanse
Phone/Fax: 38 39 32 90
Mobil: 90 54 40 95
E-mail: vatneg@online.no

Best time to call:
08.00 - 22.00

Dobbelt-/tosengsrom: **590,-**
Enkeltrom: **420,-**
Antall rom: 2
Full frokost
Dekket frokostbord el. -brett
Åpent hele året
TV på alle rom
Terrasse/uteplass/hage
Båtutleie
Utendørs massasjebad til leie
Vi tar VISA, MC
Rabatt for barn
Selvhushold er mulig: **470,-/370,**
Leilighet: **600,-** til **800,-**
Garasje for motorsykler

Double/Twin room: **590,-**
Single room: **420,-**
No. of rooms: 2
Full breakfast
Laid breakfast table or -tray
Open year round
TV in all rooms
Terrace/Deck access/Yard
Boat for rent
Outdoor jacuzzi for rent
VISA, MC accepted
Discount for children
Selfcatering possible: **470,-/370,-**
Apartment: **600,-** to **800,-**
Garage for motorbikes
English spoken

Doppel-/Zweibettzi.: **590,-**
Einzelzimmer: **420,-**
Anzahl Zimmer: 2
Volles Frühstück
Serv.: Frühstückstisch o. -tablett
Ganzjährig geöffnet
TV in allen Zimmern
Terrasse/Aussenplatz/Garten
Boot zu mieten
Massagebad im Freien zu mieten
Wir nehmen VISA, MC
Ermässigung für Kinder
Selbsthaush. möglich: **470,-/370,-**
Wohnung: **600,-** zu **800,-**
Garage für Motorräder
Sprechen Deutsch

Vatne Gård ligger på særpregede Lista, et populært og spennende stoppested langs Nordsjøveien . Her er 10 km med sandstrender, fiskemuligheter og oppmerkede turstier, sørlandsidyll på sitt beste. Gjestene bor i komfortable, velutstyrte og lekre rom eller leiligheter. Utendørs massasjebad med 36 grader hele året.
Mange av gjestene kommer tilbake år etter år, og vertskapet håper at også du blir en av dem! Egne dyr kan dessverre ikke tas med.

Vatne Gård is located at unique Lista, a popular and exciting stop along Nordsjøveien (i.e. North Sea Highway). Here you will enjoy 10 km of sandy beaches, fishing and marked walking trails: idyllic Southern Norway at its best. Guests stay in comfortable, well-equipped and attractive rooms or apartments. Outdoor Jacuzzi with 36C (102F) degree water year round. Many of the past guests come back year after year and your hosts hope that you will be among them! Pets are unfortunately not allowed.

Schöne Lage auf der Insel Lista, einem beliebten Reiseziel entlang der Nordseestraße. 10 km lange Sandstrände, Angelmöglichkeiten und markierte Wanderwege - eine Sørlandidylle wie aus dem Bilderbuch! Komfortable, gut ausgestattete und geschmackvoll eingerichtete Zimmer oder Ferienwohnungen. Das ganze Jahr über verwöhnt ein 36 Grad warmer Whirlpool die Urlauber. Viele unserer Gäste kommen Jahr für Jahr wieder. Sie vielleicht auch bald? Haustiere dürfen leider nicht mitgebracht werden.

Skipperhuset Seng & Mat

Your host:
Leif & Grethe Waage Larsen
Address:
N - 4432 Hidrasund
Phone/Fax: 38 37 22 72
Best time to call:
07.00 - 22.00

Dobbelt-/tosengsrom:	**1.400,-**
Enkeltrom:	**800,-**

Full pensjon
Antall rom: 7
Alle rettigheter
Åpent hele året
Terrasse/hage/brygge
Båtutleie
Badstu
Ingen røking på rom

Double/Twin room:	**1.400,-**
Single room:	**800,-**

Full board
No. of rooms: 7
Fully-licensed
Open year round
Terrace/Yard/Quay
Boat for rent
Sauna
No smoking in rooms
English, some French
& Spanish spoken

Doppel-/Zweibettzi.:	**1.400,-**
Einzelzimmer:	**800,-**

Vollpension
Anzahl Zimmer: 7
Alle Schankrechte
Ganzjährig geöffnet
Terrasse/Garten/Bootsteg
Boot zu mieten
Sauna
Kein Rauchen im Zimmer
Sprechen etwas Deutsch

I Skipperhuset har det bodd skipsførere i fire generasjoner.
Vertskapet, Grethe og Leif, har forlatt skipsfarten til fordel for sine gjester som får topp service med høydepunktene i måltidenes kulinariske opplevelser, ofte med havets ingredienser.
Huset er et typisk hvitmalt sørlandshus med brygge og sjøbu. Båt stilles til disposisjon. Fiske er mulig fra bryggekanten. Seilere og lystbåtfolk er velkommen innom for en natt i land, et bad og et godt måltid.
Skipperhuset er et ideelt og litt annerledes "gjemmested".

Skipperhuset ("The Skipper's House"), has housed four generations of sea captains. Grethe and Leif, your hosts, have left the shipping for the welfare of their guests. They combine top service with culinary pleasures, often with raw materials from the sea.
The dwelling is a typical white-painted south coast house with adjacent boathouse on dock. Boat available. Dock fishing. Seafarers are welcome to spend the night, have a hot bath and a gourmet meal.
Skipperhuset is an ideal and somewhat different "hiding place".

Skipperhuset wird seit Generationen von Kapitänen bewohnt. Die jetzigen Besitzer, Grethe und Leif, bieten Spitzenservice mit kulinarischen Erlebnissen, oft mit Zutaten aus dem Meer.
Das Gebäude ist ein typisches Sörlandshaus mit eigenem Kai und Bootshaus. Boot zur Verfügung. Angeln von der Kaikante. Bootsleute und Segler sind auch für 1 Nacht, eine gute Mahlzeit und ein Bad, willkommen.
Skipperhuset ist der ideale, etwas andere "Schlupfwinkel"!

Gjestehus for opp til 8 personer
Antall soverom: 2
Eget bad, grovkjøkken, stue
Pris for hele enheten: Min. **1.000,-**
eller pr. pers.: **250,-**
Tillegg for sengetøy: **100,-**
Åpent hele året
TV tilgjengelig
Terrasse/hage/brygge
Båtutleie
Badstu
Ingen røking på rom

Guesthouse for up to 8 persons
No. of bedrooms: 2
Own bath, rustique kitchen, LR
Price for whole unit: Min. **1.000,-**
or per person: **250,-**
Bed linen fee: **100,-**
Open year round
TV available
Terrace/Yard/Quay
Boat for rent
Sauna
No smoking in rooms
English, some French
and Spanish spoken

Gästehaus für biz zu 8 Personen
Anzahl Schlafräume: 2
Eig. Bad, Grobküche, Stube
Ganze Einheit: Min. **1.000,-**
oder pro Pers.: **250,-**
Mieten von Bettw.: **100,-**
Ganzjährig geöffnet
Zugang zu TV
Terrasse/Garten/Bootsteg
Boot zu mieten
Sauna
Kein Rauchen im Zimmerr
Sprechen etwas Deutsch

Veibeskrivelse:
Fra Egersund: Følg RV44 mot Flekkefjord, ta av til RV469 til Hidra. Ferge over til Hidra. Kjør til Rasvåg, og du finner enkelt Skipperhuset.
Fra Flekkefjord: Kjør RV44 mot Egersund, ta av til RV469 til Hidra. Resten som over.

Directions:
From Egersund: Follow RV44 towards Flekkefjord and exit onto RV469 towards Hidra. Ferry over to Rasvåg and Skipperhuset is easy to find.
From Flekkefjord: Take RV44 towards Egersund and exit onto RV469 towards Hidra. Otherwise same directions as above.

Wegbeschreibung:
Von Egersund: Auf der Straße 44 Richtung Flekkefjord, dann abbiegen nach Hidra auf die Straße 469. Mit der Fähre nach Hidra übersetzen. Richtung Rasvåg fahren, das Skipperhuset ist dann leicht zu finden.
Von Flekkefjord: Auf der Straße 44 Richtung Egersund, abbiegen auf die Straße 469 nach Hidra. Weiter wie oben.

Der findes Folk
som ikke mere har Evne til at feriere.
De bør ta fri og gaa omkring
og øve seg i ingenting.
hvad nytter al Ens Kløgt og Viden,
hvis man har glemt at Spilde Tiden!

Kumbel (Piet Hein), 1905 -

Jeg gider slet ikke. Jeg gider ikke ride, det er for stærk en Bevægelse; jeg gider ikke gaae, det er for anstrængende; jeg gider ikke lægge mig ned, thi enten skulde jeg blive liggende, og det gider jeg ikke, eller jeg skulde reise mig op igjen, og det gider jeg heller ikke. Summa Summarum; jeg gider slet ikke.

Søren Kierkegaard, 1813 - 1855

Den bøn, man mest forgæves bad,
er nok den gamle: Gid jeg gad!

Kumbel (Piet Hein), 1905 -

Menneskene ere dog urimelige. De bruge aldrig de Friheter, de har, men fordre dem, de ikke har; de har Taenkefrihed, de fordre Ytringsfrihed.

Søren Kierkegaard, 1813 - 1855

Magne Handeland

Your host:
Magne Handeland
Address:
Handeland
N - 4462 Hovsherad
Phone: 51 40 21 24
Best time to call:
08.00 - 22.00

Gjestehus for 2-6 personer
Antall soverom: 2
Eget bad, kjøkken, stue
Pris pr. pers.: **200,-**
Sengetøy er inkludert
Åpent hele året
TV tilgjengelig
Terrasse/uteplass/Hage
Robåt- og kanoutlån

Guesthouse for 2-6 persons
No. of bedrooms: 2
Own bath, kitchen, LR
Price per pers.: **200,-**
Bed linen included
Open year round
TV available
Terrace/Garden
Rowboat and canoe available
English spoken

Gästehaus für 2-6 Personen
Anzahl Schlafräume: 2
Eig. Bad, Küche, Stube
Preis pro Pers.: **200,-**
Inkl. Bettwäsche
Ganzjährig geöffnet
Zugang zu TV
Terrasse/Aussenplatz/Garten
Ruderboot und Kanu zu leihen
Sprechen Englisch

Gjestehuset hos Magne Handeland ble bygget i 1978 og er godt utstyrt med både frysboks, vaskemaskin, telefon, fullt utstyrt kjøkken og en terrasse med grill og utemøbler som er til gjestenes disposisjon.
Handeland ligger på en liten avstikker fra E 39, like nord for Moi. Badeplasser i ferskvann og muligheter for fiske.
På gården er det både kyr og høns og gårdskatter. Etter nærmere avtale kan gjestene få være med på å stelle husdyrene.
Magne har også et tredreiingsverksted og lager vakre staker og boller.

Magne Handeland's guest house was built in 1978 and is well equipped with freezer, washing machine, telephone, and a full kitchen. It has a private outdoor terrace, grill and garden furniture.
Handeland is a short daviation off of E 39, just north of the village of Moi.
Fresh-water swimming and fishing opportunities nearby. The farm has cows, hens and cats and guests may arrange to assist in caring for.
Magne also has a wood workshop where beautiful bowls and candlesticks are designed and handcrafted.

Das Gästehaus wurde 1978 gebaut und ist gut ausgerüstet mit Kühlschrank, Tiefkühler, Waschmaschine, Telefon und komplett eingerichteter Küche. Ungestörte Terrasse mit Grill und Sitzmöbeln.
Handeland liegt einen kleinen Abstecher von E 39, nördlich von Moi. Badeplätze am See und Möglichkeit zum Angeln. Der Hof hat Grossvieh, Hühner und Katzen. Die Gäste können nach Absprache bei der Tierpflege teilnehmen.
Magne hat eine Drechsler-Werkstatt, wo die schönsten Schüsseln und Kerzenhalter entstehen.

Martha's Bed & Breakfast

Your host:
Martha & Geoff Pettit
Address:
Lagårdsveien 133
N - 4011 Stavanger
Phone: 51 53 51 86
Fax: 51 58 63 16
Mobil: 90 75 15 74
E-mail: satrans@satrans.rl.no
Best time to call:
16.30 - 22.00

Dobbeltrom:	**600,-**
1 pers. i dobbeltrom:	**400,-**

Antall rom: 4
Full frokost
Dekket frokostbord
eller frokostbrett
Åpent hele året
TVpå rommene
Terrasse/uteplass/hage
Sykkelutleie
Ingen røking innendørs
Vi tar MC
Rabatt for barn
Internett tilgjengelig

Double room:	**600,-**
1 pers. in double room:	**400,-**

No. of rooms: 4
Full breakfast
Laid breakfast table
or breakfast tray
Open year round
TV in rooms
Terrace/Deck access/Yard
Bike for rent
No smoking inside
MC accepted
Discount for children
Internet available
English and some French spoken

Doppelzimmer:	**600,-**
1 Pers. im Doppelzi.:	**400,-**

Anzahl Zimmer: 4
Volles Frühstück
Serv.: Frühstückstisch
oder Frühstückstablett
Ganzjährig geöffnet
TV in Zimmer
Terrasse/Aussenplatz/Garten
Fahrrad zu mieten
Kein Rauchen im Haus
Wir nehmen MC
Ermässigung für Kinder
Zugang zu Internet
Sprechen Deutsch

Midt i Stavanger finner du Martha's B&B, et vennligsinnet, verdensvant norsk/engelsk par tar imot gjester i sin romslige villa, bygget i 1905.

Veibeskrivelse:
Lagårdsveien er RV-44 ut av Stavanger, retning Hillevåg, mot Sandnes. Parker på Hydro Texaco-stasjonen, rett overfor Strømsbroen, og gå til 3dje hus etter Hydro Texaco.

In the midst of Stavanger, a friendly, world travelling, Norwegian/English couple shares their spacious and tastefully decorated home with fellow travellers.

Directions:
Lagårdsveien becomes RV-44 outside of Stavanger in the direction of Hillevåg, towards Sandnes. Park at the Hydro Texaco gas station, just across from Strømsbroen (i.e. the Strøms bridge), and walk to the 3 house past Hydro Texaco.

Mitten in Stavanger finden Sie Martha's B&B, wo ein freundliches, weltoffenes norwegisch-/englisches Paar in ihrer geräumigen Villa Gäste aufnimmt.

Wegbeschreibung:
Die Straße 44 aus Stavanger in Richtung Hillevåg und Sandnes heißt "Lagårdsveien". Parken Sie an der Hydro-Texaco-Tankstelle gegenüber der Brücke Strømsbroen und gehen Sie zum dritten Haus hinter der Tankstelle.

Hilde's Bed & Breakfast

Your host:
Hilde Bergesen

Address:
Søre Ramsvig vei 29
N - 4015 Stavanger
Phone: 51 56 22 69
Fax: 51 56 03 31
Mobil: 91 31 43 38
E-mail: c-gowart@online.no

Best time to call:
08.00 - 23.00

Dobbeltrom:	**500,-/550,-**
1 pers. i dobbeltrom:	**400,-**
Ekstraseng:	**150,-**

Antall rom: 2
Full frokost
Servering: Frokostbrett
eller dekket frokostbord
Åpent hele året
TV tilgjengelig
Terrasse/uteplass/hage
Båtutleie
Ingen røyking på rom

Double room:	**500,-/550,-**
1 pers. in double room:	**400,-**
Extra bed:	**150,-**

No. of rooms: 2
Full breakfast
Breakfast tray
or laid breakfast table
Open year round
TV available
Terrace/Deck access/Yard
Boat for rent
No smoking in rooms
English & French spoken

Doppelzimmer:	**500,-/550,-**
1 Pers. im Doppelzi.:	**400,-**
Extrabett:	**150,-**

Anzahl Zimmer: 2
Volles Frühstück
Serv.: Frühstückstablett
oder Frühstückstisch
Ganzjährig geöffnet
Zugang zu TV
Terrasse/Aussenplatz/Garten
Boot zu mieten
Kein Rauchen im Zimmer
Sprechen Deutsch

Boligen med Hilde's B&B ligger i et fredelig strøk 5-8 min. kjøring fra Stavanger sentrum. Den ligger helt i skogkanten og har utsikt over Gandsfjorden. Det er få naboer og eiendommen har egen strandlinje 5 min. gange fra huset. Skogen byr på turterreng og lysløype. Ved sjøen er det et inngjerdet saltvannsbaseng for barn. Tennisbane og utleie av utstyr. Ofte er det dådyr og fasan å se i skogkanten.

Hilde's B&B is situated in tranquil surroundings 5-8 minutes drive from central Stavanger. It is at the edge of the woods, with a fine view of Gandsfjorden. Neighbours are few, and a private shoreline is a five min. walk from the house. In the woods is a hiking trail that is lit at night, ideal for a quick run. Down by the sea is a fenced-in salt-water pool for children. Tennis court and equipment rental.
Deer and pheasants sightups very close to the house.

Hilde's B&B liegt in ruhige Gegend, am Waldrand mit Aussicht über den Gandsfjord. Nur 5-8 Min. Autofahrt nach Stavanger. Wenige Nachbarn. Eigene Strandlinie 5 Min. Fussweg vom Haus. Gute Wandermöglichkeiten auf beleuchteten Pfaden im Wald. Eingezäuntes Salzwasserbecken für Kinder am Strand. Tennisplatz mit Verleih von Tennisausstattung. Fasane und Rehe in Sichtweite vom Haus.

Tone's Bed & Breakfast

Your host:
Tone Bourrec
Address:
Peder Claussønsgate 22
N - 4008 Stavanger
Phone: 51 52 42 07
Mobil: 92 65 65 96
E-mail: bourrec@rl.telia.no
Best time to call:
09.00 - 20.00

Dobbelt-/tosengsrom: **390,-**
Enkeltrom: **250,-**
1 pers. i dobbeltrom: **350,-**
Antall rom: 3
Full frokost
Åpent 1. mai - 1. oktober
Uteplass/hage
Ingen røking innendørs
Vi tar VISA

Double/Twin room: **390,-**
Single room: **250,-**
1 pers. in double room: **350,-**
No. of rooms: 3
Full breakfast
Open 1 May - 1 October
Patio/garden
No smoking inside
VISA accepted
English, French & some Italian spoken

Doppel-/Zweibettzi.: **390,-**
Einzelzimmer: **250,-**
1 Pers. im Doppelzi.: **350,-**
Anzahl Zimmer: 3
Volles Frühstück
Geöffnet 1. Mai - 1. Oktober
Aussenplatz/Garten
Kein Rauchen im Haus
Wir nehmen VISA
Sprechen etwas Deutsch

Sveitserhus fra 1894 med liten hage. Midt i byen. Rolige omgivelser.

Veibeskrivelse:
Spør etter Løkkeveien. Peder Claussønsgate er en tverrgate til Løkkeveien.

Swiss house from 1894 with a small garden, in the middle of the city. Quiet surroundings.

Directions:
Ask for Løkkeveien. Peder Claussønsgate is a cross-street with Løkkeveien.

Haus im Schweizer Stil aus 1894 mit kleinem Garten. Mitten in der Stadt, doch ruhige Umgebung.

Wegbeschreibung:
Fragen Sie nach der Straße "Løkkeveien". Die "Peder Claussønsgate" kreuzt den Løkkeveien.

Crabbed age and youth cannot live together:
Youth is full of pleasure, age is full of care.
from The Passionate Pilgrim, by Shakespeare

Det är icke andras mening som gör människan lycklig.
Aforisme fra 1600-tallet - oversatt fra fransk.

Den Gamle Stallen

Your host:
Else & Arne Sørlie
Address:
Villa Blidensol
Øvre Strandgate 112
N - 4005 Stavanger
Phone: 51 52 53 46
Best time to call:
08.00 - 23.00

Gjestehus for 2-4 personer
Antall soverom: 1
Eget bad, kjøkken, stue
Pris for hele enheten: **1.000,-**
Sengetøy er inkludert
Åpent hele året
TV tilgjengelig
Vi tar VISA, MC
Frokost kan serveres; **30,-**

Guesthouse for 2-4 persons
No. of bedrooms: 1
Own bath, kitchen, LR
Price for whole unit: **1.000,-**
Bed linen included
Open year round
TV available
VISA, MC accepted
Breakfast service available; **30,-**
English and some Italian spoken

Gästehaus für 2-4 Personen
Anzahl Schlafräume: 1
Eig. Bad, Küche, Stube
Ganze Einheit: **1.000,-**
Inkl. Bettwäsche
Ganzjährig geöffnet
Zugang zu TV
Wir nehmen VISA, MC
Frühstück auf Bestellung; **30,-**
Sprechen etwas Deutsch

I den vernede bydelen Gamle Stavanger finner du Den Gamle Stallen. Dette er en gammel stall som er gjort om til et hyggelig utleiehus etter pietetsfull restaurering med innslag av moderne komfort. I tillegg til soverommet er det 2 gjestesenger i stuen. Huset er på 50 m^2.
Her ligger små hvitmalte trehus tett i tett som det gjorde i alle våre sørnorske kystbyer i gamle dager. Stallen er ca 300 år gammel og er muligens det eldste huset i byen. Sentrum ligger like på andre siden av Vågen, ca. 3 min. spasertur.

You will find Den Gamle Stallen (The Old Stable) in the historical part of Old Stavanger. It is an old stable that has been carefully renovated into a pleasant rental home with traces of modern comforts. In addition to the bedroom, there are 2 guest beds in the living room. The house is 50 m2. Small, white-washed wooden cottages are tightly situated here just as they were in all southern Norwegian coastal towns in days of old. The Stable is about 300 years old and may well be the town's oldest structure. Downtown lies just on the other side of Vågen, about 3 min. walk.

In der unter Denkmalschutz stehenden Altstadt "Gamle Stavanger" befindet sich "Den Gamle Stallen", ein historischer Stall, der nach einer stilvollen Restaurierung komfortabel zur Vermietung umgebaut wurde. Das Gebäude ist ca. 50 qm groß. Zusätzlich zum Schlafraum stehen im Wohnraum zwei Gästebetten zur Verfügung. In der Umgebung gibt es zahlreiche weißgestrichene Holzhäuser, die - wie damals an der Küste Südnorwegens üblich - dicht aneinandergebaut wurden. Der Stall ist ca. 300 Jahre alt und gilt als ältestes Gebäude der Stadt. Das Stadtzentrum liegt gleich auf der anderen Seite des Hafenbekkens Vågen (ca. 3 Minuten Fußweg).

Kleivå Gardscamping

Your host:
Svanhild & Simund Alvestad
Address:
N - 5561 Bokn
Phone: 52 74 84 24
Fax: 52 74 82 82
Mobil: 94 83 42 84
Best time to call:
08.00 - 23.00

Dobbeltrom:	**400,-/600,-**
1 pers. i dobbeltrom:	**300,-**

Antall rom: 2
Full frokost
Servering: Frokostbrett
Åpent hele året
TV tilgjengelig
Terrasse/uteplass
Båtutleie
Sykkelutleie
Ingen røking innendørs
Rabatt utenom sesong

Double room:	**400,-/600,-**
1 pers. in double room:	**300,-**

No. of rooms: 2
Full breakfast
Breakfast tray
Open year round
TV available
Terrace
Boat for rent
Bike for rent
No smoking inside
Off-season discount
English spoken

Doppelzimmer:	**400,-/600,-**
1 Pers. im Doppelzi.:	**300,-**

Anzahl Zimmer: 2
Volles Frühstück
Serv.: Frühstückstablett
Ganzjährig geöffnet
Zugang zu TV
Terrasse/Aussenplatz
Boot zu mieten
Fahrrad zu mieten
Kein Rauchen im Haus
Rabatt Nebensaison
Sprechen etwas Deutsch

Kleivå gard finn du 3,5 km frå E-39, på øya Vestre Bokn.
Godt høve til fotturer, kanopadling, fiske, sykkelturer, stell av dyr m.m. Haugalandet rundt kan by på over 30 aktivitetar, og det er kort veg til Skudeneshavn; eit av Noreg sine mest særprega gamle byområde.
På garden er det kyr, griser, katter, lam, kaniner og ei geit.

Kleivå farm is approx. 3,5 km from E-39, on the island of Vestre Bokn.
Plentiful opportunity for hiking, fishing, biking, canoeing, looking after animals etc. The nearby Haugaland area offers over 30 activities, and it is not far to Skudeneshavn: one of Norway's most unique old town areas.
The farm has cows, pigs, cats, lambs, rabbits and a goat.

Der Hof Kleivå liegt 3,5 km von der Strasse E-39 auf der Insel Vestre Bokn. Gute Möglichkeiten für Wandern, Kanupaddeln, Angeln, Radfahren, Tierbetreuung u.a. In Haugalandet kann man mehr als 30 verschiedenen Aktivitäten nachgehen. Unweit entfernt liegt Skudeneshavn mit seiner historischen Altstadt, architektonisch eine der interessantesten Städte des Landes.
Auf dem Hof gibt es Kühe, Schweine, Katzen, Lämmer, Kaninchen und eine Ziege.

A: Leilighet for 3-8 personer
Antall soverom: 3
Eget bad m/badstu og stue m/kjøkkenkrok
Pris for hele enheten: **600,-**

B: Hytte for 2-5 personer
Delt bad, soverom og stue m/tekjøkken
Pris for hele enheten: **250,-**

Tillegg for sengetøy: **50,-**
Åpent hele året
TV tilgjengelig
Terrasse/uteplass
Båtutleie
Sykkelutleie
Ingen røking på rom

A: Apartment for 3-8 persons
No. of bedrooms: 3
Own bath w/sauna and LR w/kitchenette
Price for whole unit: **600,-**

B: Apartment for 2-5 persons
Shared bath, bedroom and LR w/kitchenette
Price for whole unit: **250,-**

Bed linen fee: **50,-**
Open year round
TV available
Terrace/Deck access
Boat for rent
Bike for rent
No smoking in rooms
English spoken

A: Wohnung für 3-8 Personen
Anzahl Schlafräume: 3
Eig. Bad mit Sauna und Stube mit Küchenecke
Ganze Einheit: **600,-**

B: Hütte für 2-5 Personen
Gemeins. Bad, Schlafzimmer, Stube mit Küchenecke
Ganze Einheit: **250,-**

Mieten von Bettwäsche: **50,-**
Ganzjährig geöffnet
Zugang zu TV
Terrasse/Aussenplatz
Boot zu mieten
Fahrrad zu mieten
Kein Rauchen im Zimmer
Sprechen etwas Deutsch

Veibeskrivelse:
Fra Haugesund; kjør E-134 til Aksdal, ta E-39 mot Arsvågen, og etter å ha passert Bokna-sundsbru, ta til høyre i første kryss. Følg skilting til Kleivå Camping ca 3.5 km fra E-39.

Directions:
From Haugesund: take E-134 to Aksdal, then take E-39 towards Arsvågen. After passing Bokna-sundsbru (bridge), go right at first crossing. Follow signs to Kleivå Camping about 3 1/2 km from E-39.

Wegbeschreibung:
Von Haugesund: Auf der E-134 nach Aksdal, dann auf der E-39 Richtung Arsvågen. Wenn Sie die Brücke Broknasundbru passiert haben, biegen Sie an der ersten Kreuzung rechts ab. Folgen Sie der Beschilderung "Kleivå Camping". Von der E-39 aus sind es etwa 3,5 km.

Jeg søkte lykken ute i det fremmede,
og aktet aldri på at jeg hadde et hjem
hvor jeg kunne funnet den.

Henrik Ibsen, 1828 - 1906

All roads are equally good, as long as they lead to the goal.

from Brand, Act I, 1866, by Henrik Ibsen

Anne Grete's Husrom

Your host:
Anne Grete Hausvik
Address:
Soldalveien 3
N - 5546 Røyksund
Phone: 52 83 65 93
Mobil: 94 60 52 33
E-mail: viggo@iname.com
Best time to call:
08.00 - 20.00

Tosengsrom: **400,-**
Antall rom: 1
Full frokost
Servering: Frokostbrett
Åpent 1. mai - 1. okt
TV tilgjengelig
Terrasse/uteplass/hage
Ingen røking innendørs

Twin room: **400,-**
No. of rooms: 1
Full breakfast
Breakfast tray
Open 1 May - 1 Oct.
TV available
Terrace/Garden
No smoking inside
Some English & Spanish spoken

Zweibettzimmer: **400,-**
Anzahl Zimmer: 1
Volles Frühstück
Serv.: Frühstückstablett
Geöffnet 1. Mai - 1. Okt.
Zugang zu TV
Terrasse/Aussenplatz/Garten
Kein Rauchen im Haus
Sprechen etwas Deutsch

Anne Grete har tatt imot turister i mange år. Du finner stedet på fastlandet 12 km sør for Haugesund. Huset har fin utsikt over fjord og friområde.
I området er det fint turterreng, bra med skogsbær og sopp. Fine steder for bading og fisking i fjorden.
Fra Anne Grete's husrom kan man legge ut på dagsturer for å besøke de idylliske småstedene Skudenes og Kopervik med gammel trehusbebyggelse, beskue Avaldsnes kirke eller ta båten fra Haugesund til Utsira, et lite samfunn på ei øy ute i havgapet og Norges vestligste bosetning.

Anne Grete is an experienced hostess, and you find her on the mainland, 12 km south of Haugesund. The house has a lovely view of the fjord and neighboring wilderness. Good hiking opportunities, abundant seasonal berry and mushroom picking, swimming and fishing. motorized rowboat for rent.
From Anne Grete's you can venture on day trips to visit the quaint villages of Skudenes and Kopervik with their historical wooden buildings, visit Avaldsnes Church, or take the boat from Haugesund to Utsira, an ocean island, Norway's most western point.

Anne Grete nimmt seit vièlen Jahren Gäste auf.
Gausvik liegt 12 km südlich von Haugesund. Das Haus hat eine schöne Aussicht über Fjord und Umgebung. Reizvolles Wandergelände, reich an Waldbeeren und Pilzen. Schöne Stellen zum Baden und Angeln im Fjord.
Ausflüge nach Skudenes oder Koppervik, kleine idyllische Orte mit Holzhäusern. Zu empfehlen sind der Besuch der Avaldsnes-Kirche und Fahrt mit Schiff von Haugesund nach Utsira, der westlichsten Siedling von Norwegen auf einer Insel in der Nordsee.

Leilighet for 2-4 personer
Eget bad, sovealkove og stue m/kjøkken
Pris for hele enheten: **300,-**
Tillegg for sengetøy: **25,-**
Åpent mai - oktober
TV tilgjengelig
Hage/terrasse/uteplass
Ingen røking innendørs
Rabatt for barn

Apartment for 2-4 persons
Own bath, sleeping alcove and LR w/kitchen
Price for whole unit: **300,-**
Bed linen fee: **25,-**
Open May - October
TV available
Yard/Terrace/Deck access
No smoking inside
Discount for children
Some English spoken

Wohnung für 2-4 Personen
Eig. Bad, Schlafalkoven und Stube mit Küche
Ganze Einheit: **300,-**
Mieten von Bettwäsche: **25,-**
Geöffnet Mai - Oktober
Zugang zu TV
Garten/Terrasse/Aussenplatz
Kein Rauchen im Haus
Ermässigung für Kinder
Sprechen etwas Deutsch

Veibeskrivelse:
Fra Haugesund; kjør sørover langs RV-47 til en rundkjøring hvor du videre tar E-134. Deretter tar du til høyre i første rundkjøring, vei nr. 831, og kjører 9,2 km til Røyksund. Etter blått skilt "Røyksund", ta første vei til venstre, deretter til venstre etter et busskur og inn Soldalveien. Etter postkassene ta første vei til høyre. Huset har nr. 3.

Directions:
From Haugesund: take RV-47 southward until the roundabout where you continue on E-134. From there, take a right in the next roundabout onto highway 831 and drive 9.2 km to Røyksund. After a blue sign "Røyksund", take the first left and then another left after the bus-stop onto Soldalveien. Take the first right after the post boxes. House number 3.

Wegbeschreibung:
Von Haugesund: Auf der Straße 47 in Richtung Süden bis zum Kreisverkehr. Dort auf die E 134. Am ersten Kreisverkehr nach rechts auf die Straße 831 nach Røyksund (9,2 km) abbiegen. Hinter dem blauen Schild "Røyksund" die erste Straße links, dann hinter dem Bushäuschen links in den Soldalsveien. Nach den Briefkästen in die erste Straße rechts bis zum Haus Nr. 3.

I dag definerer vi gjerne det å bo som det å ha tak over hodet og så og så mange kvadratmetre til disposisjon. Vi oppfatter det altså som noe materielt og kvantitativt. I virkeligheten er det å bo først og fremst et kvalitativt forhold, og betyr at vi identifiserer oss med et sted.

Christian Norberg-Schulz

Øysteinbu

Your host:
Øystein O. Årthun
& Margoth P. Aas

Address:
Hellandsbygd
N - 4200 Sauda
Phone: 52 78 06 34
Mobil: 94 16 89 39
Best time to call:
08.00 - 23.00

Dobbelt-/tosengsrom: **500,-/550,-**
1 pers. i dobbeltrom: **400,-**
Antall rom: 4
Full frokost
Dekket frokostbord
Åpent hele året
TV tilgjengelig
Terrasse/uteplass
Båtutleie
Sykkelutleie
Ingen røking innendørs

Double/Twin room: **500,-/550,-**
1 pers. in double room: **400,-**
No. of rooms: 4
Full breakfast
Laid breakfast table
Open year round
TV available
Terrace/Deck access
Boat for rent
Bike for rent
No smoking inside
English spoken
& some French understood

Doppel-/Zweibettzi.: **500,-/550,-**
1 Pers. im Doppelzi.: **400,-**
Anzahl Zimmer: 4
Volles Frühstück
Serv.: Frühstückstisch
Ganzjährig geöffnet
Zugang zu TV
Terrasse/Aussenplatz
Boot zu mieten
Fahrrad zu mieten
Kein Rauchen im Haus
Sprechen Deutsch

Øysteinbu ble bygget omkring 1860. Deler av huset kan være eldre. Der er også siden blitt ombygget og påbygget flere ganger. Hellandsbygd ligger 260 m.o.h., 16 km fra Sauda i retning Røldal. Fiske- og turmuligheter om sommeren og gode forhold for vintersport på vinterstid. Alpinanlegg 11 km mot Sauda og på Breiborg (4 km).
Sauda er et gammelt industrisamfunn hvor man kan besøke Sauda Smelteverk, Industriarbeidermuseumet og få omvisning i nedlagte sinkgruver.

Øysteinbu was built around 1860. Parts of the house could be older. The house has later been converted and extended several times. Hellandsbygd is located 260 m above the sea, 16 km from Sauda in the direction of Røldal.
In the summer there are fishing and hiking opportunities, and superb conditions for winter sports. Downhill slopes 7 km from the centre of Sauda.
Sauda is an old industrial community; of interest is Sauda Smelteverk, industrial museum and guided tour of an abandoned zinc mine.

Øysteinbu wurde 1860 gebaut, doch können Teile des Hauses älter sein. Es wurde mehrmals um- und angebaut.
Hellandbygd liegt 260 m.ü.d.M., 16 km von Sauda in Richtung Røldal. Im Sommer Angel- und Wandermöglichkeiten, doch auch günstig für Wintersport.
Alpinanlage 7 km vom Zentrum Sauda.
Sehenswürdigkeiten im alten Industrieort Sauda: E-Werk und Zink-Gruben, Industriearbeitermuseum und Sauda Schmelzwerk. Führungen.

Gjestehus for 2-8 personer
Antall soverom: 4
Eget bad, kjøkken, stue
Pris pr. pers.: **180,-**
Tillegg for sengetøy: **35,-**
Åpent hele året
TV tilgjengelig
Terrasse/uteplass
Båtutleie
Sykkelutleie
Ingen røking innendørs

Guesthouse for 2-8 persons
No. of bedrooms: 4
Own bath, kitchen, LR
Price per pers.: **180,-**
Bed linen fee: **35,-**
Open year round
TV available
Terrace/Deck access
Boat for rent
Bike for rent
No smoking inside
English and some French spoken

Gästehaus für 2-8 Personen
Anzahl Schlafräume: 4
Eig. Bad, Küche, Stube
Preis pro Pers.: **180,-**
Mieten von Bettwäsche: **35,-**
Ganzjährig geöffnet
Zugang zu TV
Terrasse/Aussenplatz
Boot zu mieten
Fahrrad zu mieten
Kein Rauchen im Haus
Sprechen Deutsch

Veibeskrivelse:
Fra Stavanger kommer en seg lettest til Sauda via Rennfast. Dette innebærer to undersjøiske tuneller, samt ei ferje. Veien over Rødalsfjellet er vinterstengt. Ny: RV 520 fra Sauda i nordgående retning. Du er fremme ved Øysteinbu etter 16 km.

Directions:
From Stavanger: the easiest way to Sauda is via Rennfast. This includes two undersea tunnels and one ferry. The road over Rødalsfjellet is closed winters.
New: RV520 from Sauda going northwards. You arrive in Øysteinbu after 16 km.

Wegbeschreibung:
Von Stavanger aus gelangt man am leichtesten über Rennfast nach Sauda. Auf dieser Strecke durchquert man zwei Fjordtunnels und setzt einmal mit der Fähre über. Die Strecke über das Rødalsfjell ist im Winter gesperrt.
Neu ist die Straße von Sauda Richtung Norden (Str. 520). Nach 16 km erreichen Sie Øysteinbu.

Hva du er, vær fullt og helt
og ikke stykkevis og delt.

Whatever you are, it must be out and out,
not tepid, divided or in doubt.

from Brand, Act I, 1866, Henrik Ibsen

Firkanten - huset - rommet
er skapt i redsel for naturens frie kaos.

The square - the house - the room
is created in fear of the caos in nature.

Odd Nerdrum

Koløen's Gårdsferie

Your host:
Amarjit & Helge Koløen
Address:
Helland
N - 5419 Fitjar
Phone: 53 49 91 96
Mobil: 91 38 61 56
Best time to call:
16.00 - 23.00

Tosengsrom: **395,-**
Antall rom: 1
Full frokost
Dekket frokostbord
Åpent hele året
TV tilgjengelig
Terrasse/uteplass/hage
Båtutleie
Ingen røking innendørs

Twin room: **395,-**
No. of rooms: 1
Full breakfast
Laid breakfast table
Open year round
TV available
Terrace/Garden
Boat for rent
No smoking inside
English & Punjabi spoken

Zweibettzimmer **395,-**
Anzahl Zimmer: 1
Volles Frühstück
Serv.: Frühstückstisch
Ganzjährig geöffnet
Zugang zu TV
Terrasse/Aussenplatz/Garten
Boot zu mieten
Kein Rauchen im Haus
Sprechen etwas Deutsch

Fitjar er ein øykommune som har like mange øyar som det er dagar i året. Tettstaden Fitjar ligg på nordvestre del av Stord.
Koløens gard har vore i drift sidan 1626 og ligg 6 km sør for Fitjar. Her kan ein fiske i sjø og i vatn, sigla i restaurert seglskute, vitja museum eller ta seg fram langs turløyper i fjellet.
På garden er det kyr, høns, og andre dyr. Det vert produsert mjølk, grønsaker, egg, bær og heimelaga syltetøy. Debio økologisk urtehage. Sal av urter.
Helge er bonde og snikkar, Amarjit er bankfunksjonær.

Fitjar is an island community consisting of as many islands as one finds days in a year. The tiny village, Fitjar, is located in the northwest of Stord. The Koløens' Farm has existed since 1626 and is located 6 km south of Fitjar.
Sea and fresh water fishing.
Sailing in renovated sailing vessel, visit local museum or hike in the mountains.
You'll find cows, hens and other animals on the farm along with a dairy, vegetable farming, berries and homemade jams.
Helge is farmer and carpenter.
Amarjit works in a bank.

Fitjar ist eine Inselgemeinde mit so vielen Inseln wie Tage im Jahr. Der Ort Fitjar liegt im Nordw. der Insel Stord. Der Hof Koløen, 6 km südlich von Fitjar, wird seit 1626 betrieben. Hier können Sie fischen, segeln, ein Museum besuchen oder in den Bergen wandern. Auf dem Hof gibt es Kühe, Hühner u. andere Tiere, Milchwirtschaft, Eier, Gemüseanbau, Beeren und selbstgem. Marmelade. Ökologischer Kräutergarten, Verkauf von Kräutern.
Helge ist Bauer und Tischler, Amarjit arbeitet in der Bank.

Hytte for 6 personer
Antall soverom: 3
Eget bad, kjøkken, stue

Pris for hele enheten:	**650,-**
Tillegg for sengetøy:	**50,-**

Åpent hele året
TV tilgjengelig
Terrasse/uteplass/hage
Båtutleie
Ingen røking innendørs

Frokost kan serveres:	**45,-**

Cabin for 6 persons
No. of bedrooms: 3
Own bath, kitchen, LR

Price for whole unit:	**650,-**
Bed linen fee:	**50,-**

Open year round
TV available
Yard/Garden/Terrace
Boat for rent
No smoking inside

Breakfast service available:	**45,-**

Some English spoken

Hütte für 6 Personen
Anzahl Schlafräume: 3
Eig. Bad, Küche, Stube

Ganze Einheit:	**650,-**
Mieten von Bettw.:	**50,-**

Ganzjährig geöffnet
Zugang zu TV
Garten/Terrasse/Aussenplatz
Boot zu mieten
Kein Rauchen im Haus

Frühstück auf Bestellung:	**45,-**

Sprechen etwas Deutsch

Veibeskrivelse:
Fra RV-545, i krysset på Rydland; følg skilt mot Koløyholmen, 1,7 km. Der tar du til høyre mot Fitjar, 1,7 km. Ta til høyre igjen og kjør ca. 300 m til toppen av bakken. Der vil du komme til et romslig tun med en ny, rød driftsbygning og et eldre, hvitt våningshus.

Directions:
From RV-545: follow the signs towards Koløyholmen from the crossing at Rydland for 1 3/4 km. Then take a right towards Fitjar, again 1 3/4 km. Take another right and drive about 300 m to the top of the hill. You will then arrive at a large farm courtyard with a new, red service building and an older, white farmhouse.

Wegbeschreibung:
Von der Straße 545 folgen Sie an der Kreuzung bei Rydland dem Schild Richtung Koløyholmen (1,7 km). Dort rechts ab nach Fitjar (1,7 km). Dort wieder rechts und ca. 300 m eine Anhöhe hinauf. Koløen's ist ein großer Hof mit einem neuen roten Wirtschaftsgebäude und einem älteren weißen Wohnhaus.

One impulse from a vernal wood
May teach you more of man,
Of moral evil and of good,
Than all the sages can.

Ett intryck från en skog om våren
kan lära dig mer om människan
och om ont och gott,
än alla visa män kan.

The Tables Turned, by William Wordsworth, 1770 - 1850

Guddalstunet

Your host:
Kirsten & Johannes Guddal
Address:
N - 5470 Rosendal
Phone: 53 48 11 27
Mobil: 95 16 91 66
Best time to call:
08.00 - 23.00

Dobbeltrom:	**550,-**
1 pers. i dobbeltrom:	**480,-**

Antall rom: 2
Full frokost
Dekket frokostbord
Åpent hele året

Hytter for 2-6 pers. (selvhushold)
Eget bad, kjøkken, stue

Pris pr. hytte:	**700,-**
Tillegg for sengetøy:	**50,-**

TV tilgjengelig
Terrasse/uteplass/hage
Båtutleie

Double room:	**550,-**
1 pers. in double room:	**480,-**

No. of rooms: 2
Full breakfast
Laid breakfast table
Open year round

Cabins for 2-6 persons (selfcatering)
Own bath, kitchen, LR

Price per cabin:	**700,-**
Bed linen fee:	**50,-**

TV available
Terrace/Deck access/Yard
Boat for rent
Some English spoken

Doppelzimmer:	**550,-**
1 Pers. im Doppelzi.:	**480,-**

Anzahl Zimmer: 2
Volles Frühstück
Serv.: Frühstückstisch
Ganzjährig geöffnet

Hütten für 2-6 Pers. (selbsthaushalt)
Eig. Bad, Küche, Stube

Preis pro Hütte:	**700,-**
Mieten von Bettw.:	**50,-**

Zugang zu TV
Terrasse/Aussenplatz/Garten
Boot zu mieten
Sprechen etwas Deutsch

Guddal ligger på en avstikker fra RV 13 på sørsiden av Hardangerfjorden. Ta av ved Seimsfoss, 3 km sør for Rosendal.
I gamle og nye hus og hytter ønskes du velkommen til en generasjonsgård med tradisjoner. Guddalstunet er tildelt Olavsrosa fra den nasjonale kulturminnestiftelsen for den historiske miljøkvaliteten som anlegget representerer, gjennom pietetsfullt restaureringsarbeide.
Rosendal er kjent for sitt renessanse/barokkslott Baroniet, fra 1600-tallet, som nå er museum.

Guddals lies just off the RV 13 on the southern side of the Hardangerfjord. Drive off at Seimsfoss, 3 km south of Rosendal.
In old and new houses and huts you will be welcomed to a generation farm with traditions. The farm has been awarded the "Olavsrosa" by the national cultural foundation for the historic environmental quality which the place represents, through careful restoration.
Rosendal is known for its renaissance/baroque chateau from the 17th century barony, which is now a museum.

Guddal liegt an der Südseite des Hardangerfjords. Abzweigung Seimsfoss von Str. 13, 3 km südlich von Rosendal. Auf dem traditionsreichen Erbhof werden Gäste in alten und neuen Häusern und Hütten willkommen geheissen.
Der Hof wurde vom nationalen Kulturdenkmalsfond für pietätsvolle Restaurierung und geschichtliche. Milieuqualität ausgezeichnet. Das Renaissance/Barock Schloss Rosendal aus 1600 ist jetzt Museum.

Rom i Rambergstunet

Your host:
Signy Eikeland
Address:
Rambergstunet
N - 5244 Fana
Phone: 55 91 52 40
Fax: 55 91 71 32
Mobil: 93 03 87 78
Best time to call:
08.00 - 18.00

Tosengsrom: **450,-**
Antall rom: 4
Full frokost
Dekket frokostbord
Åpent hele året
Ingen røking innendørs
Bare sommer:
Familierom finnes i gammel tømmerstue for 4-6 pers. med mulighet for selvhushold

Twin room: **450,-**
No. of rooms: 4
Full breakfast
Laid breakfast table
Open year round
No smoking inside
Summer only:
Familyroom in old log cabin house for 4-6 persons, self-catering possible
English spoken

Zweibettzimmer: **450,-**
Anzahl Zimmer: 4
Volles Frühstück
Serv.: Frühstückstisch
Ganzjährig geöffnet
Kein Rauchen im Haus
Sommer:
Familienzimmer in altem Blockhaus für 4-6 Pers., Selbsthaushalt möglich
Sprechen etwas Deutsch

På Rambergstunet har dei arrangert tradisjonsrike bryllaupsgjestebod for turistar og tilreisande i 40 år, med hardingfeletonar, folkedans, bruragraut, flatbrød og spekemat. No er også rom tilleige for vegfarande.
Tunet har gamle, lafta stover, bur og loft, og ei nyare storstove til større arrangement. Inne er det nok av gamle ting.
Tunet ligg 20 km sør for Bergen sentrum, og er sjåverdig i seg sjølv.

At Rambergstunet, the Eikelands have for 40 years arranged traditional wedding feasts for tourists which consist of Hardanger-fiddle music, folk dancing and such traditional food as bridal porridge, flatbread and dried meats. Now rooms are available to travellers. There are quaint log cabins, a loft and a large, newly built banqueting hall. You'll find Rambergstunet 20 km south of the center of Bergen and well worth the visit.

Auf dem Hof Ramberg veranstaltet man seit 40 Jahren für Gäste traditionelle Bräuche zu Hochzeiten mit Musik, Volkstanz u. traditioneller Kost. Nun vermietet man auch Unterkünfte. Der Hof hat gut erhaltene, alte Blockhäuser u. Speicher, die mit vielen alten Gegenständen eingerichtet sind.
Der Hof liegt 20 km südl. vom Zentrum Bergen und ist absolut sehenswert.

Nunca afirmar cosa sin saberlo primero.
Aldrig påstå något utan att säkert veta det.

Teresa av Avila, 1515 - 1582

Lerkebo

Your host:
Solveig & Jan-Georg Klausen

Address:
Sætervegen 40
N - 5236 Rådal
Phone: 55 13 62 44
Fax: 55 13 62 55
Mobil: 90 85 48 75
E-mail: jangeorg@smb-miljokonsult.no
Web: www.smb-miljokonsult.no/lerkebo
Best time to call: 08.00 - 24.00

Dobbeltrom:	**450,-**	Double room:	**450,-**	Doppelzimmer:	**450,-**
Enkeltrom:	**250,-**	Single room:	**250,-**	Einzelzimmer:	**250,-**
Ekstraseng:	**150,-**	Extra bed:	**150,-**	Extrabett:	**150,-**

Antall rom: 2
Full frokost
Dekket frokostbord
Åpent hele året
TV tilgjengelig
Hage/terrasse/uteplass
Sykkelutleie
Ingen røking på rom
Rabatt for barn

No. of rooms: 2
Full breakfast
Laid breakfast table
Open year round
TV available
Yard/Terrace/Deck access
Bike for rent
No smoking in rooms
Discount for children
English & French spoken

Anzahl Zimmer: 2
Volles Frühstück
Serv.: Frühstückstisch
Ganzjährig geöffnet
Zugang zu TV
Garten/Terrasse/Aussenplatz
Fahrrad zu mieten
Kein Rauchen im Zimmer
Ermässigung für Kinder
Sprechen Deutsch

Lerkebo - kanskje med litt fuglekvitter gjennom lyse sommernetter - er en moderne og romslige enebolig som ligger i et stille forstadsområde i en privat blindvei 12 km fra Bergen sentrum. Vertskapet liker å møte mennesker, og setter sin stolthet i å gjøre det best mullig for gjestene. Her er du velkommen til å slappe av etter en hektisk dag løpende mellom Bergens mange attraksjoner. Vertskapet leier ut en sokkelleilighet, et dobbeltrom med eget bad i loftsetasjen og et enkeltrom i hovedetasjen med felles bad.

Lerkebo - where chirping birds may be heard during light summer nights - is a modern and spacious detached home that is located in a quiet, suburban area on a private cul-de-sac 12 km from downtown Bergen. Your hosts love to meet people and take pride in making conditions optimal for their guests. Here you are welcome to just relax after a hectic day of running between Bergen's many attractions. The hosts rent out a cellar apartment; a double-room with private bathroom in the loft and a single-room with shared bath on the main floor.

Lerkebo bietet neben Vogelgezwitscher in hellen Sommernächten ein modernes und geräumiges Einfamilienhaus in einer privaten Sackgasse eines ruhigen Vororts. 12 km bis Bergen. Die Gastgeber sind sehr aufgeschlossen und tun alles zum Besten für die Gäste. Nach dem Besuch vieler Sehenswürdigkeiten in Bergen kann man sich hier bestens erholen. Ferienwohnung im Untergeschoß, Doppelzimmer mit Bad im Obergeschoß oder Einzelzimmer im Erdgeschoß (gemeinsames Bad) werden vermietet.

Leilighet for 2-8 personer	Apartment for 2-8 persons	Wohnung für 2-8 Personen
Antall soverom: 2	No. of bedrooms: 2	Anzahl Schlafräume: 2
Egen stue, delt bad og kjøkken	Own LR, shared bath and kitchen	Eig. Stube, geimeins. Bad u. Küche
Pris for hele enheten: **1.200,-**	Price for whole unit: **1.200,-**	Ganze Einheit: **1.200,-**
Pris pr. pers.: **225,-**	Price per pers.: **225,-**	Preis pro Pers.: **225,-**
Sengetøy er inkludert	Bed linen included	Inkl. Bettwäsche
Åpent hele året	Open year round	Ganzjährig geöffnet
TV tilgjengelig	TV available	Zugang zu TV
Hage/Terrasse/uteplass	Yard/Terrace/Deck access	Garten/Terrasse/Aussenplatz
Sykkelutleie	Bike for rent	Fahrrad zu mieten
Ingen røking innendørs	No smoking inside	Kein Rauchen im Haus
Rabatt for barn	Discount for children	Ermässigung für Kinder
Frokost kan serveres; **35,-**	Breakfast service available; **35,-**	Frühstück auf Bestellung; **35,-**
	English and French spoken	Sprechen etwas Deutsch

Veibeskrivelse:
Fra Bergen: ta RV 553 mot Flesland flyplass. I rundkjøringen ved Lagunen senter ta RV 580, Fanavegen, mot Nesttun og ta så til høyre i første lyskryss, dette er Sætervegen. Se så etter skilt med "40-64 Sætervegen" og ta til venstre her. Kjør inn oppkjørselen rett etter poststativet.

Directions:
From Bergen: take RV553 towards Flesland airport. Take RV580, Fanavegen, towards Nesttun from the roundabout nearest Lagunen shopping centre and then make a right in the first lighted intersection onto Sætervegen. Look for a sign with "40-64 Sætervegen" and turn left here. Enter the driveway just past the post boxes.

Wegbeschreibung:
Von Bergen: Auf der Straße 553 Richtung Flughafen Flesland. Am Kreisverkehr beim Lagunen-Center auf die Straße 580 (Fanavegen) Richtung Nesttun, und dann an der ersten Ampelkreuzung nach rechts in die Straße "Sætervegen". Am Schild "Sætervegen 40-64" links ab. Nehmen Sie die Einfahrt gleich hinter dem Briefkastengestell

---

Det er viktig å understreke at det å bo også er et sosialt forhold. Å være knyttet til et sted vil alltid si å dele det med andre.

Christian Norberg-Schulz

Om dagen arbeid
om kvelden gjester.
Sure uker,
glade fester.

Johann Wolfgang von Goethe

Utsikten

Your host:
Vigdis & Arvid Bergesen
Address:
Osvegen 121
N - 5227 Nesttun
Phone: 55 91 29 92
Fax: 55 10 55 50
Mobil: 90 13 71 64
E-mail: berlex@online.no
Best time to call:
08.00 - 23.00

Dobbeltrom i utleieleilighet
Pris pr. rom: **270,-/300,-**
Delt bad og kjøkken
Sengetøy er inkludert
Åpent hele året
TV tilgjengelig
Hage/Terrasse/uteplass
Ingen røking innendørs

Double room in rental apartment
Price per room: **270,-/300,-**
Shared bath and kitchen
Bed linen included
Open year round
TV available
Yard/Terrace
No smoking inside
English spoken

Doppelzimmer in Wohnung
Preis pro Zi.: **270,-/300,-**
Gemeins. Bad u. Küche
Inkl. Bettwäsche
Ganzjährig geöffnet
Zugang zu TV
Garten/Terrasse/Aussenplatz
Kein Rauchen im Haus
Sprechen Deutsch

I fredelige omgivelser midt mellom Bergen og Os, litt sør for Nesttun, langs E 39, tar familien Bergesen imot innlosjerende. Eneboligen ligger fritt og fint med en storslagen utsikt.
Familien har trivdes med å ta imot gjester i over ti år. Kona i huset er lærer, mannen er kjemi-ingeniør.
Velkommen!

Veibeskrivelse:
Fra Bergen: Ta E-39 sørover mot Stavanger/Hallhjem. Etter 12 km (2,5 km forbi Nesttun) ta av til høyre ved Rom-skilt (ca. 30 m før fotgjengerovergang og busslomme). Etter 150 m oppover bakken er du framme.

Situated in peaceful surroundings between Bergen and Os, just south of Nesttun along E 39, the Bergesen family welcomes guests. The detached house is surrounded by plenty of grounds and has a wonderful view.
The family has enjoyed receiving guests for over ten years.
Welcome!

Directions:
From Bergen: Take E-39 southward towards Stavanger/Hallhjem. Take a right after 12 km (2 1/2 km past Nesttun) at the sign marked "ROM" (about 30 m before coming to the cross-walk and bus shelter). Walk 150 m up the hill and you are there!

In ruhiger Umgebung, mitten zwischen Bergen und Os, an der E 39 empfängt Familie Bergersen seit über 10 Jahren Übernachtungsgäste.
Das Haus hat eine schöne, freie Lage und herrliche Aussicht. Der Mann ist Chemie-Ingenieur und die Frau Lehrerin.
Willkommen!

Wegbeschreibung:
Von Bergen auf der E 39 südlich in Richtung Stavanger/Hallhjem. Nach 12 km (2,5 km hinter Nesttun) beim Schild "Rom" rechts ab (ca. 30 m vor dem Fußgängerüberweg und der Bushaltebucht). Dann noch 150 m bergan.

Gjestehuset Fjellsiden

Your host:
Kvale & Heskja
Address:
Skivebakken 17
N - 5018 Bergen
Phone: 55 3130 30 Fax: 55 3130 90
Mobil: 92 01 50 15
E-mail: heskja@online.no
Web: www.roominbergen.com
Best time to call:
08.00 - 24.00

Dobbeltrom:	**450,-**	Double room:	**450,-**	Doppelzimmer:	**450,-**
Enkeltrom:	**300,-**	Single room:	**300,-**	Einzelzimmer:	**300,-**

Antall rom: 4
Full frokost
Servering: Frokostbrett eller dekket frokostbord
Åpent hele året
Ingen røyking innendørs
Vi tar VISA, MC, AmEx
Selvhushold er mulig

No. of rooms: 4
Full breakfast
Laid breakfast table or breakfast tray
Open year round
No smoking inside
VISA, MC, AmEx accepted
Selfcatering possible
English and some Italian spoken

Anzahl Zimmer: 4
Volles Frühstück
Serv.: Frühstückstablett oder Frühstückstisch
Ganzjährig geöffnet
Kein Rauchen im Haus
Wir nehmen VISA, MC, AmEx
Selbsthaushalt möglich
Sprechen etwas Deutsch

Skivebakken, hvor Gjestehuset Fjellsiden ligger, sies å være Bergens mest malte gate. Her har kunstnere stått med sine staffelier og fanget bygatens idyll og den flotte utsikten over husrekkene. Skivebakken er en rolig gate uten gjennomgangstrafikk.
Bykjernen, torget, bryggen og jernbanestasjonen er innenfor 5-10 min. gange.
Utleierommene er i 1. etasje og vertskapet, en familie på fire, bor i 2. etasje. Huset ble bygd i 1896 og er nylig rehabilitert med respekt for det opprinnelige.

Skivebakken, where Gjestehuset Fjellsiden is located, is said to be one of the most painted streets in Bergen by artists who captured on canvas the charm of this lane and the view across its rooftops. Skivebakken is quiet, without through traffic.
The town centre, market, quayside and railway station are all within 5-10 minute walk. The host family of 4 lives on the 2nd floor and guest rooms on the 1st. Built in 1896, the house has been restored to its original style.

Skivebakken wird als bunteste Strasse von Bergen bezeichnet. Hier standen Maler, um die Idylle der Stadt und den herrlichen Blick über die Häuserreihen einzufangen. Skivebakken ist eine ruhige Strasse ohne Durchgangsverkehr. Der Stadtkern, der Markt, die Brücke und der Bahnhof sind zu Fuss innerhalb von 5-10 Min. zu erreichen. Die Mieträume befinden sich im Erdgeschoss, während die Gastgeber den 1. Stock bewohnen. Das Haus wurde 1896 erbaut und kürzlich pietätsvoll restauriert.

Gjestehuset Veiten 2B

Your host:
Kvale & Heskja

Address:
Skivebakken 17
N - 5018 Bergen
Phone: 55 3130 30 Fax: 55 3130 90
Mobil: 92 01 50 15
E-mail: heskja@online.no
Web: www.roominbergen.com

Best time to call:
08.00 - 24.00

Gjestehus for 1-8 personer
Antall soverom: 5
Delt bad, kjøkken og spisestue
Rom for 2 pers.: **350,-**
Rom for 1 pers.: **250,-**
Sengetøy er inkludert
Åpent hele året
TV tilgjengelig i spisestue
Ingen røking innendørs
Vi tar VISA, MC, AmEx

Guesthouse for 1-8 persons
No. of bedrooms: 5
Shared bath, kitchen and DR
Room for 2 pers.: **350,-**
Room for 1 pers.: **250,-**
Bed linen included
Open year round
TV available in DR
No smoking inside
VISA, MC, AmEx accepted
English and some Italian spoken

Gästehaus für 1-8 Personen
Anzahl Schlafräume: 5
Gemeins. Bad, Küche und Sp.zi.
Zimmer für 2 Pers.: **350,-**
Zimmer für 1 Pers.: **250,-**
Inkl. Bettwäsche
Ganzjährig geöffnet
Zugang zu TV im Speisezimmer
Kein Rauchen im Haus
Wir nehmen VISA, MC, AmEx
Sprechen etwas Deutsch

Store, lyse rom i nyoppusset leilighet midt i hjertet av Bergen. Stort felleskjøkken med tilknyttet spiserom.
Veiten er en liten tverrgate like foran teateret, mellom Ole Bullsplass og Markeveien. Den meget sentrale beliggenheten gjør at det meste av byens severdigheter er lett tilgjengelige innenfor gangavstand. Parkering er mulig i parkeringshuset City Park.
Rombestilling må skje ved henvendelse til adressen Skivebakken 17 (se Gjestehuset Fjellsiden på side 127), hvor vertskapet har sin bolig.

Large, airy rooms in a newly renovated apartment in the heart of Bergen. Large common kitchen with adjoining dining room.
Veiten is a small cross-street adjacent to the theatre, between Ole Bullsplass and Markeveien.
Owing to an extremely central location, most of the city's attractions are easily accessible and within walking distance. Parking is available in the City Park facility. Reservations must be arranged at Skivebakken 17 (see Gjestehuset Fjellsiden on page 127) where the hosts have their residence.

Große, helle Zimmer in einer frisch renovierten Wohnung im Herzen von Bergen. Große gemeinsame Küche mit angrenzendem Speisezimmer.
Veiten ist eine kleine Quergasse direkt vor dem Theater, zwischen Ole Bullsplass und Markeveien. Durch die zentrale Lage sind die meisten Sehenswürdigkeiten der Stadt leicht zu Fuß erreichbar. Das Auto kann man am besten im Parkhaus City Park abstellen.
Zimmerbuchung: bitte an die Adresse Skivebakken 17 wenden (s. "Gästehaus Fjellsiden" auf S. 127), dort wohnen die Gastgeber.

Kjellersmauet Gjestehus

Your host:
Sonja Krantz

Address:
Kjellersmauet 22
N - 5011 Bergen
Phone: 55 96 26 08
Fax: 55 96 26 08
Mobil: 90 52 34 33
E-mail: kj-gj@online.no
Best time to call:
09.00 - 19.00

A: Leilighet for 2 personer
Eget bad, og minikjøkken
Antall leiligheter: 2
Pris pr. leilighet: **500,-/600,-**

B: Leilighet for 2-4 personer
Eget bad, kjøkken og stue
Antall leiligheter: 2
Pris pr. leilighet: **700,-/900,-**

Sengetøy er inkludert
Åpent hele året
TV tilgjengelig
Ingen røking innendørs
Vi tar VISA
Rabatt for barn
Ekstraseng: **100,-**

A: Apartment for 2 persons
Private bath, kitchenette
No. of apt.: 2
Price per unit: **500,-/600,-**

B: Apartment for 2-4 persons
Private bath, kitchen, LR
No. of apt.: 2
Price per unit: **700,-/900,-**

Bed linen included
Open all year
TV available
No smoking indoors
VISA accepted
Discount for children
Extra bed: **100,-**
English spoken

A: Wohnung für 2 Personen
Eig. Bad, Küchenecke
Anzahl Wohnungen: 2
Preis pro Einheit: **500,-/600,-**

B: Wohnung für 2-4 Personen
Eig. Bad, Küche, Stube
Anzahl Wohnungen: 2
Preis pro Einheit: **700,-/900,-**

Inkl. Bettwäsche
Ganzjährig geöffnet
Zugang zu TV
Kein Rauchen im Haus
Wir nehmen VISA
Ermässigung für Kinder
Extrabett: **100,-**
Sprechen etwas Deutsch

Populært område midt i Bergen sentrum, med idylliske trange smau og gamle små trehus som er så typisk for Bergen. Kjellersmauet Gjestehus er et nyoppusset hus med 4 selvstendige utleieleiligheter, og ligger sentralt plassert med bare to minutter til Den Nasjonale Scene; teateret i Bergen. Bryggen og Akvariet er også innen gangavstand. Velkommen til populære og sjarmerende leiligheter i hjertet av byen!

Popular area in the midst of downtown Bergen with idyllic, narrow passages and the old, small wooden houses that are so characteristic of Bergen. Kjellersmauet Gjestehus is a newly renovated house with 4 separate rental apartments and its central location means only a two-minute walk to Den Nasjonale Scene: Bergen's theatre. Bryggen (the Wharf) and Akvariet (the Aquarium) are also within walking distance. Welcome to popular and charming apartments in the heart of the city!

Beliebte Gegend im Zentrum Bergens mit idyllischen engen Gassen und den für die Stadt so typischen kleinen Holzhäusern. Ein frisch renoviertes Haus, das vier Ferienwohnungen bietet. Zentrale Lage, nur zwei Minuten bis zum bekannten Bergenser Theater "Den Nasjonale Scene". Hanseviertel "Bryggen" und Aquarium sind ebenfalls nicht weit entfernt. Willkommen in unseren schönen Ferienwohnungen im Herzen der Stadt!

Lise's Gjestehus

Your host:
Lise Simonnæs

Address:
Lille Markevei 23
N - 5005 Nordnes, Bergen
Phone: 55 90 03 71
Mobil: 95 96 84 99
E-mail: lisim@online.no
Web: home.sol.no/~lisim/

Best time to call:
16.00 - 23.00

A: Leilighet for 2-4 personer
Antall soverom: 1- 2
Eget bad og kjøkken
Pris opp til 2 pers.: **500,-**
Pris opp til 4 pers.: **800,-**

B: Dobbelt-/tosengsrom: **300,-**
Shared bath
Antall rom: 2-3

Sengetøy er inkludert
Åpent hele året
TV i leiligheten

A: Apartment for 2-4 persons
No. of bedrooms: 1-2
Own bath and kitchen
Price for up to 2 pers.: **500,-**
Price for up to 4 pers.: **800,-**

B: Double/Twin room: **300,-**
Shared bath
No. of rooms: 2-3

Bed linen included
Open year round
TV available in the apt.
English spoken

A: Wohnung für 2-4 Personen
Anzahl Schlafräume: 1-2
Eig. Bad und Küche
Preis für 2 Pers.: **500,-**
Preis für 4 Pers.: **800,-**

B: Doppel-/Zweibettzi.: **300,-**
Gemeins. Bad
Anzahl Zimmer: 2-3

Inkl. Bettwäsche
Ganzjährig geöffnet
TV in Wohnung
Sprechen Englisch

Nordnes er tangen som strekker seg ut i fjorden midt i Bergen sentrum. Ytterst ligger Akvariet. Høyden mellom sentrum og Akvariet kalles Klosterhaugen, et pittoresk strøk med mange små gamle trehus, for det meste boligbebyggelse med noen småbedrifter innimellom.

Veibeskrivelse:
Fra togstasjonen følg hovedveien nordover mot Nordnes. Sving av inn på Markveien, og etter et parkeringshus ta til høyre. Finn Lille Markvei no.23 med en rød dør.

Nordnes is the strip of land that stretches out into the fjord in the middle of downtown Bergen. Furthermost on the point lies The Aquarium. The heights between downtown and The Aquarium are known as "Klosterhaugen", a picturesque part of town featuring many small, old wooden houses, which are mostly private residences with small shops scattered among them.

Directions:
From the train station: follow the main road northward towards Nordnes. Turn in at Markveien and turn right just past the parking house. Look for Lille Markvei: no. 23 with the red door.

Nordnes ist eine Landzunge, die sich mitten in Bergen Zentrum zum Fjord hin erstreckt. An der äußersten Spitze befindet sich das Aquarium. Die Anhöhe zwischen Zentrum und Aquarium wird Klosterhaugen genannt, ein pittoreskes Viertel mit vielen kleinen historischen Holzhäusern.

Wegbeschreibung:
Vom Bahnhof aus Hauptstraße in Richtung Norden (Nordnes).Dann in den „Markveien" abzweigen, hinter dem Parkhaus rechts und bis zum „Lille Markvei" Nr. 23 (Haus mit roter Tür).

Rita's Romutleie

Your host:
Rita Grøtte & Odd Magne Stikholmen

Address:
Øvre Blekevei 29
N - 5003 Bergen
Phone: 55 32 08 37
Mobil: 90 67 81 28
E-mail:
Odd.Magne.Stikholmen@online.no

Best time to call:
08.00 - 09.00 / 17.00 - 23.00

Dobbeltrom:	**310,-**
Enkeltrom:	**200,-**
Antall rom: 3	
Sengetøy er inkludert	
Åpent hele året	
TV tilgjengelig	
Ingen røking innendørs	
Frokost kan serveres:	**40,-**

Double room:	**310,-**
Single room:	**200,-**
No. of rooms: 3	
Bed linen included	
Open year round	
TV available	
No smoking inside	
Breakfast service available:	**40,-**
English and French spoken	

Doppelzimmer:	**310,-**
Einzelzimmer:	**200,-**
Anzahl Zimmer: 3	
Inkl. Bettwäsche	
Ganzjährig geöffnet	
Zugang zu TV	
Kein Rauchen im Haus	
Frühstück auf Bestellung:	**40,-**
Sprechen Deutsch	

Øvre Blekeveien 29 ligger i Bergens middelalderbebyggelse med trange gater. Huset er bygd i 1886 og gamle detaljer er bevart. Strøket er rolig, med lite trafikk. Lekeplass og badmintonbane bak huset. Gangavstand til sentrum. Bergen har mye å tilby museer, akvarium, fløybanen til byfjellet med flott turterreng.

Veibeskrivelse:
Fra Fisketorget: Kjør opp mot Fløibane-stasjonen. Ta til venstre bort Øvregaten. Kjør forbi Mariakirken og opp Nye Sandviksvei. Ta første vei til høyre; Helgesensgate. Kjør rett frem og inn Stølegaten, og ta til venstre når veien deler seg; dette er Øvre Blekevei.

Øvre Blekeveien 29 was built in 1750's, extended in 1886, and now restored with traditions preserved. In the midst of the medieval section, with narrow, cobbled streets. Quiet area, with little traffic. Playground and badminton court behind the house. Walking distance to the centre of town. Museums, aquarium, cable car to mountaintop lookout and hiking trails.
Directions:
From The Fish Market: Drive up the hill towards Fløibane Station. Take a left on Øvregaten. Drive past Mariakirken (old church) and up Nye Sandviksvei. Take your first right onto Helgesensgate. Drive straight ahead and into Stølegaten, then take a left when the road splits in two onto Øvre Blekevei.

Blekeveien 29 liegt in Bergens Mittelalterkern mit engen Gassen. Es wurde um 1750 erbaut, 1886 angebaut und jetzt restauriert, wobei alte Details bewahrt wurden. Ruhige Gegend, wenig Verkehr. Spielplatz und Federballplatz hinter dem Haus. Unweit zu Fuss zum Zentrum. Bergen hat seinen Touristen viel zu bieten, wie z.B. Museen, Aquarium, Zahnradbahn auf den Berg Fløyen.
Wegbeschreibung:
Vom Fischmarkt zur Haltestelle der Fløibahn. Links ab auf der Øvregaten, vorbei an der Mariakirken und den Nye Sandviksvei hinauf. Dann in die erste Straße rechts (Helgesensgate). Dort bis zum Ende und in die Stølegate. An der Gabelung fahren Sie links und sind dann auf dem Øvre Blekevei.

Siri & Gerran's House

Your host:
Siri & Gerran Tangye
Address:
Prof. Dahlsgate 23
N - 5035 Bergen
Phone: 55 32 37 90
E-mail: gtangye@c2i.net
Best time to call:
09.00 - 23.00

Rom for 2 pers.:	**300,-**
Rom for 1 pers.:	**200,-**

Delt bad og kjøkken
Antall rom: 3
Sengetøy er inkludert
Åpent Juni - September
Ingen røking innendørs

Room for 2 pers.:	**300,-**
Room for 1 pers.:	**200,-**

Shared bath and kitchen
No. of rooms: 3
Bed linen included
Open June - September
No smoking inside
English and French spoken

Zimmer für 2 Pers.:	**300,-**
Zimmer für 1 Pers.:	**200,-**

Gemeins. Bad u. Küche
Anzahl Zimmer: 3
Inkl. Bettwäsche
Geöffnet Juni - September
Kein Rauchen im Haus
Sprechen etwas Deutsch

Siri og Gerrans hus ligger i et strøk med trehusbebyggelse fra 1700- og 1800-tallet. Det ligger 5-10 min. gange fra sentrum, i Sandviken. Huset er fra 1875. Utleierommene ligger i andre etasje. Badet er moderne og nyoppusset. Vertskapet er et norsk/engelsk par og deres to barn. Siri har jobbet på turistkontoret i mange år og kjenner byen godt. Begge er interessert i fjellturer og kan gi gjestene råd om turer i fjellene rundt Bergen.

Siri and Gerran's house lies in an area of wooden houses built between 1700 and 1900. It is 5-10 min. from the town centre and was built in 1875. The guest rooms are on the first floor. The bathroom is modern.
The hosts are a Norwegian/English couple and their two children. Siri worked in the Tourist Information office for many years and knows the town well. Both are interested in walking in the mountains and can help planning tours in the Bergen area.

Siri und Gerrans Haus liegt in einem Stadtteil mit Holzhäusern aus der Zeit des 18. und 19. Jh., etwa 5-10 Min. zu Fuss vom Zentrum, in Sandviken. Das Haus stammt aus 1875. Die zu vermietenden Zimmer liegen im 1. Stock. Das Bad ist renoviert und modern. Das norwegisch/englische Gastgeberpaar hat zwei Kindern. Siri hat viele Jahre im Fremdenverkehrsamt gearbeitet und kennt die Stadt gut.

Om du har två bröd, så sälj det ena och köp en lilja.

Lammen ha förstånd nog att dia knäfallande.

Kinesiska ordspråk

Aadland Gardsferie

Your host:
Solvor Aadland Olsnes
Address:
Samnanger
N - 5658 Årland
Phone: 56 58 78 14
Mobil: 93 42 43 61
E-mail:
solvor.aadland.olsnes@gilde.no
Best time to call:
09.00 - 22.00

A: Leilighet for 2-3 personer
Antall soverom: 1
Delt bad, tekjøkken
Pris for hele enheten: **250,-**

B: Stabbur for 3-4 personer
Sovealkove
Delt bad, tekjøkken, stue
Pris for hele enheten: **250,-**

Tillegg for sengetøy: **50,-**
Åpent mai - sept.
Hage/Terrasse/uteplass
Ingen røyking på rom
Frokost kan serveres: **50,-**

A: Apartment for 2-3 persons
No. of bedrooms: 1
Shared bath, kitchenette
Price for whole unit: **250,-**

B: 'Store-house' for 3-4 persons
Sleeping acove
Shared bath, kitchenette, LR
Price for whole unit: **250,-**

Bed linen fee: **50,-**
Open May - Sept.
Yard/Garden/Terrace/Deck access
No smoking in rooms
Breakfast service available: **50,-**
English and some French spoken

A: Wohnung für 2-3 Personen
Anzahl Schlafräume: 1
Gemeins. Bad, Küchenecke
Ganze Einheit: **250,-**

B: 'Vorratshaus' für 3-4 Pers.
Schlafalkoven
Gemeins. Bad, Küchenecke, Stube
Ganze Einheit: **250,-**

Mieten von Bettwäsche: **50,-**
Geöffnet Mai - Sept.
Garten/Terrasse/Aussenplatz
Kein Rauchen im Zimmer
Frühstück auf Bestellung: **50,-**
Sprechen Deutsch

Aadland Gardsferie ligg i ei fin bygd ved Samnangerfjorden, 42 km frå Bergen sentrum. Garden er eit familiebruk med sju medlemmar, som alle er glade i menneske, kultur, språk og friluftsliv.
Gard med litt gammaldags drift og gamle koselige hus. Eventuelle måltid blir inntatt rundt langbordet på kjøkenet.
Det er fine turstiar i området, dyr på garden og ein kan leiga båt og koma seg på fjorden.
Det er og muligheter for å overnatta på ein gammal husmannsplass.

Aadland Gardsferie is located in a nice rural district near the Samnanger Fjord, 42 km from downtown Bergen. The farm is run by seven family members, all of whom enjoy new people, cultures, languages and outdoor activities. A farm with older-style operations and cosy, old houses. Meals may be taken around the long table in the main kitchen. There are nice walking trails nearby, farm animals and rental boats for cruising the fjord. It is also possible to overnight at an old cotter's farm.

Aadland Gardsferie liegt in einer kleinen Gemeinde am Samnangerfjord, 42 km von Bergen entfernt. Eine siebenköpfige Familie, die gern auf Menschen zugeht sowie an Kultur, Sprachen und Natur interessiert ist. Traditionell bewirtschafteter Bauernhof mit älteren gemütlichen Häusern. Eventuelle Mahlzeiten werden an einem großen Tisch in der Küche eingenommen. Außerdem: reizvolle Wanderwege, Tiere auf dem Hof, Bootsverleih.
Wer mag, kann in einer historischen Kleinbauernkate übernachten.

Boge Bed & Breakfast

Your host:
Tove Margrete
& Per Nordmark

Address:
Boge
N - 5725 Vaksdal
Phone/Fax: 56 59 72 01
E-mail: tovemn@online.no

Best time to call:
08.00 - 22.00

Dobbeltrom:	**400,-**
1 pers. i dobbeltrom:	**250,-**
Antall rom: 3	
Full frokost	
Dekket frokostbord eller -buffét	
Åpent 10. juni - 30. aug.	
Gjestehus for 2-5 pers. (selvhush.)	
Eget bad tekjøkken, stue og hems	
Pris for hele enheten:	**500,-**
Tillegg for sengetøy:	**25,-**

TV tilgjengelig
Terrasse/uteplass/hage
Båtutleie
Ingen røking innendørs
Vi tar VISA

Double room:	**400,-**
1 pers. in double room:	**250,-**
No. of rooms: 3	
Full breakfast	
Laid breakfast table or -buffet	
Open 10 June - 30 Aug.	
Guesthouse for 2-5 pers. (selfcat.)	
Own bath, kitchenette, LR	
Price for whole unit:	**500,-**
Bed linen fee:	**25,-**

TV available
Terrace/Garden
Boat for rent
No smoking inside
VISA accepted
English & French spoken

Doppelzimmer:	**400,-**
1 Pers. im Doppelzi.:	**250,-**
Anzahl Zimmer: 3	
Volles Frühstück	
Serv.: Frühstückstisch oder -Büfett	
Geöffnet 10. Juni - 30. Aug.	
Gästehaus für 2-5 Pers. (Selbst.h.h)	
Eig. Bad, Küchenecke, Stube	
Ganze Einheit:	**500,-**
Mieten von Bettwäsche:	**25,-**

Zugang zu TV
Terrasse/Aussenplatz/Garten
Boot zu mieten
Kein Rauchen im Haus
Wir nehmen VISA
Sprechen Deutsch

I et typisk vestlandsk bratthell, 40 min. fra Bergen, langs E-16, ligger Boge B&B, med flott utsikt over Veafjorden, 1,5 km fra Vaksdal sentrum med butikk, post, bank og bensinstasjon.
Huset er fra 1920, og har tre gjesterom med hjemlig atmosfære. Frokost serveres med hjemmebakt brød. Vertskapet er en familie på fem. Gjestene disponerer uteplasser i hagen og robåt på fjorden. Godt egnet som base for Bergensbesøk og for turer i vill og vakker vestlandsnatur.

In typically steep-sloped west coast Norway terrain, 40 minutes from Bergen and on E-16, Boge Bed & Breakfast presides over a majestic view of the fjord, 1.5 km from Vaksdal centre with grocery, post, bank and gas station. The house is from 1920 with a homely atmosphere. Breakfast is served with home made bread. The hosts are a family of five. The guests have free access to the garden and the rowboat on the fjord. A good base for Bergen trips, and hikes in the wild west coast nature.

40 Min. von Bergen, an der E-16, liegt Boge B&B am Steilhang mit prächtiger Aussicht über den Fjord; 1,5 km von Vaksdal Zentr. mit Geschäft, Post, Bank und Tankstelle. Das Haus von 1920 mit 3 Gästezimmern hat eine heimische Atmosphäre. Hausgebackenes Brot zum Frühstück. Als Gast können Sie Garten und Ruderboot auf dem Fjord benutzen. Die Gastgeber sind eine fünfköpfige Familie. Günstige Lage für Ausflüge nach Bergen und in die wilde, schøne Vestland-Natur.

Skjelde Gård

Your host:
Bitten Linde

Address:
Bulken
N - 5700 Voss
Phone: 56 51 42 90

Best time to call:
09.00 - 21.00

Dobbelt-/tosengsrom:	**490,-**
Enkeltrom:	**325,-**

Antall rom: 7
Full frokost
Servering: Frokost buffét
Åpent 15. mai - 10. sept
TV tilgjengelig
Terrasse/uteplass/hage
Båtutleie
Sykkelutleie i nærheten
Ingen røking innendørs
Vi tar VISA, MC
Selvhushold er mulig

Double/Twin room:	**490,-**
Single room:	**325,-**

No. of rooms: 7
Full breakfast
Breakfast buffet
Open 15 May - 10 Sept.
TV available
Terrace/Garden
Boat for rent
Bike for rent in the area
No smoking inside
VISA, MC accepted
Selfcatering possible
English spoken

Doppel-/Zweibettzi.:	**490,-**
Einzelzimmer:	**325,-**

Anzahl Zimmer: 7
Volles Frühstück
Serv.: Frühstücksbüfett
Geöffnet 15. Mai - 10. Sept.
Zugang zu TV
Terrasse/Aussenplatz/Garten
Boot zu mieten
Fahrradausleihe in der Nähe
Kein Rauchen im Haus
Wir nehmen VISA, MC
Selbsthaushalt möglich
Sprechen Deutsch

Skjelde gård ligger vakkert til ved Vangsvatnet i den vakre Vossebygden. Det er en gammel slektsgård som har vært i familien i mange generasjoner. Funn fra vikingtiden viser at det har vært bosetning her langt tilbake i historien.
Vertskapet har drevet pensjonat på gården siden 1949.
Ypperlig turterreng, rikelig med severdighter i bygden.

Skjelde gård is beautifully situated by the Vang lake in the pretty village of Voss. This old farm has been in the family for many generations. Finds from the Viking period show that people have been living here way back in history. The hostess has been receiving bed and breakfast guests since 1949. Wonderful hiking country, lots to see in the village.

Skjelde gård liegt sehr reizvoll am See Vangsvatn in der schönen Gegend von Voss. Der alte Erbhof befindet sich seit vielen Generationen in dieser Familie. Funde aus der Wikingerzeit beweisen eine ganz frühe Besiedlung. Die Besitzer haben seit 1949 eine Pension auf dem Hof betrieben.
Ausgezeichnetes Wandergelände und viele Sehenswürdigkeiten in der Gegend.

Skjerping Gård

Your host:
Elinor Skjerping
& Jan Inge Wold

Address:
Skjerping
N - 5282 Lonevåg
Phone: 56 39 02 91
Mobil: 91 34 99 25
E-mail: skjerping@bpu.no

Best time to call:
08.00 - 23.00

A: Gjestehus for 2-5 personer
Antall soverom: 2
Eget bad, kjøkken, stue
Pris for hele enheten: **600,-**

B: Leilighet for 2-4 personer
Antall soverom: 2
Eget kjøkken og stue, delt bad
Pris for hele enheten: **400,-**
Pris pr. pers.: **150,-**

Sengetøy er inkludert
Åpent hele året
Terrasse/uteplass/hage
Sykkelutleie
Ingen røking innendørs
Frokost kan serveres

A: Guesthouse for 2-5 persons
No. of bedrooms: 2
Own bath, kitchen, LR
Price for whole unit: **600,-**

B: Apartment for 2-4 persons
No. of bedrooms: 2
Own kitchen and LR, shared bath
Price for whole unit: **400,-**
Price per pers.: **150,-**

Bed linen included
Open year round
Terrace/Deck access/Yard
Bike for rent
No smoking inside
Breakfast service available
English spoken

A: Gästehaus für 2-5 Personen
Anzahl Schlafräume: 2
Eig. Bad, Küche, Stube
Ganze Einheit: **600,-**

B: Wohnung für 2-4 Personen
Anzahl Schlafräume: 2
Eig. Küche u. Stube, gemeins. Bad
Ganze Einheit: **400,-**
Preis pro Pers.: **150,-**

Inkl. Bettwäsche
Ganzjährig geöffnet
Terrasse/Aussenplatz/Garten
Fahrrad zu mieten
Kein Rauchen im Haus
Frühstück auf Bestellung
Sprechen etwas Deutsch

Gården ligger på Osterøya, Norges største innlandsøy som blir kalt "et Norge i miniatyr", 35 min. kjøretur fra Bergen sentrum. Det bor tre generasjoner på gården. Kårhuset leies ut til turister, pluss en leilighet i det gamle hovedhuset. Det er også mange dyr på gården; okser, kalver, geiter, høns, ender, hund og katt.
Nydelig turterreng med fiskemuligheter i fjellvann og lakseelv. Flott bygdemuseum og andre kulturtilbud.

The farm is located on Osterøya, Norways's largest landlocked island, which is often called "a miniature Norway". 35 min. drive from downtown Bergen. Three generations live on the farm. The Old Farmer cottage is rented to tourists, along with an apartment in the old main farmhouse. The farm hosts many animals also: oxen, calves, goats, hens, ducks, dogs and cats. Lovely hiking areas with freshwater fishing and a salmon river. Nice farm village museum and other cultural attractions.

Der Hof liegt auf Osterøya, der größten Halbinsel des Landes, oft auch "Norwegen en Miniature" genannt (35 Min. Autofahrt ab Bergen). Auf dem Hof leben 3 Generationen gemeinsam. Neben dem Altenteil-Haus wird eine Wohnung im Haupthaus vermietet. Ochsen, Kälber, Ziegen, Hühner, Enten, Hund und Katzen. Schönes Wandergebiet; Angeln in Bergseen und Lachsflüssen. Interessantes Freilichtmuseum sowie weitere kulturelle Angebote.

Sollia

Your host:
Judith & Arnljot Møster
Address:
N - 5730 Ulvik
Phone: 56 52 63 87
Best time to call:
08.00 - 23.00

A: Leilighet for 2-4 personer
Stue med dobbel sovesofa
Køysenger på kjøkkenet
Eget bad
Pris for 2 pers.: **500,-**
3-4 pers, pris pr. pers.: **200,-**

B: Rom for 2 pers.: **380,-**
Antall rom: 4

Sengetøy er inkludert
Åpent 15. mai - 15.sept.
TV tilgjengelig
Hage/Terrasse/uteplass
Ingen røking innendørs

A: Apartment for 2-4 persons
LR w/convertable double bed sofa
Bunkbeds in kichen
Own bath
Price for 2 pers.: **500,-**
3-4 pers, price per pers.: **200,-**

B: Room for 2 pers.: **380,-**
No. of rooms: 4

Bed linen included
Open 15 May - 15 Sep.
TV available
Yard/Terrace/Deck access
No smoking inside
English spoken

A: Wohnung für 2-4 Personen
Stube mit Doppelsofa
Kojenbetten in der Küche
Eig. Bad
Preis für 2 Pers.: **500,-**
3-4 Pers., Preis pro Pers: **200,-**

B: Zimmer für 2 Pers.: **380,-**
Anzahl Zimmer: 4

Inkl. Bettwäsche
Geöffnet 15. Mai - 15. Sept.
Zugang zu TV
Garten/Terrasse/Aussenplatz
Kein Rauchen im Haus
Sprechen etwas Deutsch

Innerst i Hardangerfjorden ligger Ulvik, 10 km fra fergekaien i Bruravik. Hovedveien er lagt i tunnel vestover. Ulvik ligger derfor skjermet og fredelig til med fjell og fjord tett på.
Det er fint turterreng med skiltede turstier og muligheter for leie av sykler og båt ved det lokale turistkontoret. Ulvik kirke er verd et besøk.
Familien Møster har tatt imot gjester i sitt hjem i over 25 somre. Om vinteren driver de egen malervirksomhet.

You will find Ulvik at the end of the Hardangerfjord, and 10 km from the ferry quay in "Bruravik." The main road runs through a tunnel from Bruravik and westward. Ulvik is therefore quietly situated between the mountains and the fjord. Marked hiking trails. Boat and bicycle rentals at local Tourist Office. Ulvik Church is worth a visit.
The Møster's have had summer guests in their home for over 25 years. In the winter they run a painting business.

Weit drinnen im Hardangerfjord liegt Ulvik, 10 km vom Fährkai Bruravik. Von hier aus verläuft die Hauptstr. nach Bergen im Tunnel. Ulvik liegt daher abgeschirmt und ruhig zwischen Berg und Fjord. Schönes Ausflugsgebiet mit markierten Pfaden Sie können Fahrräder und Boot im örtlichen Touristbüro mieten. Besuchen Sie die Kirche in Ulvik.
Fam. Møster empfängt seit über 25 J. Sommergäste. Im Winter haben sie einen eigenen Malerbetrieb.

Haugen Gard

Your host:
Elisabeth Holth &
Kåre Magnar Trefall

Address:
Haugen, Eksingedalen
N - 5728 Eidslandet
Phone: 56 59 58 33
E-mail: elisabeth.holth@c2i.net

Best time to call:
18.00 - 23.00

Gjestehus for 2-6 personer
Antall soverom: 3
Eget bad, kjøkken, stue
Pris for hele enheten: **500,-**
Tillegg for sengetøy: **50,-**
Åpent hele året
TV tilgjengelig
Hage/Terrasse/uteplass
Ingen røking innendørs

Guesthouse for 2-6 persons
No. of bedrooms: 3
Own bath, kitchen, LR
Price for whole unit: **500,-**
Bed linen fee: **50,-**
Open year round
TV available
Yard/Terrace/Deck access
No smoking inside
Some English spoken

Gästehaus für 2-6 Personen
Anzahl Schlafräume: 3
Eig. Bad, Küche, Stube
Ganze Einheit: **500,-**
Mieten von Bettwäsche: **50,-**
Ganzjährig geöffnet
Zugang zu TV
Garten/Terrasse/Aussenplatz
Kein Rauchen im Haus
Sprechen etwas Englisch

Garden ligg midt i Eksingedalen, 2 km frå riksvegen. Det er fin utsikt utover dalen og det er gode høve til både fjell- og fisketurar. Vertskapet driv med mjølk- og kjøttproduksjon. Her kan du helse på kyr, hunder og katter. Du kan ta del i det aktive gardsmiljøet.

Veibeskrivelse:
Fra Dale; ta RV 569 mot Romarheim/Mo. Kjør forbi Stamnes, i krysset ta til venstre mot Gullbrå. Kjør mot og forbi Eidslandet, Høvik, Flatekval og Lavik. Ca. 1 km etter Lavik ta til venstre mot Fjellanger. Her står også skiltet "Rom". Hold til venstre i første veikryss. Kjør 1,8 km. Du kommer opp på en flate. Ta til høyre hvor du ser noen hus og et fjøs.

The farm is located in the middle of Eksingedalen Valley. You will enjoy an excellent view of the valley and there are many nice options for mountain and fishing daytrips. The host family runs milk and meat production. Visit the cows, dogs and cats. Participate in an active farming environment!

Directions:
From Dale: take RV 569 to Romarheim/Mo. Continue past Stamnes and then left in the crossing towards Gullbrå. Drive to and past Eidslandet, Høvik, Flatekval and Lavik. Take a left, 1 km past Lavik to Fjellanger. Look for a sign marked "Rom". Keep left at the first crossing. Drive 1,8 km and turn right when you come upon an open area with houses and a barn.

Der Hof liegt in Eksingedalen, 2 km von der Hauptstraße entfernt. Schöne Aussicht; gute Möglichkeiten zu Fjell und Angeltouren. Die Gastgeber betreiben Milch- und Fleischproduktion. Kühe, Hunde und Katzen auf dem Hof. Die Gäste können aktiv am Leben auf dem Bauernhof teilhaben.

Wegbeschreibung:
Von Dale auf Str. 569 Richtung Romarheim/Mo. An Stamnes vorbei, an der Kreuzung links Richtung Gullbrå. Weiter nach Eidslandet, Høvik, Flatekval und Lavik. Ca. 1 km nach Lavik links nach Fjellanger (Schild "Rom"). An der ersten Kreuzung links 1,8 km auf eine Ebene hinauf. Bei einigen Häusern u. einem Stall nach rechts.

Godmorstova

Your host:
Berit Vetlejord
Address:
Vetlejord, Eksingedalen
N - 5728 Eidslandet
Phone: 88 00 79 88
E-mail: vetlejord@c2i.net
Best time to call:
08.00 - 23.00

A: Gjestehus for 2-6 personer
Antall soverom: 1
Eget bad, kjøkken/stue
Pris opp til 2 pers.: **430,-**
Pris opp til 6 pers.: **500,-**

B: Rom for 2 personer m/delt bad
Antall rom: 2
Pris pr. pers.: **150,-**

Tillegg for sengetøy: **50,-**
Åpent 1. mars - 31. oktober
Hage/uteplass
Båt- og sykkelutleie
Ingen røking innendørs
Frokost kan serveres

Guesthouse for 2-6 persons
No. of bedrooms: 1
Own bath, kitchen/LR
Price for up to 2 pers.: **430,-**
Price for up to 6 pers.: **500,-**

B: Room for 2 pers., shared bath
No. of rooms: 2
Price per pers.: **150,-**

Bed linen fee: **50,-**
Open 1 March - 31 October
Yard/Terrace/Deck access
Boat and bike for rent
No smoking inside
Breakfast service available
English and some French spoken

A: Gästehaus für 2-6 Personen
Anzahl Schlafräume: 1
Eig. Bad, Küche/Stube
Preis für 2 Pers.: **430,-**
Preis für 6 Pers.: **500,-**

B: Zimmer für 2 Pers., gem. Bad
Anzahl Zimmer: 2
Preis pro Pers.: **150,-**

Mieten von Bettwäsche: **50,-**
Geöffnet 1. Marz - 31. Oktober
Garten/Aussenplatz
Boot und Fahrrad zu mieten
Kein Rauchen im Haus
Frühstück auf Bestellung
Sprechen etwas Deutsch

Godmorstova er kårhuset på gården Vetlejord. Huset er fra 1871 og har vært i familien i 11 generasjoner. Det er nylig oppusset og holdt i gammel stil, fullt av sjel og særpreg med gyngestol, rokk og gammel skuvseng fra 1874. Det moderne tilsnittet er et nytt bad og gulvvarme både på kjøkken og bad. To rom leies også ut i hovedhuset. Gården er omgitt av fine fjellområder. Fiske i elv og vann. Turstier og skogsveier.

Godmorstova is the Old Farmer cottage on the Vetlejord farm. The house dates from 1871 and has housed 11 generations. Recently renovated in traditional style and is full of character and uniqueness with a rocking chair, spinning wheel and antique "Push Bed" from 1874. The modern additions are a new bathroom and heated floor in bathroom and kitchen. Two rooms are also rented out in the main farmhouse. Beautiful mountain areas surround the farm. Both river and lake fishing. Hiking trails and forest roads.

Godmorstova ist ein Altenteil-Haus auf dem Hof Vetlejord aus dem Jahr 1871, seit 11 Generationen von der gleichen Familie bewirtschaftet. Das kürzlich renovierte Hau hat eine historische Atmosphäre mit Schaukelstuhl, Spinnrad und "Schiebebett" (breitenverstellbar) von 1874. Modernes Bad, Fußbodenheizung in Küche und Bad. Im Haupthaus zwei Zimmer zu vermieten. Reizvolle Gebirgsregion. Angeln in Flüssen und Seen. Wald- und Wanderwege.

Straume's Romutleige

Your host:
Aud Sørtun & Harald Nygard

Address:
Straume
N - 5729 Modalen
Phone: 56 59 98 37

Best time to call:
13.00 - 14.00 / 18.00 - 21.00

Gjestehus for 2-8 personer
Antall soverom: 2
Bad, kjøkken, stue
Pris pr. pers.: **150,-**
Tillegg for sengetøy: **50,-**
Åpent hele året
TV tilgjengelig
Uteplass
Båtutleie
Ingen røking innendørs
Rabatt for barn

Guesthouse for 2-8 persons
No. of bedrooms: 2
Bath, kitchen, LR
Price per pers.: **150,-**
Bed linen fee: **50,-**
Open year round
TV available
Garden
Boat for rent
No smoking inside
Discount for children
Some English spoken

Gästehaus für 2-8 Personen
Anzahl Schlafräume: 2
Bad, Küche, Stube
Preis pro Pers.: **150,-**
Mieten von Bettwäsche: **50,-**
Ganzjährig geöffnet
Zugang zu TV
Aussenplatz
Boot zu mieten
Kein Rauchen im Haus
Ermässigung für Kinder
Sprechen etwas Englisch

Straume's romutleige ligg i Modalen kommune som er den nest minste kommunen i Noreg med 340 innbyggjarar. Det er to butikkar, bank og sal av bensin.
Flott vestlandsnatur gir høve til fine turar. Sonen i huset, John Sigurd, er godt kjent i fjellet. Når han er heime i feriar kan han mot betaling ta med gjester på guida turar "med utsikt over halve Vestlandet".
Andre aktivitetar er fiske, bærplukking eller skiturar, alt etter årstida. Det er skulemuseum og ei gammal kyrkje i bygda.
Det er kyr og kalvar på garden, pluss høner og kattar.

Straume's is located in Mo-dalen which is one of the smallest localities in Norway with only 340 inhabitants, two general stores, a bank and a gas station. The hosts' son, John Sigurd, is a hiking enthusiast and, when comming home for summer vacations, offers guided tours of the area's mountains and wonderful west coast geography. Fishing, berry-picking, and skiing opportunities in their respective seasons. Check out the area's School Museum and old church.
The hosts run a dairy farm, they also raise poultry and have cats.

Straumes Zimmervermietung liegt in Modalen, Norwegens zweitkleinster Gemeinde mit 340 Einwohnern, 2 Geschäften, Bank und Tankstelle.
Machen Sie Ausflüge in die herrliche Landschaft von West-Norwegen. In seinen Ferien kann der Sohn der Fam. zu Aussichtspunkten in die Bergwelt führen.
Andere Aktivitäten: Angeln, Beerensammeln, Skilaufen, je nach Jahreszeit. Besuchen Sie das Schulmuseum und die alte Kirche.
Milchkühe, Kälber, Hühner und Katzen auf dem Hof.

Eri Gardshus

Your host:
Anlaug Eri & Rolf Jakobsen
Address:
N - 6887 Lærdal
Phone: 57 66 65 14
Fax: 57 66 61 81
Mobil: 91 34 44 18
Best time to call:
08.00 - 22.00

A: 'Jesastova'
Gjestehus for 2-9 personer
Antall soverom: 3
Eget bad, kjøkken, stue
Pris for hele enheten: **600,-**
Pris pr. pers.: **200,-**

B: 'Kvitastova'
Gjestehus for 2-13 personer
Antall soverom: 5
Eget kjøkken og to bad
Pris for hele enheten: **1.000,-**
Pris pr. pers.: **200,-**

C: Stabbur for 2 personer
Delt bad og kjøkken
Pris for hele enheten: **300,-**

Tillegg for sengetøy: **30,-**
Åpent hele året
TV tilgjengelig
Hage/Terrasse/uteplass
Båtutleie
Ingen røking på rom
Rabatt for barn

A: 'Jesastova'
Guesthouse for 2-9 persons
No. of bedrooms: 3
Own bath, kitchen, LR
Price for whole unit: **600,-**
Price per pers.: **200,-**

B: 'Kvitastova'
Guesthouse for 2-13 persons
No. of bedrooms: 5
Own kitchen and two baths
Price for whole unit: **1.000,-**
Price per pers.: **200,-**

C: 'Store house' for 2 persons
Shared bath and kitchen
Price for whole unit: **300,-**

Bed linen fee: **30,-**
Open year round
TV available
Yard/Terrace/Deck access
Boat for rent
No smoking in rooms
Discount for children
English spoken

A: 'Jesastova'
Gästehaus für 2-9 Personen
Anzahl Schlafräume: 3
Eig. Bad, Küche, Stube
Ganze Einheit: **600,-**
Preis pro Pers.: **200,-**

B: 'Kvitastova'
Gästehaus für 2-13 Personen
Anzahl Schlafräume: 5
Eig. Küche und zwei Bäder
Ganze Einheit: **1.000,-**
Preis pro Pers.: **200,-**

C: 'Vorratshaus' für 2 Personen
Gemeins.. Bad und Küche
Ganze Einheit: **300,-**

Mieten von Bettwäsche: **30,-**
Ganzjährig geöffnet
Zugang zu TV
Garten/Terrasse/Aussenplatz
Boot zu mieten
Kein Rauchen im Zimmer
Ermässigung für Kinder
Sprechen etwas Deutsch

Vertskapet på Eri Gardshus driv med svin- og mjølkeproduksjon. Garden Eri ligg 3.5 km frå Lærdal sentrum. Utleigehusa ligg i eit eige tun 1 km frå garden.

The hosts of Eri Gardshus are involved in pork and milk production. The Eri farm is located 3 1/2 km from Lærdal city center. The rental cottage is situated 1 km from the main farm and has its own courtyard.

Die Gastgeber betreiben Schweine- und Milchproduktion. Der Hof liegt 3,5 km vom Ort Lærdal entfernt. Das Ferienhaus liegt ca. 1 km entfernt auf einem eigenen Hofgrundstück.

Urnes Gard

Your host:
Britt & Odd John Bugge
Address:
N - 6870 Ornes
Phone/Fax: 57 68 39 44
Mobil: 94 50 80 88 / 93 42 63 99
E-mail: fam.bugge@sf.telia.no
Best time to call:
08.00 - 22.00

Dobbeltrom: **590,-**
Tosengsrom: **490,-/590,-**
1 pers. i dobbeltrom: **295,-**
Antall rom: 4
Full frokost
Servering: Frokostbuffét
Åpent 1. juni - 1. sept.
TV tilgjengelig
Terrasse/uteplass
Båtutleie
Ingen røking innendørs
Rabatt for barn under 10 år

Double room: **590,-**
Twin room: **490,-/590,-**
1 pers. in double room: **295,-**
No. of rooms: 4
Full breakfast
Breakfast buffet
Open 1 June - 1 Sept.
TV available
Terrace/Deck access
Boat for rent
No smoking inside
Discount for children under 10
English spoken

Doppelzimmer: **590,-**
Zweibettzimmer: **490,-/590,-**
1 Pers. im Doppelzi.: **295,-**
Anzahl Zimmer: 4
Volles Frühstück
Serv.: Frühstücksbüfett
Geöffnet 1. Juni - 1. Sept.
Zugang zu TV
Terrasse/Aussenplatz
Boot zu mieten
Kein Rauchen im Haus
Ermässigung für Kinder unter 10
Sprechen etwas Deutsch

Urnes Gard ligg på sørsida av Lusterfjorden, og er næraste nabo til Urnes stavkyrkje som er den eldste i Noreg.
På garden driv vertskapet bærproduksjon med bringebær, jordbær, moreller og blåbær, og i tillegg har dei sauer, hest, hundar og katt. Så her kan det gå livleg for seg.
I tillegg driv Britt og Odd John matservering og utsal av gardsprodukt og husflid.

Urnes Gard lies on the south side of Lusterfjorden and is adjacent to the Urnes Stave Church, which is Norway's oldest. Your hosts use the farm for berry production including rasberry, strawberry, cherry and blueberry, in addition to having sheep, horses, dogs and cats. In short, there is a lot of activity! Britt and Odd John also serve meals and sell dairy products and handicrafts.

Der Hof liegt an der Südseite des Lusterfjords, als unmittelbarer Nachbar der Urnes Stabkirche, der ältesten Norwegens.
Die Gastgeber betreiben Beerenproduktion (Himbeeren, Erdbeeren, Kirschen und Blaubeeren), darüber hinaus kann man auf dem Hof Schafe, Pferde, Hunde und Katzen erleben. Es geht hier also durchaus lebhaft zu.
Britt und Odd John bieten auch Mahlzeiten an, ausserdem Produkte des Hofes sowie Kunstgewerbe.

A: Leilighet for 2-6 personer
Antall soverom: 2
Eget bad, kjøkken, stue
Pris for hele enheten: **600,-**

B: Stabbur for 2-5 personer
Antall soverom: 2
Eget kjøkken og stue, delt bad
Pris for hele enheten: **450,-**

Tillegg for sengetøy: **45,-**
Åpent 1. juni - 1. sept.
TV tilgjengelig
Terrasse/uteplass
Båtutleie
Ingen røking innendørs

A: Apartment for 2-6 persons
No. of bedrooms: 2
Own bath, kitchen, LR
Price for whole unit: **600,-**

B: 'Store-house' for 2-5 persons
No. of bedrooms: 2
Own kitchen and LR, shared bath
Price for whole unit: **450,-**

Bed linen fee: **45,-**
Open 1 June - 1 Sept.
TV available
Terrace/Deck access
Boat for rent
No smoking inside
English spoken

A: Wohnung für 2-6 Personen
Anzahl Schlafräume: 2
Eig. Bad, Küche, Stube
Ganze Einheit: **600,-**

B: 'Vorratshaus' für 2-5 Pers.
Anzahl Schlafräume: 2
Eig. Küche u. Stube, gemeins. Bad
Ganze Einheit: **450,-**

Mieten von Bettwäsche: **45,-**
Geöffnet 1. Juni - 1. Sept.
Zugang zu TV
Terrasse/Aussenplatz
Boot zu mieten
Kein Rauchen im Haus
Sprechen etwas Deutsch

Veibeskrivelse:
Frå tettstaden Sogndal køyrer ern RV 55 mot Sognefjellet. Etter 17 km tek ein av til fergestaden Solvorn, der det går ferge kvar time på dagtid.
Hvis ein kjem over Sognefjellet, RV 55, tek ein til venstre i Skjolden, skilta til Ornes, og køyrer 30 km utover langs fjorden.

Directions:
From the village of Sogndal: take RV 55 towards Sognefjellet. Exit towards the ferry stop at Solvorn after 17 km, where you can take a ferry every 1/4 hour during daytime. If you drive over Sognefjellet on RV 55: take a left in Skjolden and follow signs to Ornes, driving 30 km out along the fjord.

Wegbeschreibung:
Von der Ortschaft Sogndal auf der Straße 55 Richtung Sognefjell. Nach 17 km abbiegen zum Fähranleger Solvorn, von wo tagsüber stündlich eine Fähre verkehrt.
Aus Richtung Sognefjell: Auf der Straße 55 bis Skjolden; dort links ab beim Schild "Ornes" und dann 30 km am Fjord entlang.

Nature, to be commanded, must be obeyed.
För att kunna behärska naturen måste man lyda den.

Hope is a good breakfast, but it is a bad supper.
Hoppet är en bra frukost, men en dårlig kvällsvard.

from Novum Organum, by Francis Bacon, 1564 - 1626

Amla Nedre

Your host:
Eldbjørg & Hallvard
David Falck Husum

Address:
Amla Nedre
N - 6854 Kaupanger
Phone: 57 67 84 01
Fax: 57 67 86 59
Mobil: 90 65 24 64
E-mail: halvard.husum@c2i.net

Best time to call:
08.00 - 21.00

Dobbeltrom:	**550,-/650,-**
Tosengsrom:	**475,-**
Enkeltrom:	**375,-**

Antall rom: 4
Full frokost
Servering: Frokostbuffé
Åpent 1. juni - 1. sept
TV tilgjengelig
Terrasse/uteplass/hage
Båtutleie
Ingen røking på rom
Rabatt for barn

Double room:	**550,-/650,-**
Twin room:	**475,-**
Single room:	**375,-**

No. of rooms: 4
Full breakfast
Breakfast buffet
Open 1 June - 1 September
TV available
Terrace/Deck access/Yard
Boat for rent
No smoking in rooms
Discount for children
English spoken

Doppelzimmer:	**550,-/650,-**
Zweibettzimmer:	**475,-**
Einzelzimmer:	**375,-**

Anzahl Zimmer: 4
Volles Frühstück
Serv.: Frühstücksbüfett
Geöffnet 1. Juni - 1. Sept.
Zugang zu TV
Terrasse/Aussenplatz/Garten
Boot zu mieten
Kein Rauchen im Zimmer
Ermässigung für Kinder
Sprechen etwas Deutsch

Ein gamal lensmannsgard, bygd i 1844 og restaurert i 1965. Hovedhuset er bygd i Biedermeierstil og er freda. Amla Nedre er tildelt Olavsrosa for sin historiske miljøkvalitet.
Produksjonen på garden er kjøttproduksjon på ammeku. Garden ligg fint til tett ved Sognefjorden med utsikt over det vesle samfunnet Kaupanger. Eiga badestrand og båt.

This is an old district officer's farm built in 1844 and restored in 1965. The main house is built in Biedermeier style and now listed. Amla Nedre has been awarded "Olavsrosa" for its historic quality.
At the farm they breed cattle. It is beautifully situated close to the Sognefjord with views extending to the community of Kaupanger. There is a private beach and a boat.

Alter Gutshof aus 1844, 1965 restauriert. Das Haupthaus im Biedermeierstil steht unter Denkmalschutz. Der Hof wurde aufgrund seiner historischen Milieuqualität mit der Olavsrose ausgezeichnet. Viehzucht für Fleischproduktion auf dem Hof. Herrliche Lage und Aussicht direkt am Sognefjord mit eigenem Badestrand und Boot.

Lunden Ferieleiligheter

Your host:
Bjørg & Jon Lidal
Address:
N - 6859 Slinde
Phone: 57 67 91 88
Mobil: 90 93 04 71
Best time to call:
16.00 - 23.00

Leilighet for inntil 4 pers.		Apartment for up to 4 pers.		Wohnung für bis zu 4 Pers.	
Antall soverom: 2		No. of bedrooms: 2		Anzahl Schlafräume: 2	
Eget bad, stue m/kjøkkenkrok		Own bath, LR w/kitchen		Eig. Bad, Stube mit Küche	
Pris pr. leil.:	**550,-**	Price per Apt.:	**550,-**	Preis pro Wohnung.:	**550,-**
Antall leiligheter: 4		No. of apartments: 4		Anzahl Wohnungen: 4	
Tillegg for sengetøy:	**50,-**	Bed linen fee:	**50,-**	Mieten von Bettwäsche:	**50,-**
Åpent hele året		Open year round		Ganzjährig geöffnet	
TV i alle leil.		TV in all apt.		TV in allen Wohnungen	
Terrasse/veranda		Terrace/Veranda		Terrasse/Veranda	
Uteplass med grill		Yard with BBQ		Aussenplatz mit Grill	
Båt tilgjengelig		Boat available		Zugang zu Boot	
Rabatt utenom sesong		Discount off-season		Ermässigung Nebensaison	
		English spoken		Sprechen etwas Deutsch	

Lunden ferieleiligheter ligg vakkert til, i bygda Slinde, på nordsida av Sognefjorden. Her er fine frukthagar og panoramautsikt mot fjord og høge fjell med evig snø på toppane.
Utleigehuset inneheld 4 leiligheter av høg standard, og ligg like ved Sognefjorden. Det er eiga brygge med to båtar tilgjengeleg for gjester.
Jon er fruktdyrkar på heiltid, Bjørg jobbar deltid i Fylkeskommunen. Dei ønsker velkommen til eit hyggelig opphald ved Sognefjorden.

Lunden Vacation Apartments is beautifully situated in the Slinde farming community on the north side of the Sognefjord. Here you will enjoy fruit orchards and a panoramic view of the fjord and lofty, perennially snow-capped mountain peaks.
The rental house now includes 4 high standard apartments, and lies on Sognefjorden. There is a pier and two boats available.
Jon is a full-time fruit grower and Bjørg works part-time for the County government. They bid you welcome to a pleasant stay along the Sognefjord.

Reizvolle Lage in der Gemeinde Slinde, an der Nordseite des Sognefjords. Schöne Obstgärten in der Umgebung; Panoramaaussicht auf Fjord und hohe Gipfel, die mit ewigem Schnee bedeckt sind.
Das Haus enthält 4 Wohnungen von hohem Standard. Herrliche Lage am Sognefjord mit eigenem Bootsteg und zwei Booten.
Der Gastgeber Jon ist Obstbauer, Ehefrau Bjørg arbeitet in der Provinzverwaltung. Beide heißen ihre Gäste herzlich zu einem erholsamen Aufenthalt am Sognefjord willkommen.

Sognefjord Gjestehus

Your host:
Kirsten & Odd E.Vangsnes
Address:
N - 6894 Vangsnes
Phone/Fax: 57 69 67 22
Private phone: 57 69 66 74
Mobil: 97 16 16 05
E-mail: vangpens@online.no
Best time to call:
12.00 - 21.00

Dobbelt-/tosengsrom:	**550,-/660,-**
Enkeltrom:	**495,-**
Antall rom: 8	
Familierom, pr. pers.:	**250,-**
Ekstraseng:	**120,-**

Full frokost
Servering: Frokost buffét
Åpent hele året
TV tilgjengelig
Båtutleie
Ingen røking på rom
Vi tar VISA, MC, AmEx
Rabatt for barn

Double/Twin room:	**550,-/660,-**
Single room:	**495,-**
No. of rooms: 8	
Family room, per pers.:	**250,-**
Extra bed:	**120,-**

Full breakfast
Breakfast buffet
Open year round
TV available
Boat for rent
No smoking in rooms
VISA, MC, AmEx accepted
Discount for children
Some English spoken

Doppel-/Zweib.zi.:	**550,-/660,-**
Einzelzimmer:	**495,-**
Anzahl Zimmer: 8	
Familienzi., pro Pers.:	**250,-**
Extra Bett:	**120,-**

Volles Frühstück
Serv.: Frühstücksbüfett
Ganzjährig geöffnet
Zugang zu TV
Boot zu mieten
Kein Rauchen im Zimmer
Wir nehmen VISA, MC, AmEx
Ermässigung für Kinder
Sprechen etwas Deutsch

Sognefjord gjestehus ligger ved Vangsnes fergekai med utsikt mot Sognefjorden og Kvinnefossen på andre siden av fjorden.
Sognefjord gjestehus er et godt utgangspunkt for å besøke de mange attraksjonene langs Sognefjorden. Her kan det nevnes blant annet stavkirker, brevandring og dagsturer med ekspressbåt til Flåm og Fjærland (Jostedalsbreen).
Gjestehuset har alle serveringsrettigheter.

Sognefjord Guesthouse is situated near the ferry dock at Vangsnes with views out towards Sognefjord and Kvinnefossen waterfall on the opposite side. Sognefjord Guesthouse is a good base for visiting the many attractions along the Sognefjord. Among others, you can enjoy stave churches, glacier tours and day-trips by express boat to Flåm and Fjærland (the Jostedalsbreen glacier). The Guesthouse has a full liquor license.

Das Sognefjord Gjestehus liegt am Kai in Vangsnes und bietet eine schöne Aussicht auf den Sognefjord und den Wasserfall Kvinnefossen am anderen Fjordufer. Das Gästehaus ist ein guter Ausgangspunkt, um die vielen Sehenswürdigkeiten am Sognefjord mitzuerleben. Man kann z.B. Stabkirchen besichtigen, Gletscherwanderungen unternehmen oder eine Tagestour mit dem Schnellboot nach Flåm oder Fjærland buchen (Abstecher zum Gletscher Jostedalsbreen).
Das Gästehaus verfügt über alle Schankrechte.

Flesje Gard

Your host:
Torunn Grut & Rune Andersen
Address:
N - 6899 Balestrand
Phone: 57 69 14 28
Fax: 57 69 16 82
E-mail: flesje.gard@balestrand.online.no
Best time to call:
08.00 - 10.00 / 16.00 - 22.00

Dobbeltrom: **580,-**
Ekstraseng: **120,-**
Antall rom: 1
Full frokost
Dekket frokostbord
Åpent 1. mai - 31. sept.
Hage
Ingen røking innendørs

Double room: **580,-**
Extra bed: **120,-**
No. of rooms: 1
Full breakfast
Laid breakfast table
Open 1 May - 31 Sept.
Yard/Garden
No smoking inside
English spoken

Doppelzimmer: **580,-**
Extrabett: **120,-**
Anzahl Zimmer: 1
Volles Frühstück
Serv.: Frühstückstisch
Geöffnet 1. Mai - 31. Sept.
Garten
Kein Rauchen im Haus
Sprechen etwas Deutsch

Balestrand har hatt besøk av turistar og kunstnerar i over 100 år, og her kan du ha både eit aktivt og eit roleg opphald.
Flesje ligg 4 km frå Balestrand sentrum. Garden er frå 1700-talet og ligg idyllisk og fredfullt til heilt nede ved Sognefjorden. Flesje har vore bustad for både futar og militærfolk.
Det er 12 gamle hus på garden, blant dei eit restaurert kvernhus. No er det lite gardsdrift; berre grønsaker og bær til eige bruk.
Utleierommet ligg i 2.høgda på hovudhuset, er nyopppussa og har ei flott utsikt mot fjorden.
Familien på fem ynskjer dykk velkommen; to vaksne, tre born og ein snill Golden retriver.

Balestrand has been a popular with tourists and artists for over 100 years, choose an active or relaxing visit.
Flesje is located 4 km from Balestrand city centre. The farm dates from the 1700s and is idyllically and peacefully situated on the banks of the Sognefjord. Flesje has been the residence of both the county bailiff and various military men. There are 12 old structures on the farm property including a restored millhouse. There is only limited farming today: mostly vegetables and berries for personal consumption. Your room is on the second floor of the main farmhouse and is newly renovated with a beautiful view of the fjord. A family of five welcomes you: two adults, three children and a friendly Golden Retriever.

Balestrand wird seit über 100 Jahren von Touristen und Künstlern besucht. Besucher können selbst bestimmen, ob sie einen Aktiv- oder Erholungsurlaub verleben möchten. Flesje liegt 4 km von Balestrand Zentrum entfernt. Der Hof stammt aus dem 18. Jahrhundert und liegt idyllisch und friedlich direkt am Sognefjord. Unter den 12 Gebäuden befindet sich auch ein restauriertes Mühlenhaus. Heute wird kaum mehr Landwirtschaft betrieben (nur Gemüse und Beeren für den Eigenbedarf). Das zu vermietende Zimmer befindet sich im 1. Stock des Haupthauses, ist frisch renoviert und bietet eine schöne Aussicht auf den Fjord. Die fünfköpfige Familie (2 Erw., 3 Kinder und 1 freundlicher Golden Retriver) heißt sie herzlich willkommen!

Årseth Hytter

Your host:
Kjellrun Årseth
Address:
N - 6847 Vassenden
Phone: 57 72 72 46
Best time to call:
09.00 - 10.00 / 12.00 - 13.00
16.00 - 17.00 / 20.00 - 22.00

Dobbelt-/tosengsrom: **500,-**
1 pers. i dobbeltrom: **250,-**
Antall rom: 6
Full frokost
Servering: Frokostbrett
eller dekket frokostbord
Åpent hele året
TV tilgjengelig
Terrasse/uteplass
Båtutleie

Double/Twin room: **500,-**
1 pers. in double room: **250,-**
No. of rooms: 6
Full breakfast
Breakfast tray
or laid breakfast table
Open year round
TV available
Terrace/Deck access
Boat for rent
Some English spoken

Doppel-/Zweibettzi.: **500,-**
1 Pers. im Doppelzimmer: **250,-**
Anzahl Zimmer: 6
Volles Frühstück
Serv.: Frühstückstablett
oder Frühstückstisch
Ganzjährig geöffnet
Zugang zu TV
Terrasse/Aussenplatz
Boot zu mieten
Sprechen etwas Englisch

Garden ligg høgt oppe i lia over Vassenden med flott utsikt over dalen og Jølstravatnet.
Det er mogleg å fiska aure både i elv og vatn. Eller ein kan dra til Stardalen for rafting eller breturar. Skog og mark inviterer til turar på alle kantar.
I Fjærland er det isbremuseum, galleri og historisk museum. Her kan ein også reise på dagsturar med bil til Sogndal, Selje, Stryn, Florø eller Førde.

This farm is nestled high in a crook of the mountainside surrounding Vassenden, with an excellent view of the valley and Jølster Lake. Try river or lake trout fishing, or go to Stardalen Valley for rafting or glacier hikes. Fields and forests entice hikers in all directions.
In Fjærland, you'll find a glacier museum, a gallery and a historical museum.
You can also enjoy driving on day trips to the quaint villages of Sogndal, Selje, Stryn, Florø or Førde.

Der Hof liegt hoch oben am Hang über Vassenden mit schöner Aussicht über das Tal und den See Jølstervatn. Möglichkeit zum Forellenangeln in See und Fluss. Man kann auch nach Skardalen zum Raften oder Gletscherwandern fahren. Wald und Wiesen laden zum Wandern ein. In Fjærland gibt es ein Gletschermuseum, ein historisches Museum und man kann eine Galerie besuchen. Auch Autoausflüge nach Sogndal, Selje, Stryn, Florø oder Førde sind möglich.

Gjestehus for 2-8 personer
Antall soverom: 3
Eget bad, kjøkken, stue
Pris for hele enheten: **500,-**
Tillegg for sengetøy: **50,-**
Åpent hele året
TV tilgjengelig
Terrasse/uteplass
Ingen røking på rom

Guesthouse for 2-8 persons
No. of bedrooms: 3
Own bath, kitchen, LR
Price for whole unit: **500,-**
Bed linen fee: **50,-**
Open year round
TV available
Terrace/Deck access
No smoking in rooms
Some English spoken

Gästehaus für 2-8 Personen
Anzahl Schlafräume: 3
Eig. Bad, Küche, Stube
Ganze Einheit: **500,-**
Mieten von Bettwäsche: **50,-**
Ganzjährig geöffnet
Zugang zu TV
Terrasse/Aussenplatz
Kein Rauchen im Zimmer
Sprechen etwas Englisch

Veibeskrivelse:
Beliggenhet midt mellom Bergen og Ålesund, - ca. 4 timer med bil til hver by. 2 mil fra Førde og 2 mil til Skei i Jølster.

Directions:
Centrally located between Bergen and Ålesund - about 4 hours drive from either city. 20 km from both Førde and Skei in Jølster.

Wegbeschreibung:
Årseth liegt auf halbem Wege zwischen Bergen und Ålesund, von beiden ca. 4 Autostunden entfernt. Der Ort ist ca. 20 km von Førde und 20 km von Skei i Jølster entfernt.

Thue romutleige

Your host:
Britt Thue & Jan Henry Olsen
Address:
N - 6899 Balestrand
Phone: 57 69 15 95
Fax: 57 69 15 33
Mobil: 91 34 09 17
Best time to call:
17.00 - 23.00

Rom for 2 pers.: **300,-**
Antall rom: 5
Deles: et bad, to toalett, kjøkken og TV-stue
Tillegg for sengetøy: **25,-**
Åpent 20. juni - 12. aug.
Tre rom har balkong
Ingen røking på stuen

Room for 2 pers.: **300,-**
No. of rooms: 5
Shared; one bath, two toilets, kitchen and LR with TV
Bed linen fee: **25,-**
Open 20 June - 12 Aug.
Three rooms have a balcony each
No smoking in LR
English spoken

Zimmer für 2 Pers.: **300,-**
Anzahl Zimmer: 5
Gemeins. Bad, zwei WCs, Küche und Stube mit TV
Mieten von Bettwäsche: **25,-**
Geöffnet 20. Juni - 12. Aug.
Drei Räume mit Balkon
Kein Rauchen in der Stube
Sprechen etwas Deutsch

Rom i Jølster

Your host:
Halrid Sætveit
Address:
Storetrævegen 50
N - 6847 Vassenden
Phone: 57 72 74 70
Best time to call:
08.00 - 10.00 / 20.00 - 23.00

Tosengsrom:	**500,-**	Twin room:	**500,-**	Zweibettzimmer.:	**500,-**
Enkeltrom:	**250,-**	Single room:	**250,-**	Einzelzimmer:	**250,-**
Antall rom: 2		No. of rooms: 2		Anzahl Zimmer: 2	
Full frokost		Full breakfast		Volles Frühstück	
Dekket frokostbord		Laid breakfast table		Serv.: Frühstückstisch	
Åpent hele året		Open year round		Ganzjährig geöffnet	
Terrasse/uteplass/hage		Terrace/Deck access/Yard		Terrasse/Aussenplatz/Garten	
Sykkelutleie		Bike for rent		Fahrrad zu mieten	
Rabatt for barn		Discount for children		Ermässigung für Kinder	
Selvhushold er mulig		Selfcatering possible		Selbsthaushalt möglich	
		English spoken		Sprechen Englisch	

Vassenden finner du i enden av Jølstravatnet, langs riksvei 1, ca. 20 km øst for Førde. Halrids hus ligger øverst i et moderne byggefelt, med skog og friluft som nærmeste nabo.
Vinterstid er det lysløype bak huset og videre innover. Bjørklia skisenter ligger rett over dalen og har stor alpinbakke.
Fiske i elven Jølstra og bading i Jølstravatnet. Båtutleie flere steder.

Vassenden is located at the far end of Jølstra Lake, about 20 km east of the village Førde, along State Highway 1. Halrid's "Rom i Jølster" is situated in the upper part of a recent dwelling area, with the forest next door.
In winter, a lit trail for crosscountry skiers is just behind the house. Bjørklia Alpine Ski Center is on the opposite side of the valley. Fishing, swimming and boat rental available.

Der Ort Vassenden liegt am Ende des Sees Jølstervatn an der Strasse 1, ca 20 km vor Førde. "Rom in Jølster" liegt am oberen Rand eines modernen Wohnviertels, umgeben von Wald und frischer Luft. Im Winter beginnt eine beleuchtete Skiloipe direkt hinter dem Haus. Unweit zu Björklia Skisenter mit grosser Alpinanlage. Angeln im Fluss und Baden im See. Bootsverleih an mehreren Stellen.

Liten heim er bedre enn ingen,
heime er hver mann herre.

Håvamål

Steinen eksp. & utleige

Your host:
Inger Reiersen

Address:
Steinavegen 56
N - 6800 Førde
Phone: 57 82 10 49
Mobil: 91 32 11 74
E-mail:
ingerreiersen@hotmail.com

Best time to call:
09.00 - 21.00

Dobbelt-/tosengsrom: **400,-**
En pers. i dobbeltrom: **200,-**
Antall rom: 4
Deler 2 bad, kjøkken, stue
Sengetøy er inkludert
Åpent 15. juni - 15. aug.
TV tilgjengelig
Terrasse/uteplass
Båtutleie
Sykkelutleie
Ingen røking innendørs
Rabatt for barn
Frokost kan serveres; **35,-**

Double/Twin room: **400,-**
1 pers. in double room: **200,-**
No. of rooms: 4
Share 2 bathrooms, kitchen, LR
Bed linen included
Open 15 June - 15 Aug.
TV available
Terrace/Deck access
Boat for rent
Bike for rent
No smoking inside
Discount for children
Breakfast service available; **35,-**
English spoken

Doppel-/Zweibettzi.: **400,-**
1 Pers. im Doppelzi.: **200,-**
Anzahl Zimmer: 4
Gemeins. 2 Bäder, Küche, Stube
Inkl. Bettwäsche
Geöffnet 15. Juni - 15. Aug.
Zugang zu TV
Terrasse/Aussenplatz
Boot zu mieten
Fahrrad zu mieten
Kein Rauchen im Haus
Ermässigung für Kinder
Frühstück auf Bestellung; **35,-**
Sprechen etwas Deutsch

Det 100 år gamle huset som nå er opna for turistbesøk var tidlegare tønnefabrikk og landhandel. Bygningen ligg på ei privateigd kai i eit roleg område og har gode uteareal. Romma er store og nyleg oppussa.
Førde sentrum ligg ein 15 min. spasertur unna. I juli kvart år blir det arrangert ein stor internasjonal folkemusikkfestival i Førde, ei tilskiping som samlar mykje folk og tilbyr mykje god underhaldning.

This 100 year-old house - now open to tourists - was once a barrel factory and general store. The structure is situated on a privately owned dock in a peaceful area with plenty of outdoor space. The rooms are large and newly renovated. Førde city center is a 15 min. walk away. In July, there is the annual international Førde Folk Music Festival, an event that attracts many people and provides much good entertainment.

Das 100 Jahre alte Haus beherbergte früher eine Fässerfabrik und einen Landhandel. Heute wird es nur noch zur touristischen Vermietung genutzt. Das Gebäude liegt in einer ruhigen Umgebung an einem Privatkai und bietet ein großes Gartengrundstück. Die Zimmer sind geräumig und frisch renoviert. Die Stadt Førde ist in 15 Minuten zu Fuß erreichbar. Jedes Jahr im Juli findet in Førde ein großes Volksmusikfestival statt, eine Veranstaltung, die viele Menschen anzieht und für gute Unterhaltung sorgt.

Skilbrei pensjonat

Your host:
Tone & Arild Dalhaug
Address:
N - 6975 Skilbrei
Phone: 57 71 87 62 / 57 71 88 79
Fax: 57 71 87 15
Mobil: 90 98 08 13
Best time to call:
09.00 - 15.00

Dobbelt-/tosengsrom: **520,-**
Enkeltrom: **360,-**
Familierom: **680,-/820,-/950,-**
Antall rom: 15
Full frokost
Servering: Frokostbufféť
Åpent 1. mai - 31. aug.
TV tilgjengelig
Terasse/uteplass/hage
Ingen røking innendørs
Vi tar VISA, MC

Double/Twin room: **520,-**
Single room: **360,-**
Family rooms: **680,-/820,-/950,-**
No. of rooms: 15
Full breakfast
Breakfast buffet
Open 1 May - 31 Aug.
TV available
Terrace/Deck access/Yard
No smoking inside
VISA, MC accepted
English spoken

Doppel-/Zweibettzi.: **520,-**
Einzelzimmer: **360,-**
Familienzi.: **680,-/820,-/950,-**
Anzahl Zimmer: 15
Volles Frühstück
Serv.: Frühstücksbüfett
Geöffnet 1. Mai - 31. Aug.
Zugang zu TV
Terrasse/Aussenplatz/Garten
Kein Rauchen im Haus
Wir nehmen VISA, MC
Sprechen etwas Deutsch

Skilbrei Pensjonat tilbyr rimelig og enkel overnatting for turister. Vertskapet sørger for en personlig og hjemmekoselig atmosfære. Pensjonatet ligger i et naturskjønt område med muligheter for fiske, bading og fjellturer sommer og vinter. Her er mange koselige støler innenfor 1-3 timers fottur. En gammel postvei ligger like ved.
Merk: pensjonatet kan av og til være stengt noen timer midt på dag.

Skilbrei Pensjonat offer reasonable accommodation for tourists. The hosts maintain a comfortable and domestic atmosphere.
The pension is located in an area of great natural beauty where is possible to fish, swim and go hiking summer and winter. Here are many lovely summer pastures which are an 1 - 3 hours away by foot.
An old post road runs close on.
NOTE: The inn is sometimes closes a few hours around midday.

Skilbrei Pensjonat bietet Touristen einfache, preiswerte Übernachtung. Die Gastgeber sorgen für eine persönliche und gemütliche Atmosphäre. Die Pension liegt landschaftlich sehr schön mit Möglichkeiten für Angeln und Baden, sowie für Bergtouren Sommer und Winter. Viele malerische Almen in 1-3 Stunden Wanderung zu erreichen.
Alter Postpfad in der Nähe.
Bitte beachten: Unsere Pension kann an manchen Tagen tagsüber einige Stunden geschlossen sein.

Von
Rom & Frokost

Your host:
Anny Eikås Strømmen
Address:
Michael Sarsgate 23
N - 6900 Florø
Phone: 57 74 14 46
Best time to call:
08.00 - 11.00 / 18.00 - 22.00

Tosengsrom: **550,-**
1 pers. i tosengsrom: **350,-**
Antall rom: 3
Full frokost
Dekket frokostbord
Åpent 1. juni - 31. aug.
TV tilgjengelig
Terrasse/uteplass
Ingen røking innendørs
Rabatt for barn

Twin room: **550,-**
1 pers. in twin room: **350,-**
No. of rooms: 3
Full breakfast
Laid breakfast table
Open 1 June - 31 Aug.
TV available
Terrace/Deck access
No smoking inside
Discount for children
English spoken

Zweibettzimmer: **550,-**
1 Pers. im Zweibettzi.: **350,-**
Anzahl Zimmer: 3
Volles Frühstück
Serv.: Frühstückstisch
Geöffnet 1. Juni - 31. Aug.
Zugang zu TV
Terrasse/Aussenplatz
Kein Rauchen im Haus
Ermässigung für Kinder
Sprechen etwas Deutsch

Florø, bysamfunet som får besøkande til å lukte saltvatn og norsk hav. Her ligg sjølvaste "storhavet" rett utanfor holmane og skjæra og lurer.
Anny tek imot gjestar i sitt rekkjehus bygd i 1994. Huset finn du i 10 minutters gange frå bussstasjonen, og 2 min. frå sentrum. Vakre omgjevnader og eit gammalt villastrøk pregar området rundt.
Er du i Florø, kan vi anbefale ein dagstur med båt til øya Kinn vest for Florø. Her finn du Kinnakyrkja, ei romansk steinkyrkje frå middelalderen knytta til legenden om St.Sunniva og Seljumennene.

Florø, a city community where visitors can enjoy the smell of salt water and coastal Norway. Here you are close to the majestic ocean, inviting you from just beyond the small islands and skerries. Anny welcomes guests to her row house built in 1994. The house is easily found 10 min. walk from the bus station and 2 min. from city centre. A beautiful setting and an old neighborhood give the area its special character. We recommend visitors to Florø to take a daytrip by boat to the island Kinn west of Florø. Here you can see Kinnakyrkja, a Romanesque stone church from the middle ages and connected to the legend of St. Sunniva and the Selje men.

Florø ist genau der richtige Ort für alle Urlauber, die Meeresluft und die norwegische Küste mögen. Genau hier, jenseits der Schären und kleinen Inseln, beginnt der Nordatlantik. Die Gastgeberin Anny empfängt ihre Gäste in einem Reihenhaus von 1994. Das Haus liegt nur 10 Minuten Fußweg von der Bushaltestelle entfernt (2 Min. z. Zentrum). Die Umgebung ist von reizvollen alten Villen geprägt. Wer Florø besucht, sollte eine Tagestour mit dem Boot zur Insel Kinn westlich der Stadt nicht versäumen. Hier steht die "Kinnakyrkja", eine romantische Steinkirche aus dem Mittelalter, an der die Legende von der Heiligen Sunniva und den Seljemännern anknüpft.

Stranda Rom & Frukost

Your host:
Liv & Reidunn Byrkjeland
Address:
Strandavegen
N - 6900 Florø
Phone: 57 74 06 23 / 57 74 25 65
Fax: 57 74 06 61
Web: www.Vestkysten.no
Best time to call:
08.00 - 11.00 / 18.00 - 22.00

Dobbeltrom: **550,-**
Enkeltrom: **350,-**
Antall rom: 4
Full frokost
Dekket frokostbord
Åpent 15. juni - 15. aug.
Åpent helger 15. aug - 1. okt
TV tilgjengelig
Terrasse/uteplass
Ingen røking innendørs
Rabatt for barn
Klesvask kan ordnast

Double room: **550,-**
Single room: **350,-**
No. of rooms: 4
Full breakfast
Laid breakfast table
Open 15 June - 15 Aug.
Open weekends 15 Aug. - 1 Oct.
TV available
Terrace/Yard
No smoking inside
Discount for children
Clothes-washing service
English and some French

Doppelzimmer: **550,-**
Einzelzimmer: **350,-**
Anzahl Zimmer: 4
Volles Frühstück
Serv.: Frühstückstisch
Geöffnet 15. Juni - 15. Aug.
Wochenenden 15. Aug. - 1. Okt.
Zugang zu TV
Terrasse/Aussenplatz
Kein Rauchen im Haus
Ermässigung für Kinder
Wäschewaschservice
Sprechen etwas Deutsch

Florø er vestlegaste byen i Noreg, og ligg på ei øy ved enden av riksveg 5. Bykommunen har 11.400 innbyggjarar.
Systrene Liv og Reidunn Byrkjeland deler ein tomannsbustad, bygd i 1994. Den ligg berre 500 m frå båtterminalen og sentrum, og 300 m frå busstasjonen.
Her er tilbod om fiske, fyrsafari og båtturar til øyane. Kinnakyrkja og Kystmuseet er og vel verd eit besøk.
Her er fint turterreng nær senturm, og Liv tek gjerne med gjester på fottur.

Florø is the town in Norway which lies on an island furthest to the west, at the end of Route 5. The area has 11.400 inhabitants.
The sisters Liv and Reidunn share a semi-detached house, located only 500 m from the boat terminal and the town centre, and 300 m from the busstation.
Here you can fish, go on a lighthouse safari or boat-trip to the islands. Kinnakyrkja (church) and the Coastal Museum are also well worth a visit. You will also enjoy excellent walks near downtown and your hostess Liv will happily take her guests on a walking tour of the area.

Florø ist die westlichste Stadt Norwegens, auf einer Insel, am Ende der Strasse 5. Die Stadt hat 11.400 Einwohner.
Die Schwestern Liv und Reidunn Byrkjeland teilen ein Zweifamilienhaus, gebaut 1994, 500 m vom Zentrum, nahe Schiffsterminal und Busstation.
Angebote: Angeln, Leuchtturmsafari, Bootstouren zu den Inseln. Einen Besuch wert sind auch Küstenmuseum und Kirche Kinnakyrkja. Schönes Wandergebiet in Ortsnähe. Die Gastgeberin Liv nimmt Gäste mit zum Wandern.

Friheten

Your host:
Dagfinn Giil
Address:
Strandavegen
N - 6900 Florø
Phone: 57 74 30 82
Mobil: 90 82 25 77
Best time to call:
08.00 - 11.00 / 18.00 - 22.00

Rom for 2 pers.: **450,-**
Ekstra madrass: **125,-**
Antall rom: 2
Delt bad, kjøkken, stue
Sengetøy er inkludert
Åpent år 2000: 1. jan - 1. aug.
Åpent år 2001: 1. juni - 1. okt.
TV tilgjengelig
Hage/Terrasse/uteplass
Ingen røking innendørs

Room for 2 pers.: **450,-**
Extra mattress: **125,-**
No. of bedrooms: 2
Shared bath, kitchen, LR
Bed linen included
Open year 2000: 1 Jan. - 1. Aug.
Open year 2001: 1 June - 1 Oct.
TV available
Yard/Terrace/Deck access
No smoking inside
English spoken

Zimmer für 2 Pers.: **450,-**
Extramatratzen: **125,-**
Anzahl Zimmer: 2
Gemeins. Bad, Küche, Stube
Inkl. Bettwäsche
Geöffnet 2000: 1. Jan. - 1. Aug.
Geöffnet 2001: 1. Juni - 1. Okt.
Zugang zu TV
Garten/Terrasse/Aussenplatz
Kein Rauchen im Haus
Sprechen Englisch

I ei stille gate utan nevneverdig trafikk, berre 40 m frå sjøen og med utsikt over hamna finn du "Friheten". Gjestene får nytta heile boligen, den kan husa ei gruppe på opptil 6 personer, eller kvart rom leiges ut for seg og fellesromma deles.

You will find "Friheten" (i.e. Freedom) on a quiet street with minimal traffic, only 40 m from the sea with a view of the harbor. Guests enjoy access to the entire house, which can accommodate groups up to 6 persons or each room may be rented out separately where guests share the common room.

In einer ruhigen Straße ohne besonderen Verkehr, nur 40 m vom Meer entfernt und mit Aussicht auf den Hafen, liegt "Friheten" (Freiheit). Die Gäste können die gesamte Wohnung nutzen, die bis zu 6 Personen faßt. Alternativ kann auch jedes Zimmer für sich vermietet werden. Der Gemeinschaftsraum steht dann allen zur Verfügung.

Mennesket skal ikke være alle steder fra.
Mennesket skal være hjemmefra,
og det skal være hjemme.
Tore Hamsun

Eltvik Havstover

Your host:
Aslaug Mikkelsen
Address:
Eltvik
N - 6750 Stadtlandet
Phone: 57 85 98 89
Fax: 57 85 98 89
Mobil: 91 69 44 43
Best time to call:
09.00 - 23.00

Dobbeltrom: **400,-**
Enkeltrom: **230,-**
Antall rom: 3
Full frokost
Dekket frokostbord
Åpent hele året
TV tilgjengelig
Terrasse/Hage
Båtutleie
Ingen røking innendørs
Rabatt utenom sesong
Selvhushold er mulig

Double room: **400,-**
Single room: **230,-**
No. of rooms: 3
Full breakfast
Laid breakfast table
Open year round
TV available
Terrace/Yard
Boat for rent
No smoking inside
Discount off season
Selfcatering possible
Some English spoken

Doppelzimmer: **400,-**
Einzelzimmer: **230,-**
Anzahl Zimmer: 3
Volles Frühstück
Serv.: Frühstückstisch
Ganzjährig geöffnet
Zugang zu TV
Terrasse/Garten
Boot zu mieten
Kein Rauchen im Haus
Rabatt Nebensaison
Selbsthaushalt möglich
Sprechen etwas Englisch

Aslaug og familie ønsker gjester hjertelig velkommen til dette ferieparadiset mellom fjell og hav. Fiskemulighetene er mange både fra strandkanten og fra båt. For landkrabber kan fjellturer være mer fristende i flott natur og frisk og ren havluft.
Eltvikbakken har vært i Aslaugs familie i seks generasjoner. Den ligger helt nord på Stadtlandet og vender ut mot Storhavet.

Aslaug and her family extend hearty welcomes to people visiting this holiday paradise located between mountains and the ocean. The fishing possibilities are many; both from the shore and by boat. For anyone preferring both feet on dry land, hiking in the beautiful mountain areas is a better choice.
Eltvikbakken has been in Aslaug's family for six generations. It is located to the north of Stadtlandet and overlooking the ocean.

Familie Mikkelsen heisst Gäste zu diesem Urlaubsparadies zwischen Gebirge und Meer herzlich willkommen. Ausgezeichnete Angelmöglichkeiten von Strand und Boot. Die herrliche Umgebung lädt zu Bergwanderungen in frischer, reiner Meeresluft ein.
Eltvikbakken liegt nördlich von Stadtlandet, gegen das Meer gewendet. Aslaug und Familie sind die 6. Generation auf dem Hof.

Hammersvik Gjestehus

Your host:
Jan & Doris Hammersvik
Address:
N - 6740 Selje
Phone: 57 85 62 63
Fax: 57 85 67 60
Mobil: 91 80 74 14
Best time to call:
08.00 - 21.00

Dobbeltrom:	600,-
1 pers. i dobbeltrom:	500,-

Antall rom: 3
Full frokost
Servering: Frokostbufféť
Åpent 1. mai - 30. sept.
TV tilgjengelig
Hage
Båtutleie
Ingen røking på rom

Double room:	600,-
1 pers. in dbl. room:	500,-

No. of rooms: 3
Full breakfast
Breakfast buffet
Open 1 May - 30 Sept.
TV available
Yard/Garden
Boat for rent
No smoking in rooms
Some English spoken

Doppelzimmer:	600,-
1 Pers. im Doppelzi.:	500,-

Anzahl Zimmer: 3
Volles Frühstück
Serv.: Frühstücksbüfett
Geöffnet 1. Mai - 30. Sept.
Zugang zu TV
Garten
Boot zu mieten
Kein Rauchen im Zimmer
Sprechen Deutsch

Hammersvik Gjestehus ligg i Selje, i Nordfjord, heilt ute mot ope hav, lengst vest i Noreg. Her er ein særprega, skiftande natur og nokre av dei eldste kulturhistoriske minna i landet. Selje var eit av dei tre første bispeseta i landet, her er ruinane etter Benedictiner Kloster frå år 1103.
I områda rundt Vestkapp finn ein kritkvite strender langs grøne viker.
Romma er i det nyrestaurerte kårhuset på garden. Vertskapet driv gard og gjestehus ilag. Jan driv båtturar til Selje Kloster.

Hammersvik Gjestehus is located in Selje, in Nordfjord, in far western Norway and toward the open sea. Here you'll see the changing patterns of nature alongside some of the country's oldest historic monuments, including the ruins of Benedictine's Convent from 1103. Near Vestkapp, white beaches are found amidst green inlets.
The rooms are in a recently renovated house. The hosts run a farm and guest house side by side. Jan runs a boat route to Selje cloister.

Hammersvik Gästehaus liegt in Selje, Nordfjord, an Norw. äusserster Westküste. Sie finden eine gewaltige und abwechslungsreiche Natur, weisse Sandstrände an grünen Buchten, alte kulturhistorische Stätten.
Besuchen Sie in Selje, einem der 3 frühesten Bischofssitze im Lande, die Ruinen eines Benediktinerklosters von 1103.
Sie wohnen im restaurierten Haus auf dem Hof von Doris (aus Deutschl.) und Jan. Jan veranstaltet Boottouren zum Selje Kloster.

Skipenes Gard

Your host:
Sigdis Skipenes
& Arild Andersen
Address:
N - 6770 Nordfjordeid
Phone: 57 86 08 24
Fax: 57 86 00 89
Mobil: 94 68 61 48
E-mail: aria@online.no
Best time to call:
10.00 - 22.00

Dobbelt-/tosengsrom:	**500,-**	Double/Twin room:	**500,-**	Doppel-/Zweibettzi.:	**500,-**
1 pers. i dobbeltrom:	**450,-**	1 pers. in double room:	**450,-**	1 Pers. im Doppelzi.:	**450,-**
Enkeltrom:	**350,-**	Single room:	**350,-**	Einzelzimmer:	**350,-**

Antall rom: 6
Full frokost
Dekket frokostbord
Åpent hele året
TV tilgjengelig
Terrasse/uteplass/hage
Båt/sykkelutleie
Ingen røking innendørs
Vi tar VISA
Rabatt for barn

No. of rooms: 6
Full breakfast
Laid breakfast table
Open year round
TV available
Terrace/Deck access/Yard
Boat/bike for rent
No smoking inside
VISA accepted
Discount for children
English spoken

Anzahl Zimmer: 6
Volles Frühstück
Serv.: Frühstückstisch
Ganzjährig geöffnet
Zugang zu TV
Terrasse/Aussenplatz/Garten
Boot/Fahrrad zu mieten
Kein Rauchen im Haus
Wir nehmen VISA
Ermässigung für Kinder
Sprechen Deutsch

Ein gamal vestlandsgard med hus frå 1700- og 1800-talet. Frukost serverast i bestestova som er restaurert i gamal stil.
Dei driv mjølkeproduksjon på garden, og du kan få vere med og helse på dyra. Tur med hest kan også formidlast.
Skipenes Gard ligg 800 meter frå Nordfjordeid sentrum, like ved den lakseførande Eidselva.

An old farm typical of the West Coast of Norway, with the dwelling house dating back to the 18th and 19th centuries. Breakfast is served in the formal dining room which has been restored to the old style.
This farm features milk production and you can even get to participate and get to know the animals. Horseback-riding can also be arranged. Skipenes Gard lies 800 m from Nordfjordeid city centre, close to a salmon river called Eidselva.

Ein alter Vestlands-Hof mit Gebäuden aus dem 18. und 19. Jh. Frühstück wird in der "guten Stube" serviert, die in altem Stil restauriert ist.
Auf dem Hof wird Milchproduktion betrieben. Wer mag, kann mithelfen und die Tiere kennenlernen. Darüber hinaus können Reittouren organisiert werden.
Skipenes Gard liegt 800 m von Nordfjordeid Zentrum entfernt, direkt am Lachsfluß Eidselva.

A: Leilighet for 2-4 personer
Antall soverom: 2
Eget bad, kjøkken, stue
Pris for hele enheten: **800,-**

B: 2 Hytter for 2-5 personer
Antall soverom: 2
Eget bad, kjøkken, stue
Pris for hele enheten: **1.000,-**

Avslag pr.seng ikke i bruk: **-50,-**
Sengetøy er inkludert
Åpent hele året
TV tilgjengelig
Terrasse/uteplass/hage
Båt-/sykkelutleie
Ingen røking innendørs
Vi tar VISA
Rabatt for barn
Frokost kan serveres: **50,-**

A: Apartment for 2-4 persons
No. of bedrooms: 2
Own bath, kitchen, LR
Price for whole unit: **800,-**

B: 2 Cabins for 2-5 persons
No. of bedrooms: 2
Own bath, kitchen, LR
Price for whole unit: **1.000,-**

Discount for unused bed: **-50,-**
Bed linen included
Open year round
TV available
Terrace/Deck access/Yard/Garden
Boat/Bikes for rent
No smoking inside
VISA accepted
Discount for children
Breakfast service available: **50,-**
English spoken

A: Wohnung für 2-4 Pers.
Anzahl Schlafräume: 2
Eig. Bad, Küche, Stube
Ganze Einheit: **800,-**

B: 2 Hütten für 2-5 Personen
Anzahl Schlafräume: 2
Eig. Bad, Küche, Stube
Ganze Einheit: **1.000,-**

Ermäss.f. nicht gebrauch. Bett **-50,-**
Inkl. Bettwäsche
Ganzjährig geöffnet
Zugang zu TV
Terrasse/Aussenplatz/Garten
Boot/Fahrrad zu mieten
Kein Rauchen im Haus
Wir nehmen VISA
Ermässigung für Kinder
Frühstück auf Bestellung: **50,-**
Sprechen Deutsch

Veibeskrivelse:
Utgangspunkt Førde: Avstand til Nordfjordeid er 108 km. Kjør E-39 nordover fra Førde. Her er en fergestrekning Anda - Lote. Fra Lote må du gjennom en tunell. Etter nedstigning etter tunellen, kommer du til en bro, sving til høyre før broen. Skipenes Gard ligger 100 m fra broa, på venstre hånd.

Directions:
From Førde: The distance to Nordfjordeid is 108 km. Take E-39 northward to the ferry dock for Anda - Lote. Continue from Lote and drive through a tunnel. After the downgrade following the tunnel, make a right turn before coming to the bridge. Skipenes Gard is 100 m from the bridge on the left side.

Wegbeschreibung:
Von Førde aus sind es 108 km bis Nordfjordeid. Fahren Sie auf der E 39 in Richtung Norden. Von Anda nach Lote verkehrt eine Fähre. Von Lote aus führt die Strecke durch einen Tunnel. Nach dem Gefälle hinter dem Tunnel biegen Sie vor der Brücke rechts ab. Ca. 100 m weiter liegt auf der linken Seite Skipenes Gard.

Huset Vårt overnatting

Your host:
Reidun, Gunn, Astrid, Aashild & Kjellaug
Address:
N - 6790 Hornindal
Phon/Fax: 57 87 94 82
Mobil: 94 55 44 14
Best time to call:
10.00 - 14.00

Loen pensjonat

Your host:
Erik & Åsta Bødal
Address:
N - 6789 Loen
Phone: 57 87 76 24
Fax: 57 87 76 78
Mobil: 94 55 29 92
E-mail: erik.boedal@c2i.net
Best time to call:
08.00 - 12.00 / 17.00 - 23.00

Dobbelt-/tosengsrom:	**450,-**	Double/Twin room:	**450,-**	Doppel-/Zweibettzi.:	**450,-**
Enkeltrom:	**250,-/300,-**	Single room:	**250,-/300,-**	Einzelzimmer:	**250,-/300,-**
Antall rom: 10		No. of rooms: 10		Anzahl Zimmer: 10	
Full frokost		Full breakfast		Volles Frühstück	
Servering: Frokostbuffét		Breakfast buffet		Serv.: Frühstücksbüfett	
Åpent 20. mai - 10. sept.		Open 20 May - 10 Sept.		Geöffnet 20. Mai - 10. Sept.	
TV tilgjengelig		TV available		Zugang zu TV	
Terrasse/uteplass/hage		Terrace/Garden		Terrasse/Aussenplatz/Garten	
Båtutleie		Boat for rent		Boot zu mieten	
Sykkelutleie		Bike for rent		Fahrrad zu mieten	
Ingen røking innendørs		No smoking inside		Kein Rauchen im Haus	
Rabatt for barn		Discount for children		Ermässigung für Kinder	
Selvhushold er mulig		Selfcatering possible		Selbsthaushalt möglich	
		English spoken		Sprechen Deutsch	

Loen Pensjonat ligg 400 m frå sentrum, med fin utsikt over fjorden. Hovudbygninga er frå 1910 med fleire nyare tilbygg. Her har det vore dreve pensjonat i åra 1910-1940 og frå 1956 og fram til i dag. Ein stor hage ligg ikring huset.
På garden driv dei sauehald. Flott turterreng og gode høve for fiske. Muligheter for brevandring.

Loen Pensjonat is 400 m from the centre of Loen, with a wonderful view of the fjord. The main building dates back to 1910 with several modern additions. There was an inn here from 1910-1940, and from 1956 until the present. A large garden surrounds the house. Beautiful hiking country and good fishing. There are sheep on the farm.
Possibilities for glacier trekking.

Loen Pensjonat liegt 400 m vom Zentrum Loen und bietet schöne Aussicht auf den Fjord. Das Hauptgebäude stammt aus 1910 und hat mehrere neuere Anbauten. Die Pension wurde von 1910-1940 und von 1956 bis heute betrieben. Sie ist von einem grossen Garten umgeben. Der Hof wird mit Schafzucht betrieben. Herrliches Wandergelände und gute Angelmöglichkeiten. Gletscherwanderungen.

Olden romutleie

Your host:
Solbjørg Sætren
Address:
Olden
N - 6870 Olden
Phone: 57 87 31 93 / 57 87 25 02
Fax: 57 87 34 10 / 57 87 25 04
Best time to call:
08.00 - 23.00

Dobbeltrom:	**350,-**	Double room:	**350,-**	Doppelzimmer:	**350,-**
Enkeltrom:	**250,-**	Single room:	**250,-**	Einzelzimmer:	**250,-**
Antall rom: 4		No. of rooms: 4		Anzahl Zimmer: 4	
Full frokost		Full breakfast		Volles Frühstück	
Dekket frokostbord		Laid breakfast table		Serv.: Frühstückstisch	
Åpent hele året		Open year round		Ganzjährig geöffnet	
TV tilgjengelig		TV available		Zugang zu TV	
Terrasse/uteplass/hage		Terrace/Garden		Terrasse/Aussenplatz/Garten	
Båtutleie		Boat for rent		Boot zu mieten	
Ingen røking innendørs		No smoking inside		Kein Rauchen im Haus	
Selvhushold er mulig		Selfcatering possible		Selbsthaushalt möglich	
Mulighet for klesvask		Laundry facilities		Zugang zu Waschmaschine	
		Some English spoken		Sprechen Deutsch	

Olden ligger lengst inne i Nordfjord. Det er daglige omvisninger i Olden Gamle kirke og i heimen til en kunstmaler, hvor det også er utstilling.
Båten "Isabella" går flere ganger om dagen og tar turister med på fjordfiske. Det går også buss til Briksdalsbreen hvor det, foruten isbreen, er serveringssted, hesteskyss og suvenirforretning. Det er ellers oppmerkede stier for fotturister over hele Olden.
Det ligger et spisested like ved.

Olden is located in the depths of Nordfjord. Daily tours to Olden's Hisoric Church and the gallery of a local painter.
"Isabella" is a boat taking tourists fishing several times a day. You can also take a bus 20 km to the Briksdalbreen Glacier where you'll find a restaurant, riding and a souvenir shop. Throughout the Olden area,
there are marked hiking trails.
There is a restaurant close by.

Der Ort Olden liegt am Ende des Nordfjords. Tägliche Führungen in der alten Kirche in Olden und in der Ausstellung eines lokalen Malers.
Auf dem Nordfjord nimmt das Schiff "Isabella" mehrmals täglich Touristen zum Fischfang mit. 20 Min. Busfahrt zum Briksdalsgletscher mit Pferdekutschen, Imbisslokal und Andenkenladen.
Gut markierte Wanderpfade.
Speisestälte nebenan.

Trollbu

Your host:
Signe & Rune Asbrekk
Address:
N - 6791 Oldedalen
Phone: 57 87 38 38
Mobil: 91 38 25 69
Best time to call:
09.00 - 23.00

Tosengsrom:	**450,-**
1 pers. i dobbeltrom:	**350,-**

Antall rom: 2
Full frokost
Servering: Frokostbrett
Åpent hele året
Terrasse/uteplass/hage
Båtutleie
Ingen røking innendørs
Medlem av Norsk Gardsmat

Twin room:	**450,-**
1 pers. in double room:	**350,-**

No. of rooms: 2
Full breakfast
Breakfast tray
Open year round
Terrace/Deck access/Yard
Boat for rent
No smoking inside
Member of Norsk Gardsmat
English spoken

Zweibettzimmer:	**450,-**
1 Pers. im Doppelzi.:	**350,-**

Anzahl Zimmer: 2
Volles Frühstück
Serv.: Frühstückstablett
Ganzjährig geöffnet
Terrasse/Aussenplatz/Garten
Boot zu mieten
Kein Rauchen im Haus
Mitglied v. Norsk Gardsmat
Sprechen Deutsch

Trollbutunet ligg på garden Aabrekk i Oldedalen, Stryn. På garden bur tre generasjonar, Signe og Rune, fem born og besteforeldre.
Garden er i full drift med mjølke- og kjøtproduksjon. Trollbutunet består av tre hus, eitt frå 1992 og to eldre hus frå 1700- og 1800-talet som er nyrestaurerte.
Gardskafé med sal av tradisjonsrik mat, kaffi og husflid produsert i dalen.
Familien Aabrekk tek imot gjester på gardsbesøk; vitjing i fjøset og høve til å ri på fjordhest. Tur med hest og kjerre til Briksdalsbreen, bretur på Jostedalsbreen, fiske i vatn og merka turstier i fjellheimen.

Trollbu is on the Aabrekk farm in Oldedalen, Stryn. Three generations live on the dairy and meat farm, Signe and Rune, five children and grandparents.
The courtyard has 3 houses, one from 1992 and 2 newly restored houses from the 1700's and 1800's. The farm cafe sells coffee, traditional food and local handicrafts.
Guests are welcome to visit the farm and ride ponies. Take horse and cart rides to Briksdal glacier, hikes on Jostedal glacier, or go fishing or mountain hiking.

Trollbutunet besteht aus zwei völlig restaurierten Häusern aus dem 18. Und 19. Jh., sowie einem Haus aus 1992. Die Häuser liegen auf dem Hof Aabrekk in Oldedalen, bei Stryn. Milch- und Viehwirtschaft. Auf dem Hof leben drei Generationen. Kaffee und Traditionskost, sowie Heimkunst werden im Cafe auf dem Hof angeboten. Die Familie bietet Hofbesichtigung, Reiten auf Fjordpferd, Ausflüge mit Pferd und Wagen zum Briksdals-Gletscher, sowie Touren auf dem Jostedalsgletscher an. Angeln in Bergseen und markierte Wanderstrecken in den Bergen.

Molladalen Bed & Breakfast

Your host:
Magnhild & Helge Erdal
Address:
N - 6174 Barstadvik
Phone: 70 06 01 04
Mobil: 92 66 65 15
Best time to call:
11.00 - 18.00 / 22.00 - 23.00

Dobbelt-/tosengsrom:	**450,-**
Enkeltrom:	**250,-**

Antall rom: 2
Full frokostt
Dekket frokostbord
Åpent hele året
TV tilgjengelig
Uteplass/hage
Ingen røking på rom

Double/Twin room:	**450,-**
Single room:	**250,-**

No. of rooms: 2
Full breakfast
Laid breakfast table
Open year round
TV available
Terrace/Garden
No smoking in rooms
English spoken

Doppel-/Zweibettzi.:	**450,-**
Einzelzimmer:	**250,-**

Anzahl Zimmer: 2
Volles Frühstück
Serv.: Frühstückstisch
Ganzjährig geöffnet
Zugang zu TV
Aussenplatz/Garten
Kein Rauchen im Zimmer
Sprechen etwas Deutsch

Erdal og Barstadvik ligg på sørsida av Storfjorden, sør for Ålesund og Spjelkavik.
Det er eit stille område med fin natur med høve til fiske i sjø, elv og fjellvatn. Molladalen har eit unikt turterreng, fjellklatring er mogeleg. Vertskapet er behjelpeleg med turopplegg, både til fots i fjella og med bil rundt i dalane. På garden driv dei med mjølkekyr og ungdyr. Dei har også hund. Familien Erdal har budd 7 år i Dei Sameinte Arabiske Emirata og er van med framandfolk.

Erdal and Barstadvik is south of Storfjorden, which runs south of Ålesund and Spjelkavik. It is a quiet area with great scenery. Molladalen has unique terrain for hiking and mountain climbing. Fishing in the sea, streams or mountain lakes. The hosts will assist you in planning your driving/hiking trips in the valleys. The Erdal's run a dairy farm. They have lived in the United Arab Emirates and are accustomed to people from many cultures.

Erdal und Barstadvik liegen an der Nordseite des Storfjords, südl.von Ålesund und Spjelkavik.
Ruhige Gegend mit prachtvoller Landschaft und Angelmöglichkeiten in Fjord, Fluss und Bergseen. Einmalig schönes Gebiet zum Wandern und Klettern. Die Gastgeber beraten gerne über Wandern, Bergtouren und Autoausflüge.
Milchkühe auf dem Hof. Fam. Erdal lebte 7 Jahre in den Verein. Arab. Emiraten und ist offen für Leute aus aller Welt.

Solen är ny för varje dag.
Grekiska ordspråk

Rønneberg Gard

Your host:
Astrid Ytreeide
Address:
Rønneberg
N - 6215 Eidsdal
Phone/Fax: 70 25 90 18
Best time to call:
07.00 - 24.00

Dobbeltrom: **500,-**
Tosengsrom: **450,-**
Enkeltrom: **300,-**
Antall rom: 4
Full frokost
Dekket frokostbord
Åpent 1. juni - 31. juli
TV tilgjengelig
Terrasse/uteplass/hage
Ingen røking innendørs

Double room: **500,-**
Twin room: **450,-**
Single room: **300,-**
No. of rooms: 4
Full breakfast
Laid breakfast table
Open 1 June - 31 July
TV available
Terrace/Yard
No smoking inside
English spoken

Doppelzimmer: **500,-**
Zweibettzimmer: **450,-**
Einzelzimmer: **300,-**
Anzahl Zimmer: 4
Volles Frühstück
Serv.: Frühstückstisch
Geöffnet 1. Juni - 31. Juli
Zugang zu TV
Terrasse/Aussenplatz/Garten
Kein Rauchen im Haus
Sprechen etwas Deutsch

Rønneberg gard ligger 7 km fra Eidsdal sentrum på vegen mot Geiranger. Fjellgården ligger 420 m.o.h. og det er ingen fjell som stenger for sola. Gården ligger på en 3 km avstikker fra den spektakulære turistruten "The Golden Route" mellom Åndalsnes og Geiranger .
Det er fine turmuligheter i et terreng lite brukt av turister. Gode fiskevann og småviltjakt. Fiskekort selges på garden.
I Tafjord finner du ellers en kraftstasjon med museum og utendørs svømmebaseng.
Velkommen til det røde huset på Rønneberg.

Rønneberg Farm is located 7 km from Eidsdal city center along the highway to Geiranger. This mountain farm lies 420 meters above sea level and enjoys plenty of sunlight. The farm is situated on a side-trail 3 km from the spectacular "Golden Route" between Åndalsnes and Geiranger.
Excellent hiking on un-crowded trails. Nearby lakes for fishing and small game hunting. Fishing license sold on the farm.
Large hydro el. station in Tafjord close by, with a museum and an outdoor swimming pool.
Welcome to the Rønneberg's red house.

Der Hof befindet sich 7 km von Eidsdal Zentrum entfernt in Richtung Geiranger. Der Gebirgshof liegt auf 420 m Meereshöhe; kein Bergrücken versperrt den Blick auf die Sommersonne. Rønneberg liegt 3 km abseits der Touristenstraße "The Golden Route" zwischen Åndalsnes und Geiranger.
Schöne Wandermöglichkeiten in einem wenig touristischen Gebiet. Reizvolle Angelseen; Niederwildjagd. Angelschein auf dem Hof erhältlich.
E-Werk mit Museum und Schwimmbad (28 Grad) in Tafjord. Willkommen zum roten Haus von Rønneberg.

Hytter for 2-5 personer
Antall soverom: 2-3
Eget bad, kjøkken, stue
Pris for hele enheten: **480,-**
Antall hytter: 2
Sengetøy er inkludert
Åpent 1. juni - 30. aug.
TV tilgjengelig
Hage/Terrasse/uteplass
Båtutleie
Ingen røking innendørs
Frokost kan serveres; **60,-**

Cabins for 2-5 persons
No. of bedrooms: 2-3
Own bath, kitchen, LR
Price for whole unit: **480,-**
No. of cabins: 2
Bed linen included
Open 1 June - 30 Aug.
TV available
Yard/Terrace/Deck access
Boat for rent
No smoking inside
Breakfast service available; **60,-**
English spoken

Hütten für 2-5 Personen
Anzahl Schlafräume: 2-3
Eig. Bad, Küche, Stube
Ganze Einheit: **480,-**
Anzahl Hütten: 2
Inkl. Bettwäsche
Geöffnet 1. Juni - 30. Aug.
Zugang zu TV
Garten/Terrasse/Aussenplatz
Boot zu mieten
Kein Rauchen im Haus
Frühstück auf Bestellung; **60,-**
Sprechen etwas Deutsch

Veibeskrivelse:
Kjør 25 km fra Geiranger mot Eidsdal over Ørneveien. Se etter skiltet "Rønneberg/Kilsti". Det er 3 km bratt vei fra riksvegen opp til gården. Se etter det røde huset. Fra Eidsdal er det ca. 7 km til avkjøring "Rønneberg/Kilsti".

Directions:
Drive 25 km from Geiranger towards Eidsdal on Ørneveien. Look for a sign marked "Rønneberg/-Kilsti". Take the steep road 3 km up from main highway to get to farm. Look for the red house. From Eidsdal: about 7 km to the exit point "Rønneberg/Kilsti".

Wegbeschreibung:
Fahren Sie von Geiranger aus auf dem Ørneveien 25 km in Richtung Eidsdal. Achten Sie auf das Schild "Rønneberg/Kilsti". Von der Hauptstraße aus geht es 3 km steil bergan bis zum Hof. Halten Sie Ausschau nach einem roten Haus. Von Eidsdal aus sind es ca. 7 km bis zur Abzweigung "Rønneberg/-Kilsti".

Å bo vil si å være venner med et sted.
Når vi bor, er vi i fred, beskyttet mot fare og skade.
For å oppnå et slikt vennskapsforhold,
må vi forstå og respektere stedet.

Christian Norberg-Schulz

Hvis du hele livet har hatt en ren samvittighet,
trenger du ikke frykte
når det banker på døren ved midnatt.

Kinesisk ordspråk

Petrine's Gjestgiveri

Your host:
Kirsti Indreeide Dale

Address:
N - 6214 Norddal
Phone: 70 25 92 85
Fax: 70 25 92 88
Mobil: 90 97 90 27
E-mail: petrines@petrines.com
Web: www.petrines.com

Best time to call:
09.00 - 23.00

Dobbeltrom:	**600,-/800,-**
Enkeltrom:	**450,-/550,-**

Antall rom: 12
Full frokost
Servering: Frokostbuffét
Åpent hele året
Om vinteren kun forhåndsbest.
TV tilgjengelig
Terrasse/uteplass/hage
Vi tar VISA, MC
Rabatt for barn

Double room:	**600,-/800,-**
Single room:	**450,-/550,-**

No. of rooms: 12
Full breakfast
Breakfast buffet
Open year round
Winter; reservations required
TV available
Terrace/Deck access/Yard
VISA, MC accepted
Discount for children
English & some French spoken

Doppelzimmer:	**600,-/800,-**
Einzelzimmer:	**450,-/550,-**

Anzahl Zimmer: 12
Volles Frühstück
Serv.: Frühstücksbüfett
Ganzjährig geöffnet
Winter: Vorbestellung nötig
Zugang zu TV
Terrasse/Aussenplatz/Garten
Wir nehmen VISA, MC
Ermässigung für Kinder
Sprechen Deutsch

Petrines Gjestgiveri ligg ved fjorden i Norddal, midt i "The Golden Route", 4 km frå ferjekaia i Eidsdal, ved vegen som fører opp til den vakre Herdalsetra. Huset vart bygd som aldersheim i 1916 og vart ombygd til gjestgiveri i 1992, og pussa opp i 1999. Vertskapet sin spesialitet er tradisjonell heimelaga norsk mat. Dei har gard med geiter og hestar.

Petrine's Inn is by the fjord at Norddal, in the middle of "The Golden Route", 4 km from the Eidsdal ferry quay, along the road leading up to the beautiful Herdal mountain pastures.
The house was built in 1916 as a nursing home, and was converted to an inn in 1992 and renovated in 1999.
The hostess's speciality is homemade Norwegian food. There is also a farm here with horses and goats.

Petrines Gjestgiveri liegt am Fjord in Norddal, mitten in The Golden Route, 4 km vom Fährkai in Eidsdal, an der Strasse hinauf zur schönen Alm Herdalsetra. Das Haus wurde 1916 als Altersheim gebaut und 1992 zum Gästehaus umgebaut. 1999 renoviert. Die Gastgeber sind auf norwegische Traditionskost spezialisiert. Sie betreiben den Hof mit Ziegen und Pferden.

Talent is not a privilege, it is a duty.
Henrik Ibsen

Strandhuset Måndalen

Your host:
Elsa & John Vold
Address:
N - 6386 Måndalen
Phone: 71 22 33 25
Mobil: 90 87 59 72
Best time to call:
10.00 - 18.00

A: Leilighet for 2-8 personer
Antall soverom: 3
Eget bad, kjøkken, stue
Pris for hele enheten: **500,-**

B: Leilighet for 2-6 personer
Antall soverom: 2
Eget bad, kjøkken, stue
Pris for hele enheten: **400,-**

Antall leiligheter: 3
Tillegg for sengetøy: **50,-**
Åpent hele året
TV tilgjengelig
Hage/Terrasse/uteplass
Båtutleie

A: Apartment for 2-8 persons
No. of bedrooms: 3
Own bath, kitchen, LR
Price for whole unit: **500,-**

B: Apartment for 2-6 persons
No. of bedrooms: 2
Own bath, kitchen, LR
Price for whole unit: **400,-**

No. of apt.: 3
Bed linen fee: **50,-**
Open year round
TV available
Yard/Terrace/Deck access
Boat for rent
Some English spoken

A: Wohnung für 2-8 Personen
Anzahl Schlafräume: 3
Eig. Bad, Küche, Stube
Ganze Einheit: **500,-**

B: Wohnung für 2-6 Personen
Anzahl Schlafräume: 2
Eig. Bad, Küche, Stube
Ganze Einheit: **400,-**

Anzahl Wohnungen: 3
Mieten von Bettwäsche: **50,-**
Ganzjährig geöffnet
Zugang zu TV
Garten/Terrasse/Aussenplatz
Boot zu mieten
Sprechen etwas Deutsch

Ved Romsdalsfjorden ligger Måndalen, en sidedal som er omgitt av høye fjell. Fiskeelven Måna med laks og ørret renner ut i havet her. Lenger oppe i dalen er det fine fiskevann og skogsbilveier.
Vertskapet driver gårdsbruk. Utleiehuset ligger ved en brygge nede ved sjøen med naust og båter som kan benyttes til fjordfiske.
Kort vei til post, bank, kafeteria og flere butikker.

Måndalen lies by Romsdals Fjord, a side valley flanked by high mountains. The river Måna, which carries salmon and trout, has its mouth here. Further up the valley are good fishing lakes and logging roads.
The hosts run a farm. The house for rent lies by a dock on the sea with a boathouse and boats that can be used for fishing.
Short distance to post office, bank, cafeteria and several stores.

Am Romsdalsfjord liegt Måndalen, ein von hohen Bergen umgebenes Seitental. Hier mündet der Angelfluss Måna mit Lachs und Seeforelle in den Fjord. Weiter talaufwärts gibt es Forststrassen und gute Fischwasser. Die Gastgeber bewirtschaften einen Bauernhof. Das Miethaus liegt an der Bootbrücke am Fjord, wo Boote zum Angeln benützt werden können. Unweit zu Postamt, Bank und Geschäften.

Trollstigen
Camping & Gjestegård

Your host:
Milouda & Edmund Meyer
Address:
N - 6300 Åndalsnes
Phone: 71 22 11 12
Fax: 71 22 22 48
Mobil: 92 49 84 62 / 91 39 01 05
E-mail: ed-mey@online.no
Web: www.trollcamp.no
Best time to call:
08.00 - 22.00

Dobbeltrom: **490,-**
Enkeltrom: **320,-**
Tresengsrom: **630,-**
Firesengsrom: **840,-**
Antall rom: 15
Full frokost
Servering: Frokostbuffé
Restaurant, alle rettigheter
Åpent hele året
TV tilgjengelig
Terrasse/uteplass/hage
Båtutleie
Vi tar VISA, MC
Rabatt for barn

Double room: **490,-**
Single room: **320,-**
3 bedded room: **630,-**
4 bedded room: **840,-**
No. of rooms: 15
Full breakfast
Breakfast buffet
Restaurant, fully-licensed
Open year round
TV available
Terrace/Garden
Boat for rent
VISA, MC accepted
Discount for children
English, Arabic and some French spoken

Doppelzimmer: **490,-**
Einzelzimmer: **320,-**
Dreibettzimmer: **630,-**
Vierbettzimmer: **840,-**
Anzahl Zimmer: 15
Volles Frühstück
Serv.: Frühstücksbüfett
Restaurant, alle Schankrechte
Ganzjährig geöffnet
Zugang zu TV
Terrasse/Aussenplatz/Garten
Boot zu mieten
Wir nehmen VISA, MC
Ermässigung für Kinder
Sprechen etwas Deutsch

Trollstigen Camping & Gjestegård ligger i Istedalen, 10 km fra Åndalsnes langs RV 63 mot Trollstigen.
På gården er det produksjon av kjøtt, melk, poteter og juletrær. Elvefiske, utleie av jaktrettigheter, og kanoutleie. Fjordfiske fra båt er også mulig.

Trollstigen Camping & Gjestegård is at Istedalen, along Route 63 in the direction of Trollstigen.
The farm has a dairy and cattle herds along with potatoes and Christmas trees production.
Possibilities for river course fishing, canoe rental, fjord fishing by boat and rent of hunting rights.

Trollstigen Camping & Gjestegård liegt in Istedalen, an der Strasse 63 gegen Trollstigen.
Auf dem Hof gibt es Milchwirtschaft, Viehzucht, Kartoffeln und Christbaumpflanzungen.
Flussangeln, Jagdrechte, Kanuvermietung und Angeln von Boot im Fjord möglich.

Ingen har det tryggere enn den som bor i et luftslott.

Klara Johanson

A: Hytter for 2-5 personer
Trollstigen Camping & Gjestegård
Antall hytter: 8
Eget bad, kjøkken, stue, soverom
Pris for hele enheten: **550,-**
Tillegg for sengetøy: **50,-**
Åpent hele året
TV tilgjengelig
Hage/terrasse/uteplass
Gratis badstu
Båtutleie
Vi tar VISA, MC
Rabatt for barn
Restaurant

B: Leilighet for 2-4 personer
Trollstigen Gjestegård - Meyer
Antall soverom: 2
Eget bad, kjøkken, stue
Pris for hele enheten: **500,-**
Tillegg for sengetøy: **50,-**

A: Cabins for 2-5 persons
Trollstigen Camping & Gjestegård
No. of cabins: 8
Own bath, kitchen, LR, bedroom
Price for whole unit: **550,-**
Bed linen fee: **50,-**
Open year round
TV available
Yard/Terrace/Deck access
Free sauna
Boat for rent
VISA, MC accepted
Discount for children
Restaurant

B: Apartment for 2-4 persons
Trollstigen Gjestegård - Meyer
No. of bedrooms: 2
Own bath, kitchen, LR
Price for whole unit: **500,-**
Bed linen fee: **50,-**
English, French and Arabic spoken

A: Hütte für 2-5 Personen
Trollstigen Camping & Gjestegård
Anzahl Hütten: 8
Eig. Bad, Küche, Stube, Schlafzi.
Ganze Einheit: **550,-**
Mieten von Bettwäsche: **50,-**
Ganzjährig geöffnet
Zugang zu TV
Garten/Terrasse/Aussenplatz
Gratis Sauna
Boot zu mieten
Wir nehmen VISA, MC
Ermässigung für Kinder
Restaurant

B: Wohnung für 2-4 Personen
Trollstigen Gjestegård - Meyer
Anzahl Schlafräume: 2
Eig. Bad, Küche, Stube
Ganze Einheit: **500,-**
Mieten von Bettwäsche: **50,-**
Sprechen etwas Deutsch

Enhet A ligger i Istedalen, 10 km fra Åndalsnes, retning Trollstigen. Navnet her er Trollstigen Camping og Gjestegård. Her er det også restaurant med frokost og middagservering, badstu og kanoutleie. Enhet B, Trollstigen Gjestegård der vertskapet selv bor, ligger på Sogge, 6 km fra Åndalsnes mot Trollstigen.

Unit A is located in Istedalen, 10 km from Åndalsnes, direction Trollstigen. The name here is "Trollstigen Camping og Gjestegård". There is also a restaurant that serves both breakfast and dinner, plus a sauna and canoe rental.
Unit B, Trollstigen Gjestegård, is where your hosts live and is located at Sogge, 6 km from Åndalsnes towards Trollstigen.

Wohneinheit A befindet sich im Istedalen, 10 km von Åndalsnes entfernt in Richtung Paßstraße "Trollstigen". Gasthof mit Campingplatz. Frühstück und Abendessen werden angeboten, außerdem Sauna und Kanuvermietung.
Wohneinheit B - hier wohnen die Wirtsleute selbst - liegt in Sogge, 6 km von Åndalsnes entfernt in Richtung Paßstraße Trollstigen.

Veibeskrivelse:
Anlegget ligger 10 km fra Åndalsnes langs E-136. Ta RV-63 mot Trollstigen og kjør 5 km. Se etter avkjørselsskiltet som er merket med "Trollstigen Gjestegård".
Fra Geiranger er det det første turistanlegget etter at du kommer ned fra Trollstigen.

Directions:
The facility is located 10 km from Åndalsnes along highway E-136. Take RV-63 towards Trollstigen and drive 5 km. Look for an exit sign marked "Trollstigen Gjestegård".
From Geiranger: Look for the first tourist facility after descending from Trollstigen.

Wegbeschreibung:
Der Gasthof befindet sich ca. 10 km von Åndalsnes entfernt an der E 136. Folgen Sie der Straße 63 Richtung Trollstigen ca. 5 km weit. Achten Sie auf das Schild mit der Aufschrift "Trollstigen Gjestegård".
Aus Richtung Geiranger ist es der erste Hof nach der Abfahrt von Trollstigen.

Kneiken Romutleie

Your host:
Ingebjørg Slyngstadli
Address:
Kneiken 2
N - 6007 Ålesund
Phone: 70 12 82 68
Mobil: 92 60 22 90
Best time to call:
09.00 - 23.00

Rom for 2 pers.:	350,-
Rom for 1 pers.:	250,-
Ettdøgnstillegg:	50,-
Antall rom: 2	
Sengetøy er inkludert	
Delt bad og kjøkken	
Åpent hele året	
TV på rom	

Room for 2 pers.:	350,-
Room for 1 pers.:	250,-
One night stay only; add:	50,-
No. of rooms: 2	
Bed linen included	
Shared bath and kitchen	
Open year round	
TV in rooms	
Some English spoken	

Zimmer für 2 Pers.:	350,-
Zimmer für 1 Pers.:	250,-
Zuschlag f. 1 Tag:	50,-
Anzahl Zimmer: 2	
Inkl. Bettwäsche	
Gemeins. Bad u. Küche	
Ganzjährig geöffnet	
TV im Zimmer	
Sprechen etwas Englisch	

Kneiken ligger i ås-siden av byfjellet som kneiser over Ålesund. Det er 10 min. gange til Fjellstua hvor det åpenbarer seg en panoramautsikt av de sjeldne.
Stedet egner seg godt som utgangspunkt for dagsturer. Det er 20 min. gangavstand til sentrum.
Ålesund ligger på tre øyer med en kanal tvers gjennom sentrum.
Byen er mest kjent for sin arkitektur, gjennomført i jugend-stil.
Byen ble gjenreist av den tyske keiser Wilhelm etter den store bybrannen i 1904.

Kneiken lies on the hillside of the mountain that towers over Ålesund. A 10 min. walk brings you to Fjellstua where a unique panorama is revealed.
The place is a good base for day trips. The town center is only 20 min. walk away.
Ålesund lies on three islands, with a canal straight through the center.
The town is best known for its architecture, in Jugend style.
Ålesund was reconstructed by the German kaiser Wilhelm after being destroyed by the great fire in 1904.

Kneiken liegt am Hang des Stadtbergs, der sich über Ålesund erhebt. 10 Min. Wanderung zum Restaurant Fjellstua mit einzigartiger Panoramaaussicht.
Günstige Lage für Tagesausflüge. 20 Min. zum Zentrum.
Ålesund liegt verteilt auf drei Inseln, wobei ein Kanal direkt durch das Zentrum verläuft. Die Stadt ist aufgrund ihrer einheitlichen Jugendstilbauten bekannt, die der deutsche Kaiser Wilhelm II nach dem grossen Stadtbrand 1904 errichten liess.

Under varje sten lurar en skorpion.
Zenobios 100-talet

Remheim Gjestehus

Your host:
Jette & Rasmus P. Sandøy
Address:
N - 6484 Sandøy
Phone/Fax: 71 27 79 09
Mobil: 91 36 92 47
Web:
www.sandoy.kommune.no/bedrifter/st/remheim/
Best time to call:
10.00 - 22.00

Gjestehus for opp til 8-10 pers.
Antall soverom: 4
Eget bad, kjøkken, spisestue
Pris for hele enheten: **800,-**
Tillegg for sengetøy: **50,-**
Åpent hele året
TV tilgjengelig
Terrasse m/grill
Boblebad, badstu, solarium
Båtutleie
Ingen røking innendørs

Guesthouse for up to 8-10 pers.
No. of bedrooms: 4
Own bath, kitchen, dining
Price for whole unit: **800,-**
Bed linen fee: **50,-**
Open year round
TV available
Terrasse w/BBQ
Whirlpool, sauna, solarium
Boat for rent
No smoking inside
Some English spoken

Gästehaus für bis zu 8-10 Pers.
Anzahl Schlafräume: 4
Eig. Bad, Küche, Esszimm.
Ganze Einheit: **800,-**
Mieten von Bettw.: **50,-**
Ganzjährig geöffnet
Zugang zu TV
Terrasse mit Grill
Whirlpool, Sauna, Solarium
Boot zu mieten
Kein Rauchen im Haus
Sprechen etwas Englisch

Sandøy er et idyllisk øysamfunn omkranset av holmer og skjær. Det ligger utenfor munningen av Romsdalsfjorden, har 70 fastboende innbyggere og Molde som nærmeste by. Det er to fergestrekninger mellom øya og fastlandet. Rundt øya er det sandstrender og rike sjøfuglområder. Småbåthavn for de som kommer sjøveien. Utmerket sted for fiske- eller dykkeinteresserte.
Kirken på stedet er fra 1812. Fin tursti i ungskog. Barnevennlige omgivelser.
Mulighet for dagsutflukter til øya Ona med sitt karakteristiske fyr.

Sandøy is an idyllic island community surrounded by skerries. It lies beyond the mouth of Romsdalfjorden with a year-round population of 70. Closest town is Molde. Two ferry connections join the island to the mainland. Good hiking trails in forest; suitable for kids. There are sandy beaches around the island, with a large population of seabirds.
Guest marina for those who arrive by boat. Outstanding place for fishing/diving. Local church dates from 1812.
Day-trips available to the island of Ona and its distinctive lighthouse.

Sandøy ist eine idyllische Insel, umgeben von Holmen und Schären. Sie liegt ausserhalb der Mündung des Romsdalsfjords, hat 70 feste Einwohner und Molde als nächste Stadt. Zwei Fährstrecken verbinden die Insel mit dem Festland.
Es gibt viele Sandstrände u. viele Arten von Meeresvögeln. Kleinboothafen.
Sandøy ist ein Eldorado für Angler und Taucher. Wanderpfad in Jungwald. Kinderfreundliche Umgebung.
Die Kirche stammt aus 1812.
Gute Möglichkeiten zu Tagesausflügen zur Insel Ona mit ihrem charakteristischen Leuchtturm.

Gråhaugen Fjellstue

Your host:
Anne & Jon Erik Moen
Address:
Folldalen
N - 6653 Øvre Surnadal
Phone: 71 66 25 00
Fax: 71 66 10 27
E-mail: jerimoen@online.no
Best time to call:
08.00 - 23.00

A: Hytte for 2-4 personer
Antall soverom: 1
Stue og tekjøkken
Ikke innlagt vann i hytten
Sanitæranlegg i enhet B
Pris for hele enheten: **400,-**

B: Fjellstue for 26 personer
Antall 2-mannsrom: 5
Antall 4-mannsrom: 4
Pris for hele enheten: **3.300,-**
Dusj, toalett og badstue

Åpent mars - oktober
Tillegg for sengetøy: **40,-**
Terrasse/uteplass
Båtutleie
Forhåndsbestilling nødvendig

A: Cabin for 2-4 persons
No. of bedrooms: 1
Living room and kitchenette
No running water in cabin
Sanitary facilities in unit B
Price for whole unit: **400,-**

B: Cabin for 26 persons
No. of twinrooms: 5
No. of 4-bedded rooms: 4
Price for whole unit: **3.300,-**
Shower, toilets and sauna

Open March - October
Bed linen fee: **40,-**
Terrace/Deck access
Boat for rent
Reservations required
English spoken

A: Hütte für 2-4 Personen
Anzahl Schlafräume: 1
Stube und Teeküche
Kein fliess. Wasser
Sanitäranlage in Einheit B
Ganze Einheit: **400,-**

B: Hütte für 26 Personen
Anzahl Zweibettzimmer: 5
Anzahl Vierbettzimmer: 4
Ganze Einheit: **3.300,-**
Dusche, Toilette und Sauna

Geöffnet März - Oktober
Mieten von Bettwäsche: **40,-**
Terrasse/Aussenplatz
Boot zu mieten
Vorbestellung nötig
Sprechen Deutsch

Hytten og fjellstuen ligger 16 km fra RV 65, inne i Trollheimen ved Gråsjø. Her er du midt i fjellheimen og finner ideelle forhold for alle typer friluftsaktiviteter. Fjellstuen (B) leies bare ut som en enhet.

The cabin and mountain inn are located 16 km from RV 65, inside Trollheimen at Gråsjø. Here you find yourself in the middle of the mountain wilds and will enjoy ideal conditions for all sorts of outdoor activities.
Fjellstuen or The Mountain Inn (B) is only available for rental as an individual unit.

Hütte auf einem Gebirgsgasthof, ca. 16 km von Straße 65 entfernt. Reizvolle Lage inmitten des Trollheimen-Gebirges mit idealen Bedingungen für alle Aktivitäten an der frischen Luft. Der Gebirgsgasthof (B) wird nur als gesamte Einheit vermietet.

Kjempeplassen

Your host:
Biggles & Olav Nyrønning
Address:
N - 7380 Ålen
Phone: 72 41 55 60
Fax: 72 41 55 52
E-mail: bbsmith@online.no
Best time to call:
10.00 - 21.00

Tosengsrom: **590,-**
Enkeltrom: **390,-**
Antall rom: 5
Full frokost
Servering: Selvbetjening
Åpent hele året
TV tilgjengelig
Terrasse/uteplass
Vi tar VISA, MC
Rabatt for barn

Twin room: **590,-**
Single room: **390,-**
No. of rooms: 5
Full breakfast
Meals: Self-service
Open year round
TV available
Terrace/Deck access
VISA, MC accepted
Discount for children
English and Spanish spoken

Zweibettzimmer: **590,-**
Einzelzimmer: **390,-**
Anzahl Zimmer: 5
Volles Frühstück
Serv.: Selbstbedienung
Ganzjährig geöffnet
Zugang zu TV
Terrasse/Aussenplatz
Wir nehmen VISA, MC
Ermässigung für Kinder
Sprechen Deutsch

Kjempeplassen er en café med 5 overnattingsrom, ligger i Ålen, "Falkbergets rike", 35 km nord for Røros, i den vakre Gauladalen. Det er lakse-, ørret- og røyevann i nærheten. Her finnes fine fjell og herlige seterdaler å vandre i. Til Hessdalen, som er verdensberømt for sine UFO-observasjoner, er det bare noen kilometer. Kjempeplassen er kjent for sin gode hjemmelagede mat. Det finnes også vanlig grillmat for dem som foretrekker det, samt fullstendige rettigheter.

Kjempeplassen is a Café with 5 rental rooms in Aalen, the "Falkberget's kingdom", 35 km north of Røros, in the beautiful Gauladalen valley with fresh water fishing in the vicinity. Here are lovely mountains and summer pastures to walk in. Hessdalen, famous for their UFO observations, is only a few km away. Kjempeplassen is renowned for their delicious home cooking. They also serve grilled food if that is preferred, fully licensed, of course.

Kjempeplassen ist ein Cafe mit 5 Übernachtungszimmern. Es liegt in Ålen im schönen Gauldalen, 35 km nördlich von Røros. Angelmöglichkeiten für Lachs, Forelle und Saibling. Herrliche, bergige Wandergegend. Unweit nach Hessdalen, weltberühmt für seine UFO-Beobachtungen. Das Cafe ist für gutes, hausgemachtes Essen, sowie Grillgerichte bekannt. Alle Schankrechte.

Ex nihilo nihil fit. / Av intet kommer intet.

René Descartes 1596 - 1650

Inger Stock Bed & Breakfast

Your host:
Inger Stock
Address:
Porsmyra 18, Tiller
N - 7075 Trondheim
Phone/Fax: 72 88 83 19
Mobil: 91 51 37 23
Best time to call:
07.00 - 23.00

Dobbelt-/tosengsrom:	**380,-**
Enkeltrom:	**300,-**

Antall rom: 5
Full frokost
Dekket frokostbord
Åpent 1. mai - 31. oktober
TV tilgjengelig
Ingen røking innendørs
Rabatt for barn
Selvhushold er mulig

Double/Twin room:	**380,-**
Single room:	**300,-**

No. of rooms: 5
Full breakfast
Laid breakfast table
Open 1 May - 31 October
TVavailable
No smoking inside
Discount for children
Selfcatering possible
English & some Italian and Turkish spoken

Doppel-/Zweibettzi.:	**380,-**
Einzelzimmer:	**300,-**

Anzahl Zimmer: 5
Volles Frühstück
Serv.: Frühstückstisch
Geöffnet 1. Mai - 31. Okt.
Zugang zu TV
Kein Rauchen im Haus
Ermässigung für Kinder
Selbsthaushalt möglich
Sprechen Deutsch

Inger Stock's Bed & Breakfast ligger på Tiller, 12 min. kjøring i sørlig retning på E-6 fra Trondheim sentrum.
Trondheim er en historisk viktig by. Den har mye å tilby av severdigheter, museer, kunst, konserter, og her er en rekke restauranter. Nidarosdomen er et av Nordens største middelalderbygg, Olavsdagene er et årlig arrangement i slutten av juli med konserter og utstillinger. Flere muséer har betydelige kunst- og historiske samlinger.

Inger Stock's Bed & Breakfast is in Tiller, 12 minutes drive south on E-6 from Trondheim's city centre. Historically, Trondheim is an important city. Nidaros Cathedral is one of Scandinavia's largest buildings from the Middle Ages. Invaluable art and history collections in the city's museums. At the end of July, there is an annual celebration with concerts and exhibitions. Trondheim also offers many other attractions and good restaurants.

Inger Stock's Bed & Breakfast liegt in Tiller, 12 Min. südwärts auf der E-6 von Trondheim. Trondheim ist historisch bedeutsam und hat viele Sehenswürdigkeiten, Museen, Konzerte, Restaurants. Der Nidarosdom ist eines der grössten Mittelalterbauwerke in Skandinavien. Ende Juli finden jedes Jahr die Olavstage mit Konzerten und Ausstellungen statt. Mehrere Museen haben bedeutende Sammlungen aus Kunst und Geschichte.

Sommerbo

Your host:
Liv Åldstedt
Address:
Enromveien 160
N - 7026 Trondheim
Phone/Fax: 72 56 02 65
E-mail: aldstedt@stud.ntnu.no
Best time to call:
08.00 - 23.00

Dobbeltrom: **400,-**
Mulighet for ekstraseng
Antall rom: 1
Full frokost
Servering: Frokostbord
Åpent 1. juni - 31. aug.
TV tilgjengelig
Terrasse/uteplass
Ingen røking innendørs

Double room: **400,-**
Extra bed available
No. of rooms: 1
Full breakfast
Laid breakfast table
Open 1 June - 31 Aug.
TV available
Terrace/Deck access
No smoking inside
English spoken

Doppelzimmer: **400,-**
Extrabett möglich
Anzahl Zimmer: 1
Volles Frühstück
Serv.: Frühstückstisch
Geöffnet 1. Juni - 31. Aug.
Zugang zu TV
Terrasse/Aussenplatz
Kein Rauchen im Haus
Sprechen Englisch

Boenhet med selvhushold
Selfcatering / Selbsthaushalt

Leilighet for 2 personer
Antall soverom: 1
Eget bad, kjøkken, stue
Pris for hele enheten: **500,-**
Mulighet for ekstraseng
Sengetøy er inkludert
Åpent 20. juni - 1. aug.
Terrasse
Ingen røking innendørs

Apartment for 2-3 persons
No. of bedrooms: 1
Own bath, kitchen, LR
Price for whole unit: **500,-**
Extra bed available
Bed linen included
Open 20 June - 1 Aug.
Terrace
No smoking inside
English spoken

Wohnung für 2-3 Personen
Anzahl Schlafräume: 1
Eig. Bad, Küche, Stube
Ganze Einheit: **500,-**
Extrabett möglich
Inkl. Bettwäsche
Geöffnet 20. Juni - 1. Aug.
Terrasse
Kein Rauchen im Haus
Sprechen Englisch

It is only with the heart that one can see rightly.
What is essential is invisible to the eye.
from The Little Prince, by Antoine de Saint-Exupéry

Gammeldagshuset
The Heritage-house

Your host:
Vibeke Støren Berg

Address:
Hvedingsveita 8
N - 7013 Trondheim
Phone: 73 51 55 68
Fax: 73 51 05 51
E-mail:
gammeldagshuset@online.no
Best time to call:
08.00 - 23.00

Pris pr. pers.: **390,-**
Antall sengeplasser: 8
Antall rom: 3
Full frokost
Dekket frokostbord
Åpent 15. mai - 1. sept.
Uteplass i bakgården
Ingen røking innendørs
Vi tar VISA
Rabatt for barn
Spesielle faciliteter: Velg mellom moderne WC/bad innendørs eller toseters utedo
Vedfyring på alle rom.

Price per person: **390,-**
Number of beds: 8
No. of rooms: 3
Full breakfast
Laid breakfast table
Open 15 May - 1 Sept.
Garden furniture in the courtyard
No smoking inside
VISA accepted
Discount for children
Special facilities: Choose between modern WC/bathroom indoors or 2-seater outhouse
Wood-burning oven in all rooms.
English spoken

Preis pro Pers.: **390,-**
Anzahl Betten: 8
Anzahl Zimmer: 3
Volles Frühstück
Serv.: Frühstückstisch
Geöffnet 15. Mai - 1. Sept.
Aussenplatz am Hinterhof
Kein Rauchen im Haus
Wir nehmen VISA
Ermässigung für Kinder
Wählen Sie selbst:
Modernes WC/Bad (innen)
oder zweisitzige Außentoilette
Holzofen in allen Zimmern.
Sprechen etwas Deutsch

Gammeldagshuset gir en skjelden og unik opplevelse av historiske Trondheim. Dette er et overnattingssted hvor du trår tilbake i tiden når du stiger over dørterskelen, ikke bare for å se på, men med mulighet til å delta. Vertinnen har gjenskapt et historisk miljø hvor du kan delta i gammeltidens huslige aktiviteter. Velger du å overnatte i Gammeldagshuset anbefaler vi at du lar deg engasjere. Gården er fra 1837, er pietetsfult restaurert og ligger midt i Trondheim sentrum, like ved Nidarosdomen.

Gammeldagshuset provides you with a rare and unique experience. Here you take a step back in time upon crossing the doorstep - and not only observing, you get to participate. Your hostess has recreated a historical environment where you can take part in traditional Norwegian household activities. We encourage all who choose to overnight at Gammeldagshuset to get involved in the action! The house dates from 1837, has been carefully renovated and is located in the middle of Trondheim city center, close to the Nidaros Cathedral.

Gammeldagshuset (v. 1837)
Ein Aufenthalt im Haus läßt das historische Trondheim wieder lebendig werden. Wer hier über die Türschwelle tritt, dreht den Lauf der Zeit zurück. Wer mag, kann dabei nicht nur zusehen, sondern sogar teilnehmen. Die Gastgeberin hat eine traditionelle Atmosphäre geschaffen, die Gäste können entscheiden, ob sie an den häuslichen Aktivitäten teilnehmen möchten. Lassen Sie sich von der Atmosphäre gefangennehmen. Das Haus im Zentrum von Trondheim wurde liebevoll restauriert.

Trøabakken

Your host:
Sigrun & Per Storholmen
Address:
Leksdal
N - 7650 Verdal
Phone: 74 04 24 69
Mobil: 95 05 88 02
E-mail: per.storholmen@c2i.net
Best time to call:
07.00 - 09.00 / 16.00 - 23.00

Leilighet for 2-6 personer
Antall soverom: 1
Eget bad, tekjøkken, stue
Pris for hele enheten: **400,-**
Sengetøy er inkludert
Åpent hele året
TV tilgjengelig
Hage
Båtutleie
Ingen røking innendørs
Frokost kan serveres; **30,-**

Apartment for 2-6 persons
No. of bedrooms: 1
Own bath, kitchenette, LR
Price for whole unit: **400,-**
Bed linen included
Open year round
TV available
Yard/Garden
Boat for rent
No smoking inside
Breakfast service available; **30,-**
Some English spoken

Wohnung für 2-6 Personen
Anzahl Schlafräume: 1
Eig. Bad, kleine Küche, Stube
Ganze Einheit: **400,-**
Inkl. Bettwäsche
Ganzjährig geöffnet
Zugang zu TV
Garten
Boot zu mieten
Kein Rauchen im Haus
Frühstück auf Bestellung; **30,-**
Sprechen etwas Deutsch

Leksdal, hvor man finner Trøabakken, ligger i nord-østre del av Verdal, ca. 8 km fra Stiklestad som er kjent for sin kongehistorie. Aktuelle turistaktiviteter på Stiklestad sommerstid er; besøk ved kirken, museet, kulturhuset, Olsokspelet, historiske turer, konserter.
I Verdalselva drives det laksefiske, der er laksetrapp med laksestudio. På Leksdalsvatnet kan man fiske både sommer og vinter, båt kan skaffes til veie.
Vertskapet er en familie på fem, pluss Fenja, en Golden retriever på 8 år.

Trøabakken is in Leksdal, in the northeastern part of Verdal, about 8 km from Stiklestad which is known for its history of kings. Summer tourist activities in Stiklestad are visits to the church, museum, cultural center, the Olsok play, historical tours, and concerts. There is commercial salmon fishing in the Verdal River, with a salmon ladder and a salmon studio. The Leksdal Lake provides good fishing both summer and winter, and a boat can be provided. Host family of 5, plus Fenja, a 8-year-old golden retriever.

Trøabakken liegt in Leksdal, im nordöstlichen Teil von Verdal, etwa 8 km vom historischen Ort Stiklestad entfernt. Stiklestad bietet im Sommer: Besuch der alten Kirche, des Museums und Kulturhauses, das Spiel vom Hl. Olav, historische Wanderungen und Konzerte.
Verdalselva heisst der bekannte Lachsfluss mit Lachstreppe und Lachsstudio. Der See Leksdals vatnet bietet Angelmöglichkeiten. Boot kann beschafft werden. Die Gastgeber sind eine fünfköpfige Familie mit Hund.

Skartnes Gård & Familieferie

Your host:
Aud & Per Sandnes

Address:
N - 7760 Snåsa
Phone/Fax: 74 15 25 26
Mobil: 90 63 98 90
E-mail: skartnes@veiviseren.no
Web:
www.veiviseren.no/skartnes
Best time to call:
08.00 - 23.00

Dobbeltrom/leilighet:	500,-	Double room/appartment:	500,-	Doppelzi./Wohnung:	500,-
Tosengsrom/hems:	400,-	Twin room:	400,-	Zweibettzi./Schlafboden:	400,-
En pers. i dobbeltrom:	300,-	1 pers. in double room:	300,-	1 Pers. im Doppelzi.:	300,-

Antall rom: 2
Full frokost
Dekket frokostbord
Åpent hele året
TV tilgjengelig
Båtutleie
Ingen røking innendørs
Rabatt for barn

No. of rooms: 2
Full breakfast
Laid breakfast table
Open year round
TV available
Boat for rent
No smoking inside
Discount for children
English spoken

Anzahl Zimmer: 2
Volles Frühstück
Serv.: Frühstückstisch
Ganzjährig geöffnet
Zugang zu TV
Boot zu mieten
Kein Rauchen im Haus
Ermässigung für Kinder
Sprechen etwas Deutsch

Skartnes Gård og Familieferie er en gård med kyr i et sør-samisk område på veien til Gresssåsmoen nasjonalpark i Snåsa.
Vertene ønsker dere velkommen i en trivelig trehvit leilighet med peisestue i sokkelen på hovedhuset. I tillegg er det også mulighet for innlosjering på et hemsrom i hovedhuset.
Gården ligger i rolige omgivelser uten gjennomgangstrafikk og med villmarksheia like ved.
Er man interessert i mat, kan vertskapet også by på særegne norske og samiske matopplevelser.

Skartnes Farm and Family Vacation Center is a cow-farm in the southern Lapland area along the highway to Gressåsmoen National Park in Snåsa. Your hosts welcome you into a cozy apartment with all-natural wood interior and a fireplace in the lower level of the main farmhouse. Additionally, lodging is also available in a small loft in the main farmhouse. The farm is situated in peaceful surroundings with no through traffic and a hilly wilderness area nearby. Your hosts will also gladly treat connoisseurs of good food to distinct Norwegian and Lapland gastronomical experiences!

Der Hof betreibt Viehwirtschaft und liegt in südsamischer Landschaft in Snåsa, auf dem Weg zum Nationalpark Gressåmoen. Die Gastgeber heißen Ihre Gäste in ihrem gemütlichen, weiß gestrichenen Holzhaus willkommen. Die Wohnung mit Kaminstube liegt im Untergeschoß des Haupthauses. Darüber hinaus kann ein Raum mit Schlafboden (Hems) im Haupthaus gemietet werden. Skartnes Gård liegt in ruhiger Umgebung ohne Durchgangsverkehr und mit unberührter Natur direkt vor der Tür. Die Gastgeber sind auch gern bereit, norwegische oder samische Spezialitäten zuzubereiten.

Gjestehus for opptil 14 pers.
Antall soverom: 5
Eget bad, kjøkken, stue
Pris pr. pers.: **175,-**
Sengetøy er inkludert
Åpent hele året
TV tilgjengelig
Hage/Terrasse/uteplass
Båtutleie
Ingen røking på rom

Guesthouse for up to 14 persons
No. of bedrooms: 5
Own bath, kitchen, LR
Price per pers.: **175,-**
Bed linen included
Open year round
TV available
Yard/Terrace/Deck access
Boat for rent
No smoking in rooms
Discount for children
English spoken

Gästehaus für bis zu 14 Pers.
Anzahl Schlafräume: 5
Eig. Bad, Küche, Stube
Preis pro Pers.: **175,-**
Inkl. Bettwäsche
Ganzjährig geöffnet
Zugang zu TV
Garten/Terrasse/Aussenplatz
Boot zu mieten
Kein Rauchen im Zimmer
Ermässigung für Kinder
Sprechen etwas Deutsch

Veibeskrivelse:
Fra Steinkjær ta RV 763 og følg skilt til Snåsa. I Snåsa sentrum ser du skilt til Skartnes. Etter 8 km på RV 763 er du i Øverbygda grendesentrum med skole og butikk. Her tar du av til venstre mot Gresssåsmoen og kjører 2 km til du møter skilt til Skartnes gård. Rødt moderne gårdshus.

Directions:
From Steinkjær: Take RV 763 and follow the signs to Snåsa. Once in Snåsa city center, look for the sign to Skartnes. Continue on RV 763 for 8 km until you reach Øverbygda town center and see its school and store. Take a left here towards Gresssåsmoen, and drive 2 km until you see a sign marked Skartnes gård (farm). Look for modern, red farmhouse.

Wegbeschreibung:
Von Steinkjær fahren Sie auf der Straße 763 und folgen der Abzweigung nach Snåsa. In der Ortsmitte von Snåsa zweigen Sie nach Skartnes ab. Nach etwa 8 km auf der Straße 763 erreichen Sie Øverbygda mit Schule und Geschäft. Hier biegen Sie ab in Richtung Gresssåsmoen, bis Sie nach 2 km Skartnes Gård erreichen, ein modernes, rotes Bauernhaus.

Some men see things as they are and say "Why?"
I dream things that never were, and say "Why not?"
George Bernard Shaw

Whatever you can do,
or dream you can. Begin it!
Boldness has genius,
power and magic in it.
Goethe

Gjestehuset Nora

Kvinneuniversitetet Nord

Your host:
Berit Woie Berg

Address:
N - 8286 Nordfold
Phone: 75 77 90 50
Fax: 75 77 90 70
E-mail: KUN.Nord@kun.nl.no
Web: www.kun.nl.no

Best time to call:
08.00 - 16.00

Dobbeltrom:	**660,-**
Tosengsrom:	**495,-/605,-**
Enkeltrom:	**385,-/495,-**

Antall rom: 10
Full frokost
Dekket frokostbord
Åpent hele året
TV tilgjengelig
Terrasse/uteplass
Selvhushold er mulig

Double room:	**660,-**
Twin room:	**495,-/605,-**
Single room:	**385,-/495,-**

No. of rooms: 10
Full breakfast
Laid breakfast table
Open year round
TV available
Terrace/Deck access
Selfcatering possible
English spoken

Doppelzimmer:	**660,-**
Zweibettzimmer:	**495,-/605,-**
Einzelzimmer:	**385,-/495,-**

Anzahl Zimmer: 10
Volles Frühstück
Serv.: Frühstückstisch
Ganzjährig geöffnet
Zugang zu TV
Terrasse/Aussenplatz
Selbsthaushalt möglich
Sprechen etwas Deutsch

I naturskjønne omgivelser, med fjell og fjord som nabo, finner du det hjemlige og trivelige Gjestehuset Nora. Herifra kan man se ut på Foldafjorden og bort på Hellalsisen; Steigens høyeste fjell. Gjestehuset er et godt utgangspunkt for varierte turer i fjellet, og vertskapet kan være behjelpelig med å finne ruter som passer den enkelte.

A naturally beautiful setting with mountains and fjords as your neighbors is where you will find a cozy and pleasant Nora Guesthouse. From here you can look out over the Foldafjord and seen Hellalsisen: Steigen's highest mountain. The guesthouse serves as an excellent base for assorted mountain trips and your hosts gladly assist with the planning of each visitor's outing.

In landschaftlich reizvoller Umgebung, mit Fjord und Gebirge als nächsten Nachbarn, liegt das gemütliche Gästehaus Nora. Schöne Aussicht auf den Foldafjord, sowie zum Hellalsisen, dem höchsten Berg in Steigen.
Das Gästehaus ist ein sehr guter Ausgangspunkt für Bergwanderungen. Die Gastgeber sind den Gästen gern dabei behilflich, eine geeignete Wanderroute festzulegen.

To stay ahead,
always have your next idea waiting in the wings.

Rosabeth Moss Kanter

Modtaget

Your host:
Anne-Grete Bjørlo
Address:
N - 8289 Våg
Phone: 75 77 63 10
Fax: 75 77 63 18
Mobil: 94 15 11 73
E-mail:
post@steigen-turistservice.no
Web: www.steigen-turistservice.no/modtaget/
Best time to call:
09.00 - 11.00 / 20.00 - 23.00

Dobbelt-/tosengsrom:	**700,-**
En pers. i dobbeltrom:	**500,-**
Antall rom: 3	
Hems og ekstrasenger:	**200,-**

Spes. facilitet: utedo
Full frokost
Dekket frokostbord
Andre måltider etter forespørsel
Åpent 1. april - 15. okt.
Terrasse/uteplass
Båtutleie/sykkelutleie
Ingen røking innendørs
Kun forhåndsbstillinger

Double/Twin room:	**700,-**
1 pers. in double room:	**500,-**
No. of rooms: 3	
Duplex and extra beds:	**200,-**

Special facility; outhouse
Full breakfast
Laid breakfast table
Other meals on request
Open 1 April - 15 Oct.
Terrace/Deck access
Boat for rent/Bike for rent
No smoking inside
Reservations required
English & some French spoken

Doppel-/Zweibettzimmer:	**700,-**
1 Pers. im Doppelzimmer:	**500,-**
Anzahl Zimmer: 3	
Schlafboden u. Extrabetten:	**200,-**

Aussentoilette
Volles Frühstück
Serv.: Frühstückstisch
Andre Mahlzeiten nach Vereinb.
Geöffnet 1. April - 15. Okt.
Terrasse/Aussenplatz
Boot zu mieten/Fahrrad zu mieten
Kein Rauchen im Haus
Vorbestellung nötig
Sprechen Deutsch

20 minutters gangtid fra nærmeste vei tar deg ut til et unikt fjære- og strandlandskap med utsikt til Lofotveggen og Vestfjorden. Et tidligere fiskemottak er i dag et svært personlig gjestehus, som drives av daglig leder i Steigen Turistservice. Utedo og dusj på deling oppveies av en majestetisk beliggenhet og trivelige fellesrom. God, hjemmelaget mat basert på lokale ressurser.
Engeløya er et funn for historie- og naturinteresserte, med et utall severdigheter langs den 35 km lange veien rundt øya og fiskemuligheter like utenfor døra.

A 20-min walk from the nearest road will take you out to a unique tidal pool and beach area with a view towards Lofotveggen (the Lofoten "Wall of Mountains") and Vestfjorden. The small fishing cooperative is now a very homey guesthouse. Your sharing the outhouse and shower are more than compensated for by the majestic location. Go fishing just outside your front door! Enjoy tasty, homemade food consisting of local ingredients. Engeløya Island is a place of discovery for history and nature lovers; an infinite number of attractions.

20 Minuten von der nächsten Straße entferntes Haus, in einer einzigartigen Gezeiten- und Strandlandschaft. Aussicht auf Lofotwand und Vestfjord. Gästehaus mit persönlicher Note, betrieben von der Leiterin des Touristbüros Steigen. Außentoilette und gemeinsame Dusche werden mit majestätischer Lage und gemütlichen Gemeinschaftsräumen wettgemacht. Gute, regionale Spezialitäten. Die Insel Engeløya ist ideal für Geschichts- und Naturinteressierte. An der 35 km langen Straße sind viele Sehenswürdigkeiten. Angelmöglichkeiten direkt vor der Haustür.

Nordbua

Your host:
Unni & Jan E. Horn
Address:
Rishaugveien 3
N - 8340 Stamsund
Phone: 76 08 91 85
Mobil: 95 72 95 88
Best time to call:
18.00 - 23.00

Gjestehus for 2-8 pers.
Antall soverom: 4
Eget bad, stue m/kjk.krok
Pris for hele enheten: fra **500,-**
Tillegg for sengetøy: **50,-**
Åpent hele året
TV tilgjengelig
Liten båt tilgjengelig
Rabatt utenom sesong

Guesthouse for 2-8 pers.
No. of bedrooms: 4
Own bath, LR w/kitchen
Price for whole unit: from **500,-**
Bed linen fee: **50,-**
Open year round
TV available
Small boat available
Discount off-season
Some English spoken

Gästehaus für 2-8 Pers.
Anzahl Schlafräume: 4
Eig. Bad, Stube m/Küche.
Ganze Einheit: ab **500,-**
Mieten von Bettw.: **50,-**
Ganzjährig geöffnet
Zugang zu TV
Kleines Boot zu leihen
Ermässigung Nebensaison
Sprechen etwas Deutsch

I Stamsund er det flott natur, høye, bratte fjell, fugleliv og fiske. Det er midnattsol og mørketid, alt etter årstiden.
Nordbua ligger sentralt i Stamsund. Den har egen kai og båt som kan disponeres av gjester i perioden 15. mai til 30. september. Gjester har også tilgang til frysebok og rom for sløying av fisk. Her ligger alt til rette for den ivrigste feriefiskeren.
Den beste sesongen er mai - september, samt fra 15. februar til 15. april under Lofotfisket, da er her mindre turister enn i sommermånedene.

Stamsund has grand scenery, towering mountains, rich birdlife and good fishing. Midnight sun and dark days, too, depending on the time of year. Nordbua is centrally located in Stamsund. It has its own jetty and guests can use the boats between 15 May and 30 September. Freezer space and fish-cleaning facilities are available as well, making this a good holiday for fishing enthusiasts. The best times of year are May - September, and during the traditional Lofoten fishing season from 15 February until 15 April.

Stamsund ist ein Ort mit prachtvoller Landschaft, hohen, steilen Bergen, mannigfaltigen Vogelarten, Mitternachtssonne, aber auch Dunkelheit, je nach Jahreszeit. Nordbua liegt im Zentrum von Stamsund, hat eigenen Kai und vom 15. Mai bis 30. September Boot für Gäste zur Verfügung. Eigener Raum für Fischausnehmen, sowie Zugang zu Tiefkühler. Die beste Saison ist Mai - September, sowie von 15. Februar bis 15. April, wo die bekannte Lofotfischerei stattfindet.

Boenhet med selvhushold
Selfcatering / Selbsthaushalt

Svinøya Rorbuer

Your host:
Ola Skjeseth &
Elisabeth Holsether

Address:
Gunnar Bergsvei 2, P.b. 74
N - 8300 Svolvær

Phone: 7606 9930 Fax: 7607 4898
Mobil: 9068 9206 / 9116 3231
E-mail: svinoya-rorbuer@lofotnett.no
Web: www.svinoya.no

Best time to call:
08.00 - 16.00 (Mon.-Frid.)

Rorbuer for 2-6 personer
Antall soverom: 1-3
Eget bad, kjøkken, stue
Pris hele enheten:
fra **700,-** til **2.200,-**
Sengetøy er inkludert
Åpent hele året
TV tilgjengelig
Terrasse/uteplass
Båt- og sykkelutleie
Vi tar VISA, MC, DC,
Frokost kan serveres; **70,-**

Fishermen's huts for 2-6 persons
No. of bedrooms: 1-3
Own bath, kitchen, LR
Price for whole unit:
from **700,-** to **2.200,-**
Bed linen included
Open year round
TV available
Terrace/Deck access
Boat and bike for rent
VISA, MC, DC accepted
Breakfast service available; **70,-**
English spoken

Fischerhütte für 2-6 Personen
Anzahl Schlafräume: 1-3
Eig. Bad, Küche, Stube
Ganze Einheit:
von **700,-** zu **2.200,-**
Inkl. Bettwäsche
Ganzjährig geöffnet
Zugang zu TV
Terrasse/Aussenplatz
Boot und Fahrrad zu mieten
Wir nehmen VISA, MC
Frühstück auf Bestellung; **70,-**
Sprechen etwas Deutsch

I Svolvær kan du overnatte i rorbuer som er så typisk for Lofoten. Rorbuene ble opprinnelig brukt av tilreisende fiskere under Lofotfisket, men i dag er Svinøya Rorbuer restaurert for å gi dagens turister god komfort. Rorbuene har fin beliggenhet i stille og rolige omgivelser, med behagelig gangavstand fra sentrum. Resepsjonen er en inntakt "Krambu" som var Svolværs første butikk. Her finner du også Børsen Spiseri med arktisk meny og alle rettigheter. Muligheter for Deep Sea Rafting, havsafari med gummibåt.
Velkommen til mektig natur!

In Svolvær you can stay in the fisherman cabins that are so typical of the Lofoten area. The fisherman cabins were originally used by fisherman who traveled from far and near during the annual fishing season. Today the cabins are renovated to provide visitors modern comforts. They are nicely located in quiet and peaceful surroundings within walking distance from town center. The reception is in an original old general store that served as Svolvær's first store. Meals are served at a restaurant with an Arctic menu and full liquor license. Deep Sea Rafting, Sea Safaris by inflatable boat.
Welcome to awe-inspiring nature!

Übernachten Sie in einer für die Lofoten typischen Fischerhütte, einer "Rorbu". Rorbuer wurden früher während des Lofotfischfangs von durchreisenden Fischern genutzt. Svinoya Rorbuer sind heute mit allem Komfort für moderne Touristen ausgestattet. Schöne Lage in ruhiger Umgebung, kurze Entfernung zum Zentrum. Ein ehemaliger Krämerladen, einst das erste Geschäft in Svolvær, dient heute als Rezeption. Das Restaurant "Børsen Spiseri" bietet arktische Menüs und alle Schankrechte. Außerdem: Deep Sea Rafting, Meeressafaris mit Schlauchbooten.
Willkommen in großartiger Natur!

Framnesveien 127
N - 8516 Narvik
Phone: 76 94 48 57
Mobil: 97 50 59 70
Web:
http://norumgaarden.narviknett.no
Best time to call:
08.00 - 23.00

Dobbeltrom:	**500,-**
Enkeltrom:	**350,-**
1 pers. i dobbeltrom:	**400,-**

Antall rom: 4
Full frokost
Dekket frokostbord
Åpent hele året
TV/radio på alle rom
Terasse/uteplass/hage
Ingen røking innendørs
Vi tar VISA
Rabatt for barn
Selvhushold mulig
Hvite morgenkåper på alle rom

Double room:	**500,-**
Single room:	**350,-**
1 pers. in dbl. room:	**400,-**

No. of rooms: 4
Full breakfast
Laid breakfast table
Open year round
TV/radio in all rooms
Terrace/Dekk access/Yard
No smoking inside
VISA accepted
Discount for children
Selfcatering possible
White bathrobes in rooms
English spoken

Doppelzimmer:	**500,-**
Einzelzimmer:	**350,-**
1 Pers. im Doppelzi.:	**400,-**

Anzahl Zimmer: 4
Volles Frühstück
Serv.: Frühstückstisch
Ganzjährig geöffnet
TV/Radio in allen Räumen
Terrasse/Aussenplatz/Garten
Kein Rauchen im Haus
Wir nehmen VISA, MC, DC
Ermässigung für Kinder
Selbsthaushalt möglich
Bademäntel in allen Räumen
Sprechen etwas Deutsch

Norumgården har sitt navn etter byggmesteren som bygget det i 1925. De siste 15 års restaurering har brakt det tilbake til sin fordums prakt. Restaureringsarbeidet har medført at eierne er tildelt flere priser. Huset er innredet med tidsriktige møbler. Egen antikvitetsbutikk.
Norumgården ligger 15 min. gange fra Narvik sentrum. Narvik, mest kjent for sin krigshistorie, tilbyr også skisport, fjordfiske og turmuligheter.

Norumgården was named after the master builder who erected it in 1925. 15 years of restoration have brought the building back to its original splendour. The restoration work has brought the owners several prizes. The house also has period furniture. Antique shop on premises.
The Norumgården is a 15 minutes walk from the town centre.
Narvik is best known for its war history, but can also offer skiing, sea fishing and hiking in the summer.

Das Haus aus 1925 ist nach dem Baumeister benannt. Nach 15 Jahren Restaurierung ersteht es nun mit zeitgerechtem Interieur in seinem ehemaligen Glanz, was den Besitzern mehrere Preise eingetragen hat. Eigener Antiquitätenladen.
15 Min. zu Fuss zum Zentrum Narvik, bekannt für seine Kriegsgeschichte. Reiche Möglichkeiten für Angeln und Wandern im Sommer, sowie für Skisport im Winter.

Sjøgata Gjestehus

Your host:
Tove & Arne Hjalmar Hansen
Address:
Sjøgata 4
N - 8480 Andenes
Phone: 76 14 16 37
Fax: 76 14 14 53
Mobil: 90 61 72 64
E-mail:
hansen.sjogata@nl.telia.no
Best time to call:
08.00 - 23.00

Rom for 1-4 personer
Antall rom: 4
Delt bad, kjøkken og stue
Pris pr. rom: **250,-** til **400,-**
Tillegg for sengetøy: **50,-**
Åpent 20. mai - 15. sept.
TV tilgjengelig
Terrasse/uteplass
Ingen røking innendørs

Room for 1-4 persons
No. of rooms: 4
Shared bath, kitchen and LR
Price per room: **250,-** to **400,-**
Bed linen fee: **50,-**
Open 20 May - 15 Sept.
TV available
Terrace/Deck access
No smoking inside
English spoken

Zimmer für 1-4 Personen
Anzahl Zimmer: 4
Gemeins. Bad, Küche und Stube
Preis pro Zi.: **250,-** zu **400,-**
Mieten von Bettwäsche: **50,-**
Geöffnet 20. Mai - 15. Sept.
Zugang zu TV
Terrasse/Aussenplatz
Kein Rauchen im Haus
Sprechen etwas Deutsch

Sjøgata Gjestehus er et over hundre år gammelt trehus som ble renovort i 1991. Huset ligger sentralt i Andenes, bare 200 m fra turistkontoret/Hvalsenteret. Foruten hvalutstilling og hvalsafari er her også midnattssol, sjø, lange sandstrender og havfiske. I begynnelsen av juli hvert år arrangeres internasjonal havfiskefestival.
På fuglefjellet Bleiksøya hekker 80-90.000 fuglepar. Det går daglige båtturer rundt øya.

Sjøgata Guest House is a wooden house over a hundred years old, renovated in 1991. It is centrally located in Andenes, just 200 m from the tourist office and Whaling Center.
Besides the whaling exhibits and whale safaris, there is the midnight sun, much natural beauty, long beaches and saltwater fishing. International saltwater fishing festival in the beginning of July. Daily boat tours around Bleiksøya Island, where 80-90.000 pairs of birds are nesting.

Das Holzhaus ist über 100 Jahre alt und wurde 1991 renoviert. Es liegt zentral in Andenes, nur 200 m vom Touristbüro/Hvalsenter mit einer Walausstellung, entfernt. Hier kann Walsafari gebucht werden. Mitternachtssonne, lange Sandstrände und reiche Angelmöglichkeiten. Anfang Juli: internationaler Angelwettbewerb. Auf der Vogelinsel "Bleikøya" hecken jedes Jahr 80-90.000 Vogelpaare. Tägliche Schiffsrundfahrten.

Fire vegger skaper ikke et hjem.
Amerikansk ordspråk

Bakkemo Gård

Your host:
Jorunn Hanssen

Address:
Selnes
N - 9470 Gratangen
Phone: 76 92 11 20
Fax: 76 95 28 60
Mobil: 91 66 84 55 / 91 69 50 97

Best time to call:
08.00 - 23.00

Dobbeltrom:	**450,-**	Double room:	**450,-**	Doppelzimmer:	**450,-**
Enkeltrom:	**320,-**	Single room:	**320,-**	Einzelzimmer:	**320,-**
Antall rom: 4		No. of rooms: 4		Anzahl Zimmer: 4	
Gjestestue		Guest's common living room		Aufenthaltsraum	
Full frokost		Full breakfast		Volles Frühstück	
Dekket frokostbord		Laid breakfast table		Serv.: Frühstückstisch	
Åpent hele året		Open year round		Ganzjährig geöffnet	
Hage		Garden		Garten	
Båtutleie		Boat for rent		Boot zu mieten	
Sykkelutleie		Bike for rent		Fahrrad zu mieten	
Selvhushold er mulig		Selfcatering possible		Selbsthaushalt möglich	
		Some English spoken		Sprechen Deutsch	

Bakkemo Gård ligger i Gratangen kommune, en avstikker på ca. 30 km fra E6 og 90 km fra Evenes flyplass.
Bakkemo ble bygd i 1870 og restaurert i gammel stil i 1994. Gratangen er kjent for sin kystkultur. Rike muligheter til jakt og friluftsliv, fjellturer, fiske i fjorden, innsjøer og elver.
Seilturer med fembøring fra 1846 kan arrangeres.
Vertskapet leier også ut to solenergioppvarmede hytter med 3/6 soveplasser og uthus, pluss den restaurerte "Steinhytta" som ligger en drøy times krevende gangtur fra veien.

Bakkemo Farm, built in 1870 and fully restored in 1994, is in Gratangen municipality, a 30 km trip from E6 and 90 km from Evenes Airport. Gratangen is known for its coastal culture, mountain hikes, fjord fishing, lakes, rivers and hunting. Historic sailing tours can be arranged on a "Fembøring" from 1846.
Also available; two solar heated cabins with 3/6 beds and outhouse, and the restored "Stone Cottage" from 1942 for two people which is located an hour's walk from the main road.

Bakkemo Gård liegt in der Gemeinde Gratangen, 30 km von der E6 und 90 km vom Flugplatz Evenes.
Gratangens herrliche Natur mit Küste und Bergen bietet Wanderungen, Salz- und Süsswasserangeln, sowie Jagd.
Segeltouren mit altem Schiff (1846) werden veranstaltet. Das Haus aus 1870 wurde im alten Stil renoviert. Der Besitzer hat 2 Hütten mit 3 bzw. 6 Schlafplätzen, Solar-Strom u. Aussentoilette zu vermieten. 1 St. anspruchsvolle Wanderung zu restaurierter Steinhütte mit 2 Schlafstellen.

Gunn's Turistutleie

Your host:
Gunn Jensen
Address:
Nordjordveien 37
N - 9110 Sommarøy
Phone: 77 64 02 26
Mobil: 90 05 07 41
E-mail: rjensen@tr.telia.no
Best time to call:
08.00 - 23.00

Leilighet for 2-7 personer
Antall soverom: 2
Eget bad, kjøkken, stue
Pris for hele enheten: **500,-**
Tillegg for sengetøy: **25,-**
Åpent hele året
TV tilgjengelig
Hage/terrasse/uteplass
Ingen røking innendørs

Apartment for 2-7 persons
No. of bedrooms: 2
Own bath, kitchen, LR
Price for whole unit: **500,-**
Bed linen fee: **25,-**
Open year round
TV available
Yard/Terrace/Deck access
No smoking inside
English spoken

Wohnung für 2-7 Personen
Anzahl Schlafräume: 2
Eig. Bad, Küche, Stube
Ganze Einheit: **500,-**
Mieten von Bettwäsche: **25,-**
Ganzjährig geöffnet
Zugang zu TV
Garten/Terrasse/Aussenplatz
Kein Rauchen im Haus
Sprechen Englisch

Sommarøy er et lite tettsted, 60 km fra Tromsø, med ca. 600 innbyggere. De fleste arbeider i fiskeindustrien på land eller ute på havet. På stedet finnes det bank, butikk, postkontor, kro og bakeri. Det finnes et bygdemuseum, husflidshus og en smådyrs- og fuglepark.
Det er gode fiskemuligheter både fra land og til havs, flotte kalksandstrender omringer hele Sommarøy. På Kvaløya, bare 5 km unna, er det turterreng for enhver smak.
Gunn leier ut en koselig kjellerleilighet på ca. 50 m^2 i sin enebolig.

Sommarøy (Summer Island) is a tiny sea village 60 km from Tromsø of about 600 residents, most of whom work in the fishing industry on land or at sea. The village has a bank, store, post office, pub and bakery. There is a village museum, handicrafts store and an animal and bird park. Excellent fishing both from the shore and by boat, and the whole of Sommarøy is ringed with white, sandy beaches. On Kvaløya - only 5 km away - you find hiking trails of all varieties. Gunn rents out a cozy cellar 50 m^2 apartment.

Sommarøy ist eine kleine Insel mit ca. 600 Einwohnern, ca. 60 km von Tromsø entfernt. Die meisten Bewohner sind in der Fischindustrie beschäftigt, entweder an Land oder als Fischer auf dem Meer. Sommarøy bietet Bank, Geschäft, Post, Gasthof und Bäkkerei, außerdem Heimatmuseum, Kunstgewerbeladen sowie einen Kleintier- und Vogelpark.
Gute Angelmöglichkeiten von Land oder vom Meer aus.
Sommarøy ist von reizvollen Kalksandstränden umgeben. Auf Kvaløya, nur 5 km entfernt, gibt es Wandermöglichkeiten für jeden Geschmack. Die Gastgeberin Gunn vermietet eine gemütliche Wohnung (ca. 50 m^2) im Untergeschoß ihres Einfamilienhauses.

Forsøket

Your host:
Raymond Abrahamsen
Address:
Borgermester Eidemsgate 1
N - 9009 Tromsø
Phone-/Fax: 77 69 54 83
Best time to call:
09.00 - 19.00

Dobbeltrom: **200,-/ 250,-**
Antall rom: 4
Full frokost
Servering: Selvbetjening
Åpent hele året
Ingen røking innendørs

Double room: **200,-/250,-**
No. of rooms: 4
Full breakfast
Meals: Self-service
Open year round
No smoking inside
English spoken

Doppelzimmer: **200,-/250,-**
Anzahl Zimmer: 4
Volles Frühstück
Serv.: Selbstbedienung
Ganzjährig geöffnet
Kein Rauchen im Haus
Sprechen Englisch

På Tromsøyas østside, ved sentrum, finner du et rimelig alternativ hos Raymond. Det er 10 minutter gange til hjertet av sentrum. Tromsø, også kalt Nordens Paris, har både severdigheter, shopping og resturanter og kaféer å tilby den nysjerrige reisende.
Denne delen av Tromsø hadde tidligere en høy andel av fiskere og fangstfolk, mens den i dag er preget av et generasjonsskifte. Huset er en tomannsbolig fra 1960, og ligger i et område med noe trafikkstøy som vil kunne merkes fra rommene.

On Tromsø island's eastside, near downtown is where you find a reasonable lodging alternative hosted by Raymond. 10-min. walk to the heart of town. Tromsø, also called the Nordic Paris, offers sightseeing, shopping and restaurants and cafés to active visitors. This part of Tromsø was previously inhabited mostly by fishermen and other sea-hunters, but is now marked by a generational transition. The guest home is a townhouse from 1960 and is located in an area where some traffic noise can be heard from the rooms.

Auf der Ostseite der Insel Tromsøya bietet das Haus eine preiswerte Übernachtungsmöglichkeit. Nur 10 Minuten Fußweg bis zum Stadtzentrum. Tromsø, auch "Paris des Nordens" genannt, bietet den interessierten Gästen Sehenswürdigkeiten, Shopping, Restaurants und Cafès.
Dieser Teil Tromsøs verzeichnete früher einen hohen Anteil von Fischern, heute scheint ein Generationenwechsel stattzufinden. Das Zweifamilienhaus von 1960 liegt in einem Gebiet, durch das ein wenig Verkehr fließt, den man auch auf den Zimmern hören kann.

Jeg maa tro mine egne Øine, som viser mig,
at Jorden er flad som en Pandekage.

fra Erasmus Montanus, av Ludvig Holberg, 1684 - 1754

Krokstranda

Your host:
Elrid Pedersen & Trond Hauan
Address:
Mikael Olsensvei 23
N - 9022 Krokelvdalen
Phone: 77 63 21 70
Mobil: 97 10 40 59
Best time to call:
08.00 - 23.00

Leilighet for 2-3 personer
Eget bad og tekjøkken
Pris for hele enheten: **500,-**
Sengetøy er inkludert
Åpent 20. juni - 20. aug.
Hage/terrasse/uteplass
Båtutleie
Ingen røking innendørs
Frokost kan serveres; **60,-**

Apartment for 2-3 persons
Own bath and kitchenette
Price for whole unit: **500,-**
Bed linen included
Open 20 June - 20 Aug.
Yard/Terrace/Deck access
Boat for rent
No smoking inside
Breakfast service available; **60,-**
English & some French spoken

Wohnung für 2-3 Personen
Eig. Bad und kleine Küche
Ganze Einheit: **500,-**
Inkl. Bettwäsche
Geöffnet 20. Juni - 20. Aug.
Garten/Terrasse/Aussenplatz
Boot zu mieten
Kein Rauchen im Haus
Frühstück auf Bestellung; **60,-**
Sprechen etwas Deutsch

Huset ligger ved sjøkanten på Krokstranda, 8 km fra Tromsø sentrum. Det er nydelig utsikt utover sundet og midnattsola. Krokstranda ligger på fastlandssiden. Det er hyppige bussavganger til sentrum og universitetet. Et lite kjøpesenter med postkontor ligger i nærheten, ca. 7 min. gange. Her er det barnevennlig, med en liten lekeplass i nærheten.

Veibeskrivelse:
Fra Tromsdalen tar man hovedveien nordover langs sjøen 6,5 km. Ta av til venstre like etter Kroken forretningssenter ved skilt merket Krokstranda.

The house is situated along the seashore at Krokstranda, 8 km from Tromsø city center. You enjoy a beautiful view of the sound and Midnight Sun. Krokstranda lies on the mainland side. There are frequent busses to get to downtown or the university. A small shopping center and post office are only 7-min. away by foot. The area is child-friendly with a playground nearby.

Directions:
From Tromsdalen: Take the main highway north 6 1/5 km along the coastline. Exit to the left just after the Kroken business center where you see a sign marked Krokstranda.

Das Haus liegt in Krokstranda, 8 km von Tromsø entfernt und direkt am Wasser. Reizvolle Aussicht über den Sund und auf die Mitternachtssonne. Krokstranda liegt auf der dem Festland zugeneigten Seite. Gute Busverbindung nach Tromsø und zur Universität. In Hausnähe befindet sich ein kleines Einkaufszentrum mit Poststelle (ca. 7 Min Fußweg). Kinderfreundliche Umgebung, kleiner Spielplatz in der Nachbarschaft.
Wegbeschreibung:
Von Tromsdalen fahren Sie auf der Hauptstraße ca. 6,5 km am Fjord entlang in Richtung Norden. Direkt hinter dem Einkaufsmarkt Kroken folgen Sie dem Schild "Krokstranda" nach links.

Solsiden

Your host:
Ruth & Oskar Pedersen
Address:
Movik
N - 9022 Krokelvdalen
Phone: 77 63 30 43
Fax: 77 63 57 25
Best time to call:
16.00 - 23.00

Dobbelt-/tosengsrom:	**500,-**
Enkeltrom:	**300,-**
Antall rom: 3	
Familierom finnes	
Full frokost	
Dekket frokostbord	
Åpent hele året	
TV tilgjengelig	
Terrasse	
Båtutleie	
Sykkelutleie	
Ingen røking innendørs	
Rabatt for barn	
Selvhushold er mulig;	
Sjøhus for 2-4 pers.:	**1.000,-**

Double/Twin room:	**500,-**
Single room:	**300,-**
No. of rooms: 3	
Family room available	
Full breakfast	
Laid breakfast table	
Open year round	
TV available	
Terrace	
Boat for rent	
Bike for rent	
No smoking inside	
Discount for children	
Selfcatering possible;	
Boathouse for 2-4 pers.	**1.000,-**
English spoken	

Doppel-/Zweibettzi.:	**500,-**
Einzelzimmer:	**300,-**
Anzahl Zimmer: 3	
Familienzi. vorhanden	
Volles Frühstück	
Serv.: Frühstückstisch	
Ganzjährig geöffnet	
Zugang zu TV	
Terrasse	
Boot zu mieten	
Fahrrad zu mieten	
Kein Rauchen im Haus	
Ermässigung für Kinder	
Selbsthaushalt möglich;	
Boothaus für 2-4 Pers.	**1.000,-**
Sprechen Englisch	

Solsiden ligger 100 m fra sjøen, på et nes 12 km nordøst for Tromsø med nydelig utsikt over sjøen og inn mot byen. Bussholdeplass 50 m fra huset. Båtutleie for tur eller fiske. Huskestativ og sandkasse for de minste. Handelssenter og stor slalåmbakke innen 4 km. Det er flott turterreng like utenfor døren. 8 km unna er en fjellheis med kafe som gir deg fin utsikt over byen.

Solsiden is located 100 meters from the ocean, on the headland 12 km north-east of Tromsø with a lovely view of the ocean and toward the town. Bus stops 50 meters from the house. Boat rentals for fishing or otherwise. Swing set and sandbox for the youngsters.
Shopping centre and large slalom slope within 4 km. Wonderful hiking terrain just outside the door. 8 km away is a mountain with a gondola, a café and a fine view of the town.

Solsiden liegt nur 100 m vom Meer auf einer Landzunge, 12 km nordöstl. von Tromsø. Herrliche Aussicht aufs Meer und zur Stadt hin. Die Bushaltestelle ist 50 m vom Haus. Bootvermietung für Ausflüge und Angeln. Schaukel und Sandkiste für die Kleinsten. Geschäfte und Slalomhang nur 4 km entfernt. Schönes Wandergelände direkt vor der Tür. 8 km zu Bergbahn, die zu Aussichts- Cafe hinaufführt.

Det røde huset

Your host:
Sollaug & Atle Bessesen
Address:
Vågnes
N - 9022 Krokelvdalen
Phone: 77 69 00 88
Fax: 77 64 53 90
E-mail: drh@destinasjontromso.no
Web:
www.destinasjontromso.no/drh
Best time to call:
07.00 - 22.00

A: Leilighet for 2 personer
Egen stue, sovealkove
Delt bad og kjøkken
Pris pr. pers.: **200,-**
B: Leilighet for 3 personer
Antall soverom: 1
Egen stue, delt bad og kjøkken
Pris pr. pers.: **200,-**
Sengetøy er inkludert
Åpent 15. juni - 31. aug.
Terrasse/uteplass
Båtutleie
Ingen røking innendørs
Frokost kan serveres; **40,-**

A: Apartment for 2 persons
Own LR, sleeping alcove
Shared bath and kitchen
Price per pers.: **200,-**
B: Apartment for 3 persons
No. of bedrooms: 1
Own LR, shared bath and kitchen
Price per pers.: **200,-**
Bed linen included
Open 15 June - 31 Aug.
Terrace/Deck access
Boat for rent
No smoking inside
Breakfast service available; **40,-**
English spoken

A: Wohnung für 2 Personen
Eig. Stube, Schlafalkoven
Gemeins. Bad und Küche
Preis pro Pers.: **200,-**
B: Wohnung für 3 Personen
Anzahl Schlafräume: 1
Eig. Stube, gem. Bad u. Küche
Preis pro Pers.: **200,-**
Inkl. Bettwäsche
Geöffnet 15. Juni - 31. Aug.
Terrasse/Aussenplatz
Boot zu mieten
Kein Rauchen im Haus
Frühstück auf Bestellung; **40,-**
Sprechen etwas Deutsch

I et nydelig innredet 100 år gammelt tømmerhus med sjel tar familien Bessesen vel imot gjester på sommerstid. Huset ligger like ved fjorden. Fra utkikksrommet i 2. etasje er det fin utsikt utover sjøen.
En robåt er til leie. Noen kilometer unna gir to elver muligheter for fiskefangst. Naturen er storslagen i distriktet. Vågnes ligger på fastlandet 23 km nord-øst for Tromsø. Vertinnen Sollaug har møbelrestaurerings verksted og Atle er universitetsansatt.

In a beautifully furnished 100 years old timber building with character the Bessesen family keeps a warm welcome for visitors in the summertime. The house is by the fjord, from the 1st floor there is a magnificent view of the sea. A rowboat may be rented. You may go fishing in either of two rivers a few kilometers away. The nature is breath taking. Vågnes is located on the mainland, 23 km northeast of Tromsø. Sollaug, your hostess, has her own furniture restoration workshop and Atle is working at the university.

In einem wunderschön eingerichtetem, 100 Jahre altem Blockhaus mit Seele empfängt die Familie Bessesen im Sommer gerne Gäste. Das Haus liegt direkt am Fjord. Vom 1. Stock hat man gute Aussicht aufs Meer. Ruderboot zu vermieten. Einige Kilometer entfernt laden zwei Flüsse zum Angeln ein. Großartige Landschaft ringsum. Vågnes liegt 23 km nordöstlich von Tromsø auf dem Festland. Die Gastgeberin Sollaug restauriert Möbel, Atle ist Universitätsangestellter.

Laksefiskerens krypinn

Your host:
Harald-Erik & Ragnhild Rognmo

Address:
Rognmo
N - 9151 Storslett
Phone/Fax: 77 76 54 55
Mobil: 94 81 83 91
E-mail: haralro@online.no

Best time to call:
08.00 - 23.00

Hytte for 2-6 personer
Antall soverom: 3
Bad, kjøkken
Pris pr. pers.: **200,-**
Pris for hele enheten: **1.200,-**
Sengetøy er inkludert
Åpent 1. juni - 30. sept.
TV tilgjengelig
Uteplass
Badstu
Båtutleie
Ingen røking innendørs
Frokost kan serveres

Cabin for 2-6 persons
No. of bedrooms: 3
Bath, kitchen
Price per pers.: **200,-**
Price for hole unit.: **1.200,-**
Bed linen included
Open 1 June - 30 Sept.
TV available
Deck access
Sauna
Boat for rent
No smoking inside
Breakfast service available
Finish and some English spoken

Hütte für 2-6 Personen
Anzahl Schlafräume: 3
Bad, Küche
Preis pro Pers.: **200,-**
Ganze Einheit: **1.200,-**
Inkl. Bettwäsche
Geöffnet 1. Juni - 30. Sept.
Zugang zu TV
Aussenplatz
Sauna
Boot zu mieten
Kein Rauchen im Haus
Frühstück auf Bestellung
Sprechen etwas Englisch

Storslett er sentrum i Nordreisa kommune. Reisadalen har fjell opp til 1300 m.o.h. på begge sider. Til å ligge så langt nord, er dalen særdeles frodig. Norges tredje-høyeste foss på 260 m finner du i Reisa nasjonalpark. "Laksefiskerens krypinn" ligger ved Reisaelva, en god fiske-elv med laks, røye og ørret. Fiskekort kan kjøpes i sommersesongen. Fam. Rognmo har et småbruk med 2,3 km strandlinje. Området egner seg til båtturer og fotturer.

Mountains rise up to 4000' on both sides of Storslett. The valley is exceptionally lush even though so far north. You can find Norway's third highest waterfall at 840' in Reisa National Park. "The Salmon Fisher's Hut" lies on Reisa River, with good fishing for salmon, char and trout. Fishing licenses can be purchased during the summer. The Rognmos have a small farm with 2,3 km of shoreline, well-suited for boat and hiking trips.

Storslett ist Zentrum der Gemeinde Nordreisa. Berge bis zu 1300 m ü.d.M. In dem für seine nördliche Lage fruchtbaren Tal liegt Reisa Nationalpark mit Norwegens dritthöchstem Wasserfall (260 m). Gute Fangmöglichkeiten für Lachs, Saibling und Seeforelle. Angelkarten. Fam. Rognmo sind Kleinbauern und verfügen über 2,3 km Strandlinie. Boottouren u. Wanderungen.

Fjellmyr

Your host:
Terje & Ingebjørg Heitmann
Address:
Eiby
N - 9500 Alta
Phone: 78 43 34 88
Best time to call:
08.00 - 10.00 / 18.00 - 23.00

Tosengsrom: **495,-**
Enkeltrom: **300,-**
Antall rom: 2
Full frokost
Dekket frokostbord
Åpent hele året
TV tilgjengelig
Ingen røking på rom

Twin room: **495,-**
Single room: **300,-**
No. of rooms: 2
Full breakfast
Laid breakfast table
Open year round
TV available
No smoking in rooms
Some English spoken

Zweibettzimmer: **495,-**
Einzelzimmer: **300,-**
Anzahl Zimmer: 2
Volles Frühstück
Serv.: Frühstückstisch
Ganzjährig geöffnet
Zugang zu TV
Kein Rauchen im Zimmer
Sprechen etwas Englisch

Fjellmyr ligger i Eiby, i Alta kommune. Her er naturskjønne områder med dyreliv, fiske i fjellvann og i flere gode lakseelver. Om sommeren kan du reise på elvebåtsafari på Alta-elva, eller snøscootersafari og polarhundsafari om vinteren.
Her kan du se Nord Europas største helleristningsfelt som er ca. 6.200 år gammelt, eller beskue Sautso - Nord Europas største Canyon, det er oppmerkede stier fram til denne.
Her er også skiferbrudd hvor den kjente Alta Skiferen tas ut av fjellet.

Fjellmyr is located in Eiby, Alta municipality. Here you find areas of great natural beauty with wild animals, fishing in mountain lakes and several good salmon rivers. In the summers you can go on riverboat safaris on the Alta river, or snow scooter and polar dog safaris in the winter.
Here you find Northern Europe's biggest runic writing collection approx. 6.200 years old, or see Sautso - Northern Europe's biggest canyon, to which there are marked trails.
There is an open slate mine, mining the well known Alta slate.

Fjellmyr in Eiby liegt in der Gemeinde Alta, umgeben von prachtvoller Landschaft. Vielfältiges Tierleben, Angelmöglichkeiten in Bergseen und mehreren guten Lachsflüssen. Flussbootsafari auf dem Alta-Fluss im Sommer, Schneescootersafari und Polarhundsafari im Winter. Unweit zum grössten Felszeichnungsfeld Nord-Europas, 6200 J., sowie auf markiertem Pfad zum grössten Canon, Sautso, und Alta-Schieferbruch.

Barbara's Bed & Breakfast

Your host:
Barbara Lund

Address:
Henrik Lunds gate 13
N - 9900 Kirkenes
Phone: 78 99 32 07
Mobil: 97 11 91 13
E-mail: barbara@trollnet.no

Best time to call:
16.00 - 23.00

Dobbelt-/tosengsrom:	400,-	Double/Twin room:	400,-	Doppel-/Zweibettzi.:	400,-
En pers. i dobbeltrom:	250,-	1 pers. in double room:	250,-	1 Pers. im Doppelzi.:	250,-
Antall rom: 2		No. of rooms: 2		Anzahl Zimmer: 2	
Full frokost		Full breakfast		Volles Frühstück	
Dekket frokostbord		Laid breakfast table		Serv.: Frühstückstisch	
Åpent hele året		Open year round		Ganzjährig geöffnet	
TV på rommene		TV in rooms		TV im Zimmer	
Terrasse/uteplass/hage		Terrace/Deck access/Yard/Garden		Terrasse/Aussenplatz/Garten	
Rabatt for barn		Discount for children		Ermässigung für Kinder	
Selvhushold er mulig		Selfcatering possible		Selbsthaushalt möglich	
		English & French spoken		Sprechen Deutsch	

I gangavstand til Kirkenes sentrum og hurtigrutekaia, kan du søke ly hos Barbara's Bed & Breakfast. Rommene ligger i loftsetasjen i et 50 år gammelt hus og er fullt oppusset. Badet deles mellom de to utleierommene. Barbara tar gjerne imot MC-turister og folk som ikke hadde hjerte til å la hunden være igjen hjemme. Vertinnen har hund selv. Kirkenes er siste stoppested for hurtigrutigruten på sin lange ferd langs norskekysten. Byen er også grensebyen fremfor noen i Norge, og det kan være muligheter for å dra videre både til Finnland og til Murmansk i Russland.

Within walking distance from Kirkenes city center and the Coastal Express quay, you will find shelter at Barbara's Bed & Breakfast. The rooms are situated in the loft level of a 50 year-old house and are in excellent condition. The two rooms share one bathroom. Barbara gladly welcomes motorcycle-tourists and people who didn't have the heart to leave their dog at home. Your hostess has her own dog. Kirkenes is the final stop for the Coastal Express on its long northern journey along the Norwegian coastline. The city is also a border town unlike any other in Norway, and it is also possible to travel over to both Finland and Murmansk in Russia.

Unweit von Kirkenes Zentrum und der Anlegestelle der Hurtigruten-Schiffe bietet Barbara ihren Gästen Unterkunft. Die Zimmer befinden sich im Dachgeschoß eines 50 Jahre alten Hauses und sind vollständig renoviert. Das Bad wird von beiden Mietern gemeinsam genutzt
Barbara empfängt gerne MC-Touristen und alle, die es nicht übers Herz bringen, ihren Hund zu Hause zu lassen. Sie hat selbst einen Hund. Kirkenes ist der letzte Hafen der Postschiffe auf ihrem langen Weg die norwegische Küste hinauf., und ausserdem bekannte Grenzstadt im hohen Norden. Ausflüge nach Finnland sowie nach Murmansk in Rußland.

Milly's B&B

Your host:
Milly Abrahamsen
Address:
Prestøyveien 28 A
N - 9900 Kirkenes
Phone: 78 99 12 48
Best time to call:
09.00 - 22.00

Dobbelt-/tosengsrom:	**400,-**	Double/Twin room:	**400,-**	Doppel-/Zweibettzi.:	**400,-**
Enkeltrom:	**250,-**	Single room:	**250,-**	Einzelzimmer:	**250,-**
Antall rom: 3		No. of rooms: 3		Anzahl Zimmer: 3	
Full frokost		Full breakfast		Volles Frühstück	
Dekket frokostbord		Laid breakfast table		Serv.: Frühstückstisch	
Åpent hele året		Open year round		Ganzjährig geöffnet	
TV tilgjengelig		TV available		Zugang zu TV	
Balkong/uteplass		Balcony/Deck access		Balkon/Aussenplatz	
Rabatt for barn		Discount for children		Ermässigung für Kinder	
Selvhushold er mulig		Selfcatering possible		Selbsthaushalt möglich	
		Some English spoken		Sprechen etwas Englisch	

Hist, hvor Vejen slaar en Bugt,
ligger der et Huus saa smukt.
Væggene lidt skjaeve staae,
Fuderne er ganske smaa,
Døren synder halvt i Knæ,
Hunden gjøer, det lille Kræ,
Under Taget Svaler Qvidre,
Solen synker - og saa vid're.

fra Moderen med Barnet, av Hans Christian Andresen, 1805 - 1875

Den kraftigste Friheds-Følelse har Mennesket,
naar han med fuld afgjort Besluttenhed
udpræger i sin Handling hin indre
Nødvendighed, der udelukker Tanken om en
anden Mulighet. Da har Valgfrihedens eller
Valgets "Qval" en Ende.

Søren Kierkegaard, 1851

Bed & Breakfast Bookingkontorer

Det finnes B&B booking kontor i de fleste land, som står til tjeneste når du søker etter B&B overnatting. Et bookingkontor kan hjelpe med å finne nettopp det du ønsker, de foretar reservasjoner, imøtekommer spesielle behov du måtte ha, gir nødvendig kartmateriell om stedets beliggenhet og informasjon om vertskapet du skal bo hos, sender skriftlig bekreftelse og evalueringsskjema, og bistår med informasjon og tilleggsreservasjoner andre steder om du måtte ønske det.

Bed & Breakfast Reservation Services

Reservation Services exist in most countries and provides services for those searching for B&B accommodations. They can: assist in finding a place which meets your own criteria; make reservations; convey special requirements to the hosts; provide you with directions and information about the place and host; provide written confirmation and an evaluation form; and provide information and reservations for additional nights in other locations, if needed.

Bed & Breakfast Bestellungsdienst

In den meisten Ländern gibt es einen Bestellungsdienst für diejenigen, die B&B-Übernachtung suchen. Ein Buchungsbüro kann Ihnen helfen, das gerade von Ihnen Gewünschte zu finden, Reservierung vorzunehmen, besondere Wünsche zu berücksichtigen, notwendige Information, Kartenmaterial über die Lage des Objekts und Auskunft über die Vermieter zu erstellen. Es schickt schriftliche Bestätigung und Beurteilungsfragebogen, und kann auf Wunsch weitere Reservierungen vornehmen.

Bed & Breakfast Reservation Services World-Wide, Inc.
(A TRADE ASSOCIATION)

Organisasjon B&B Reservation Services World Wide representerer, gjennom sine medlemmer, over 10.000 av de beste Bed & Breakfast i:

The trade association B&B Reservation Services World Wide represents, through its members, over 10.000 of the best Bed & Breakfasts in:

Die Organisation B&B Reservation Services World Wide steht mit mehr als 10.000 Mitgliedern in folgenden Ländern zur Verfügung:

Canada, Great Britain, Norway, Sweden, USA.

Web-address: **www.bandbworldwide.org**
(All text in English only)

Adresseliste til B&B-bookingkontor i andre land kan du få ved hendvendelse:
An address list for B&B Res. Services in other countries is available upon request from:
Telefon: (+47) 88 00 23 13 Fax: (+47) 22 19 83 17

Bed & Breakfast Service Stockholm

Gjennom Bed & Breakfast Service Stockholm kan du finne enkel overnatting i leilighet med kontinental frokost eller overnatting i stort rom i stort hus med en typisk svensk frokost. Du kan til og med bestille en hel leilighet for deg selv for min. 3 døgn. Noen B&B har rom med eget bad eller dusj, andre har delt bad. B&B tilbys i sentrum av Stockholm eller i utkanten av byen - så langt ut som Ekerö eller Vaxholm.
Alle bosteder er inspisert av booking-kontoret.

Through Bed & Breakfast Service Stockholm you can find simple rooms in an apartment with a continental breakfast or large rooms in a large house with a typical Swedish breakfast. You can even book a flat of your own for a minimum of 3 nights. Some B&B's have private bath or shower, some shared. B&B's are provided in the center of Stockholm or on the outskirts of the city - as far out as the archipelago. All accommodations are inspected by the reservation service.

Durch Bed & Breakfast Service Stockholm können Sie ein einfaches Zimmer in einer Wohnung in Stockholm finden mit kontinentalem Frühstück oder ein grosses Zimmer in einem grossen Haus mit typisch schwedischem Frühstück. Sie können auch eine Wohnung buchen, jedoch für mindestens 3 Nächte. Die B&B-Zimmer haben entweder eigenes Bad oder Dusche oder Sie teilen mit dem Gastgeber. B&B's können Sie buchen in der Stockholmer Innenstadt oder in den Vororten, bis hinaus in die Schären. Alle Zimmer sind von der Vermittlung inspiziert und gutgeheissen.

Bed & Breakfast Service Stockholm
Strandvägen 5B, S - 114 61 Stockholm, Sweden
Phone: (+46) 8 660 5565, Fax: (+46) 8 663 3822
E-mail: info@bedbreakfast.a.se
Web: www.bedbreakfast.a.se

Bo på bondegård

Bed & Breakfast og hytter med selvhushold tilbys på gårder over hele Sverige.

Stay on a farm

Bed & Breakfasts and selfcatering-cabins are available on farms throughout the country.

Urlaub auf dem Bauernhof

Bed & Breakfast und Hütten mit Selbsthasuhalt werden auf Höfen in ganz Sehweden angeboten.

Bo på Lantgård
Phone: (+46) 534 120 75
Fax: (+46) 534 610 11
E-mail: bopalantgard@lrf.se
Wcb: www.bopalantgard.org

Bed & Breakfast in Denmark

Et hefte med over 200 Bed & Breakfast, feriegårder og rimelig overnattingssteder over hele Danmark.
Forklarende tekst på dansk, engelsk, tysk og fransk.

A booklet on Bed & Breakfast, Farm holiday and reasonable accommodations all over Denmark, over 200 addresses.
Text in Danish, English, German and French.

Ein Büchlein mit Bed & Breakfast, Bauernhofferien und preiswerten Übernachtungen in ganz Dänemark, mehr als 200 Orte.
Erklärender Text auf dänisch, englisch, deutsch und französisch.

Dansk Bed & Breakfast
Postboks 53, DK - 2900 Hellerup
Phone: (+45) 39 61 04 05, Fax: (+45) 39 61 05 25
E-mail: bed@bbdk.dk
Web: wwwbbdk.dk

Switzerland

Bed & Breakfast in Switserland

homestay.ch
Bernstrasse 6, CH - 3067 Boll
Fax: (+41) 31 / 839 74 84
E-mail: webmaster@homestay.ch
Web: www.homestay.ch

Italy

Bed & Breakfast in Italy

Caffélletto
Via di Marciola, 23, 50020 San Vincenzo a Torri, Firenze, Italy
Phone: (+39) 055 7309 145 Fax: (+39) 055 768 121
E-mail: info@caffelletto.it
Web: www.caffelletto.it

Bed & Breakfast in France

TCH Voyages
15, rue des Pas Perdus, B.P. 8338, 95804 Cergy Saint-Christophe Cedex, France
Phone: (+33) 1 34 25 44 44 Fax: (+33) 34 25 44 45
E-mail: informations@tch-voyage.fr
Web: www.tch-voyage.fr

Færøyene / Faroe Islands

Bed & Breakfast in Faroe Islands

Tora Tourist Traffic
Niels Finsensgøta 21, Postboks 3012, FO - Tórshavn
Phone: (+298) 31 55 05 Fax: (+298) 31 56 67
E-mail: tourist@post.olivant.fo
Web: www.puffin.fo/tora/

United Kingdom

Bed & Breakfast in UK

Bed & Breakfast Nationwide
P.O.Box 2100, Clacton on Sea, Essex, CO16 9BW England, UK
Phone: (+44) 1255 831 235 Fax: (+44) 1255 671 839
E-mail: bbnwide@btinternet.com
Web: www.bbnationwide.co.uk

London

Bed & Breakfast in London

At Home In London
70 Black Lion Lane, London W6 9BE, UK
Phone: (+44) 181 748 1943
Fax: (+44) 181 748 2701
E-mail: AtHomeInLondon@compuserve.com
Web: www.athomeinlondon.co.uk

The London B&B Agency
71 Foeelows road, London NW3 3JY, UK
Phone: (+44) 171 586 2768
Fax: (+44) 171 586 6567
E-mail: stay@londonbb.com
Web: www.londonbb.com

Veibeskrivelser

Vi håper disse veibeskrivelsene er til hjelp for å finne frem til vår norske gjestfrihet. Har du problemer med å finne frem, så ring verten og få hjelp. Fortell oss gjerne hvis beskrivelsene kan forbedres. Vi har ikke hatt anledning til å teste dem.

As you, the observant reader have noticed, the road directions are not translated to English. This can be used to your advantage. Show the book to a native and ask kindly if he/she will explain it for you, a good way to get in contact and who knows what with the locals.

Wie Sie sehen, sind die Zufahrtsbeschreibungen nur in Norwegisch. Sie können diesen Mangel zu Ihrem Vorteil ausnützen, indem Sie das Buch einem Einheimischen zeigen und ihn bitten, Ihnen die Zufahrt in einer Sprache, die Sie verstehen, zu erklären. Damit haben Sie einen guten Grund, in Kontakt mit der Lokalbevölkerung zu kommen.

---

s. 42 Villa Antique
Huset ligger 1 km inn i Norge fra Svinesundbroen. Huset er lett synlig fra E-6, ved Shell bensinstasjon.

s. 43 Pia's Gjestehus
Kjør RV-21 fra E-6 mot Halden til rundkjøring før broen inne i byen. Ta til venstre ut av rundkjøringen og kjør ca. 600 m til anlegg med skilt Norske Skog. Brattveien begyner vis a vis hovedporten.

s. 44 Bed & Breakfast in Moss
Fra Moss sentrum følg skilt til Jeløy. Etter at du har krysset kanalen, ta første vei til høyre i lyskrysset. Følg skilt til Jeløy kapell opp Rambergveien. Ta så første til venstre etter kapellet. Stjerneveien 10 ligger som nest siste hus på venstre hånd.

s. 45 Østre Tveter Gård
Fra Moss ta RV 120 mot Våler. Ved Rødsund Bru, hvor RV 120 svinger av, skal du fortsette rett fram på RV 115. Kjør til du ser skilt med Våler kirke, ta til venstre mot kirken, men like før kirken tar du til høyre, mot Mørk, og kjører 6,5 km til du ser skilt til Østre Tveter Gård.

s. 46 Ambiose Bed & Breakfast
E-6 fra Gøterborg; følg avkjørselsskilt "Abilsø", ta til høyre og kjør gjennom bom-stasjonen. Kjør rett frem gjennom tre lyskryss, i det neste krysset (uten trafikklys) tar du Ulsrudveien opp til høyre. Østbyfaret er den 7de tverrvei. Fra Oslo sentralstasjon; følg hovedvei i retning Hamar gjennom to tuneller, ta av til høyre og følg skilt mot Ryen, følg så Østensjøveien til du finner Ulsrudveien som går opp til venstre, se avsnittet over.

s. 50 Solveig's Bed & Breakfast
Just north of Ring 3 in north-east central Oslo. Ca 5 km north of Central Station. Public transportation: Take Metro Line number 5 towards Sognsvann to Tåsen Station. Walk Tåsenveien (uphill), about one block. Turn left into Tåsen Terrasse. Appr. 5 min. walk.

s. 51 Evjen Bed & Breakfast
Fra Ring 3: Ta av ved avkjørsel til Holmenkollen / Vinderen. Fra Majorstua: Kjør Slemdalsveien til Holmenveien. Nr. 16 B er en hvit énetasjes villa.

s. 52 Mary's Bed & Breakfast
Med bil: Ca 11 km fra sentrum retning Frognerseteren/Holmenkollen. Ta av til venstre før undergang ved Besserud stasjon (ca. 9 km fra sentrum) der det står et skilt "Trollvasshytta". Kjør denne veien ca 2 km til du kommer til neste undergang ved Voksenlia stasjon. Ta da til venstre før undergangen og du er da i Jerpefaret. Finn skiltet med Jerpefaret 11-17, og kjør så til andre huset på høyre side etter bekken (lang trapp opp til huset).

s. 53 Anna's Place
Følg E-18 til Lysaker. Ta av mot Jar. Kjør 3 km og i enden av veien ta til høyre (Vollsveien). Så tar du første vei til venstre som er Ringstabekkveien, og etter 5.fartsdump tar du til venstre til Myrveien. Anna's Place er 2.hus. 7 min. å gå fra hus til trikk og T-bane.

s. 54 Tilla's B&B
Følg E-18 mot Drammen til Lysaker. Ta til høyre mot Jar før du kjører inn i tunnelen. Hold til høyre, Vollsveien, oppover bakkene (ca.2.5 km) Kjør over veibroen som krysser Bærumsveien. Ta av til venstre ned mot Bærumsveien, og følg den til høyre i ca 1 km. Ta Ringstadbekkveien opp til høyre, og så kommer Underhaugsveien opp til høyre; men du kjører ca 10 m lenger frem, og så inn til høyre i en blindvei. Huset er sort og hvitt og ligger helt innerst til høyre.

s. 55 Sølvhølen Cottage
Fra E-18, Sandvika; ta av mot Hønefosss, E-16. Kjør 7 km til tettstedet Skui. Etter skiltet Skui kjører du videre 2 km og ser huset på venstre hånd, hvitmalt med skiltet "Rooms & Cottage".

s. 56 The Blue Room
Fra Oslo: E-18 sørover mot Drammen, ta av mot Billingstad og Nesøya. Ved første rundkjøring, ta til venstre, og i andre rundkjøring kjør rett fram. Kjør ca 1 km på veien kalt Billingstadsletta til du kommer til Nesbru. Kjør under hovedveien, og på høyre side er det en Viking bilborttauingsstasjon. På motsatt side av Viking stasjonen (til venstre når du kommer kjørende)er det en smal bru som vil føre deg til Nesåsen. Finn nummer 11C, et brunt hus.

s. 57 Smedstad gård
Nord for Oslo, langs E-6; ta av ved Skedsmokorset, ta RV 120 mot Gjerdrum. Etter 10 km er du i Ask sentrum. Følg skilt mot Kløfta og kjør videre 3 km, over broen, til du ser skilt "Smedstad Gård".

s. 58 Trugstadloftet
Fra Oslo: Følg E-6 nordover til Skedsmokorset hvor du tar RV 120 mot Nannestad. Kjør kjennom Gjerdrum til rundkjøring ved Rimi-butikk og bensinstasjon. Fortsett rett fram mot Nannestad ca. 2 km. Ta så av til venstre hvor skilt sier Trugstad gård. Kjør 800 m og du er framme.

s. 59 Svelvik Romutleie
Ta RV-319 fra Drammen, eller Sande. Kjør 20 km til en rundkjøring ved en Shell-stasjon. Ta av til Mariås og kjør 1,8 km. Ta to ganger til høyre rundt KIWI-butikken. Bråtanveien 2 ligger på venstre side i en blindvei.

s. 60 Aarholt-tunet
E-18 ved Tønsberg; ta av mot Andebu, kjør 3,5 km og ta av mot Vennerød, kjør så 2,7 km. Ved Vennerød skole skal du kjøre videre mot Gjein, 1,7 km. Ved Holt ta til Høyre mot Aarholt. Kjør 1 km på grusvei.

s. 61 Spitalengen
Fra E-6: kjør E-6 til ca 6 km sør for Espa. Ta av i retning Trautskogen og følg denne veien ca 5.5 km. Skilt på høyre side "Spitalen Nord". Ta til venstre og følg veien oppover ca 550 m (hold til venstre i krysset). Henvend dere til gården som ligger ned til høyre. Fra RV 24: Kjør til Bruvold i Nord Odalen, skilt "Løkker" på RV 24, kjør 1 km, følg skilt til "Trøftskogen". Følg veien ca 15 km. Skilt på venstre side "Spitalen Nord", ta opp til høyre og følg veien oppover ca 550 m, og resten som ovenfor.

s. 62 Strandsjø B&B
Fra Elverum sørover eller fra Kongsvinger nordover følges RV-210 ca. 45 km. Ved eneste Essostasjon på denne strekningen, tar du av mot Strandsjøen . Følg deretter skilting til Strandsjø B&B.

s. 64 Heggelund's rom og frokost
Beliggenhet i Flisa sentrum like inntil RV 20. 45 km fra Elverum og 60 km fra Kongsvinger.

s. 65 Overskotts B&B
Ta av fra E-6 like sør for Hamar. Følg skilt Ottestad 500 meter vestover til RV 222, ta til høyre 100 m ned til Shell stasjonen. Følg skilt Sandvika/HIAS. Kjør forbi Ideal-Wasa og ta første vei til venstre; Rundvegen. Kjør 100 m, ta så til høyre inn Parallellvegen og kjør til du finner Buevegen. Fra Hamar sentrum tar du RV 222 over Stangebrua til Shell-stasjonen.

s. 67 Skavang
Fra E6 - Brumunddal N. ta av til Nes. Kjør RV 212 til Stavsjø. Ta til venstre, RV 213, til Tignes. Ved Tignes tar du brua over til Helgøya, ta så til høyre med en gang og kjør Skavangvegen. Du kjører forbi

et stort rødt uthus og opp til venstre. Veien svinger så til høyre, inn i et skogholt , men her tar du til venstre og kjører ned til gården med røde og ett brunt tømmerhus.

s. 68 Solbakken gjestegård
Fra E-6 fra Oslo i retning Hamar; passér skilt til Hamar, ta til høyre ved skilt til "Brumunddal N. / Nes 212". Etter 300 m; ta til høyre ved skilt Brumunddal 212. Etter 300 m; ta til venstre ved skilt Økelsrud. Etter 2 km ta til høyre ved skilt Veldre. Etter 800 m på grusvei ta til høyre ved skilt Hageberg. Etter 200 m er du framme.

s. 69 Solvår's Bed & Breakfast
Følg RV-20 mot Kongsvinger. 1 km etter at du har passert Norsk Skogbruksmuseum; se etter B&B-skilt, følg skilt videre.

s. 70 Skogholtet utleie
Fra Norsk skogbruksmuseum; ta til venstre ut på RV-20, så til høyre to ganger. Følg Grindalsbakken 1 km forbi boligblokker på venstre side. Ta første til høyre som er Dagfinn Grønnosets vei. Ta så straks til venstre og finn en brunbeiset tomannsbolig i svingen.

s. 72 Sørre Hemsing
Fra Fagernes: E-16 mot Lærdal, i Vang i Valdres ta til høyre over Hemsing bru og kjør ca. 1 km oppover mot Heensåsen kirke. (En skal ikke ta av før en har kjørt langs Vangsmjøsa, ca 2 km).

s. 74 Holthe Gård
Fra Gjøvik; Kjør mot Minnesund (Lena), etter 15 km, i en rundkjøring; ta av mot Lena RV 246 og kjør ca 1 km. Ta RV 244 inn til Lena sentrum og gjennom videre RV 244 ca 12-13 km. Ved S-markedet står skilt til Holthe Gård. Fra Oslo: RV-4 mot Gjøvik, etter 90 km ta av mot Lena.

s. 76 Kronviksætra
Fra Gjøvik; følg RV-33 mot Fagernes /Dokka 14 km. Ta av mot Kronviksætra /Landåsbygda på Fylkesvei-132, følg denne 6 km. Det er skiltet helt frem.

s. 78 Hindklev gård
Fra Lillehammer, følg RV 213 sørover. Etter 5-6 km finner du skilt til Hindklev, Ta av til høyre og du er framme.

s. 79 Øvergaard
Kjør av E-6 på østsiden av Mjøsa, ta av til Lillehammer, gjennom tunnel og under jernbanelinjen, rett gjennom første lyskryss, til høyre i andre lyskryss, legge seg i venstre fil og etter 20 m ta til venstre i tredje lyskryss og rett opp bakken. Kryss Storgata (gågata), og fortsett to kvartaler etter Storgata, og ta så til venstre. Etter ca 100 m ligger Øvergaard på oversiden av neste kryss. Stort hvitt murhus med blå vinduer.

s. 80 Høvren Gård
Ca. 20 km nord for Lillehammer; ta av fra E-6 mot Øyer Nord. Kjør inn på gammle E-6 ved Statoil. Ta til venstre i dette krysset og kjør ca. 50 meter. Se skilt merket Høvren 3,5 km. Følg skiltene oppover bygda.

s. 81 Skåden Gard
Ta av E-6 ved skilt mot Øyer N. Noen meter nord for Statoil bensinstasjon er det skiltet videre til Skåden Gard, 4 km oppover i lia.

s. 82 Skarsmoen Gård
Følg E-6 ca. 25 km nord for Lillehammer. Se etter skiltet "Skarsmoen 0,7" inne i en stor skog. Følg skilt videre.

s. 83 Glomstad Gård
Glomstad ligger på Tretten, 5 km fra sentrum på østsiden av lågen. 3 mil nord for Lillehammer. Kjør gjennom sentrum, og like etter at du passerer en Kiwi-butikk på høyrehånd, tar du av opp til Glomstad 5 km.

s. 84 Valberg Fjellgard
Følg E-6 fra Lillehammer til Sør-Fron i Gudbrandsdalen, ca. 60 km. Ca. 5 km nord for Sør-Fron sentrum tar du av hvor skilt viser "Kvarvet". Fra krysset er det 12 km god vei opp til Valberg Fjellgard.

s. 85 Storrusten Gjestehus
Langs E-6 ca 7 km sør for Otta, 3 km nord for Sjoa.

s. 86 Skåbu Hytter og Camping
Fra Vinstra og E-6; ta RV 255 mot Skåbu og kjør 25 km.

Plassen ligger 4 km før Skåbu sentrum.

s. 88 Nordre Ekre Gard
Det er ca. 130 km fra Lillehammer til Heidal. Ta av fra E-6 på Sjoa, kjør RV-257 ca. 13 km videre, følg skilt til Nordre Ekre Gard.

s. 90 Lyse
Ca. 50 km fra Oslo langs E-16; fra Sundvollen hotell tar du nordover mot Åsa, 1 km. Ta deretter av, på skrå mot høyre, opp en 700 m lang gårdsvei og passer grinden med dyremotiv.

s. 91 Frøhaug Gård
Ca. 10 km syd for Hønefoss på E-16 kommer du til Vik. Ta av mot Røyse og kjør rett frem 5 km. Det står skilt ved veien. På Vik Statoil-stasjon ligger brosjyrer med kart.

s. 91 Sevletunet
89 km fra Kongsberg, 69 km fra Geilo, 4.5 km fra Rødberg. Fra Kongsberg: kjør RV 40 mot Rødberg, ved enden av Norefjorden, sakne farten, titt inn til høyre og dere ser gården med de gamle tømmerhusene. Fra Rødberg: ta første avkjørsel til venstre på sletta etter broen over til Vrenne/Gammen/Fjordgløtt.

s. 93 Laa Gjestestugu
Følg skilting til Kvinnegardslia. 3.5 km fra Ål sentrum. Brun låve, brun tømmerhytte ved veikryss.

s. 94 Fjellheim Bed & Breakfast
Fra Larvik: Ca 12 km fra Larvik nord/øst på E18, ta av til Langangen og følg deretter RV 30 ca 1,5 km der du finner skilt til B&B. Fra Porsgrunn: Ca 12 km fra Porsgrunn sentrum på RV 30. Ta av til Langangen ved Telemarksporten. Kjører du E18 fra Stavanger mot Oslo er det ca 8 km fra Telemarksporten. Ta av til Langangen etter broene og følg RV 30 (ca 1.5 km, så finner du skilt B&B)

s. 95 Åkerveien Romutleie
Åkerveien ligger ca. 3 km fra Porsgrunn sentrum mot syd. Ta Deichmannsgate til Flåtten og derifra Stridsklev ring. Sving til høyre ved Bryhns gartneri. Så første vei til venstre og på første vei til høyre ligger Åkerveien 11 på hjørnet. Fra E18, ta av ved Skjelsvik. Kjør mot Håvet Strids-Klev. Kjør Stridsklev ring til Bryhns Gartneri osv.

s. 96 Huldrehaug
Fra Notodden følges RV-134 til Flatdal. I bakkene ned mot Flatdal skal du se etter Nutheim Gjestgiveri. Huldrehaug ligger opp til venstre, 250 m lenger nede. Skilt med "Seng og Frokost".

s. 100 Templen B&B
Ta av fra E-18 ved Bjorbekk/Hisøy-skiltet vest for Arendal. I Bjorbekkrysset sving til venstre mot Hisøy. Kjør ca 1-2 km til en rørleggerforretning (Egil Bringsverd) på høyre side. Her svinger du inn på en sidevei til venstre som heter Gamle Bievei. Denne deler seg i to; følg Vestre Bievei til venstre, så inn på en grusvei, opp en liten bakke, og da ser dere huset.

s. 103 Villa Frobusdal B&B
Kjør til Tordenskioldsgate i sentrum, retning vestover, retning skilting mot EVJE, til P-huset i Slottskvartalet (hanslesenter), sving til høyre inn Fjellgata til trafikklys på E-18, retning mot RV-9, skilting EVJE. Kjør så ca. 50 m langs en husrekke på høyre side (E-18 venstre side), kjør forbi stort skilt "Rundkjøring", og sving til høyre 15 m etter skiltet, men 20 m før rundkjøringen. Skilt "Hotel" og "Frobusdalen". 30 m videre inn finner du hus nr.2 på høyre side. Parkering inne i gården.

s.104 Westerberg B&B
Ca 7 km fra Kristiansand sentrum. Kjør vest på E-18, gjennom en tunnel, hold venstre fil på E-18, gjennom en tunnel til, kjør Vågsbygdveien (RV 456), og ved rundkjøring nr.2 kjør til høyre (Kirsten Flagstads vei). Etter noen meter begynner Auglandsveien til venstre. Kjør opp bakken. Se etter rødt rekkehus, på høyre side av veien.

s. 105 Vatne Gård
Fra E-39 ved Lyngdal: Sving av E-39 mot Farsund på RV43, og fortsett til Vanse sentrum. Sving til venstre mot Lunde ved Spar-butikken, og kjør 900 m. Sving til venstre ca 70 m etter Hydro Texaco. Se etter skilt med Vatne Gård.

s. 106 Skipperhuset seng & mat
Fra Egersund: Følg RV44 mot Flekkefjord, ta av til RV469 til Hidra. Ferge over til Hidra. Kjør til Rasvåg, og du finner enkelt Skipperhuset. Fra Flekkefjord: Kjør RV44 mot Egersund, ta av til RV469 til Hidra. Resten som over.

s. 108 Magne Handeland
Langs E-39, 3 km nord for Moi tar du til høyre mot Hovsherad. Kjør 5 km og se etter Bjørnestad. Det er det 3dje hus på høyre hånd.

s. 110 Martha's B&B Lagårdsveien er RV-44 ut av Stavanger, retning Hillevåg, mot Sandnes. Parker på Hydro Texaco-stasjonen, rett overfor Strømsbroen, og gå til 3dje hus etter Hydro Texaco. Buss nr. 23 el. 24 fra rutebilstasjonen til Texaco stasjonen. Flybuss direkte fra Sola til Hydro Texaco.

s. 111 Hilde's Bed & Breakfast
Fra Stavanger sentrum; kjør over Storhaug bydel, til Varden kirke, inn Nymannsveien til venstre for kirken. Ta deretter første vei til venstre; Søre Ramsvik vei, og kjør denne helt ned til like før småbåthavnen. Innkjørselen til huset er på høyre side, en smal grusvei.

s. 112 Tone's Bed & Breakfast
Spør etter Løkkeveien. Peder Claussønsgate er en tverrgate til Løkkeveien.

s. 113 Den Gamle Stallen
Huset er skiltet med Villa Blidensol. Det ligger i nordre ende av Gamle Stavanger, like ved konserthuset i Bjergsted og tilhørende park.

s. 114 Kleivå Gardscamping
Fra Haugesund; kjør E-134 til Aksdal, ta E-39 mot Arsvågen, og etter å ha passert Bokna-sundsbru, ta til høyre i første kryss. Følg skilting til Kleivå Camping ca 3.5 km fra E-39.

s. 116 Anne Grete's husrom
Fra Haugesund; kjør sørover langs RV-47 til en rundkjøring hvor du videre tar E-134. Deretter tar du til høyre i første rundkjøring, vei nr. 831, og kjører 9,2 km til Røyksund- Etter blått skilt "Røyksund", ta første vei til venstre, deretter til venstre etter et busskur og inn Soldalveien. Etter postkassene ta første vei til høyre. Huset har nr. 3.

s. 118 Øysteinbu
Fra Stavanger kommer en seg lettest til Sauda via Rennfast. Dette innebærer to undersjøiske tuneller, samt ei ferje. Veien over Røldalsfjellet er vinterstengt. Ny: RV 520 fra Sauda i nordgående retning. Du er fremme ved Øysteinbu etter 16 km.

s. 120 Koløens Bondegårdsferie
Fra RV-545, i krysset på Rydland; følg skilt mot Koløyholmen, 1,7 km. Der tar du til høyre mot Fitjar, 1,7 km. Ta til høyre igjen og kjør ca. 300 m til toppen av bakken. Der vil du komme til et romslig tun med en ny, rød driftsbygning og et eldre, hvitt våningshus.

s. 124 Lerkebo
Fra Bergen: ta RV 553 mot Flesland flyplass. I rundkjøringen ved Lagunen senter ta RV 580, Fanavegen, mot Nesttun og ta så til høyre i første lyskryss, dette er Sætervegen. Se så etter skilt med "40-64 Sætervegen" og ta til venstre her. Kjør inn oppkjørselen rett etter poststativet.

s. 126 Utsikten
Fra Bergen: Ta E-39 sørover mot Stavanger / Hallhjem. Etter 12 km (2,5 km forbi Nesttun) ta av til høyre ved Rom-skilt (ca. 30 m før fotgjengerovergang og busslomme). Etter 150 m oppover bakken er du framme.

s. 127 Gjestehuset Fjellsiden
Til fots fra jernbanestasjonen; ett lite kvartal nord for stasjonen: ta Kong Oscarsgate til venstre mot sentrum, deretter andre gate, Dankert Krohnsgate, til høyre. Ved enden av denne, etter ca. 150 m, leder en trapp opp til Skivebakken. Du finner nr. 17 som det første huset til venstre for trappen. Det er også mulig å kjøre bil helt fram; kjør Kong Oscarsgate mot sentrum, fire kvartaler etter jernbanestasjone; sving til høyre - inn Heggebakken, etter 100 m finner du Skivebakken til høyre.

s. 128 Gjestehuset Veiten 2B
Veiten er en liten tverrgate like foran teateret, mellom Ole Bullsplass og Markeveien, 100 m nordvest for Torgalmenningen. Fra jernbanestasjonen er det ca 10 mi. gange, om man følger Kaigaten mot sentrum. Denne gaten skifter først navn til Starvhusgaten og, etter at Torgalmenningen er passert, til Markeveien. Veiten er første gate til venstre og nr. 2 B er andre bygget til venstre.

s. 130 Lise's Gjestehus
Fra togstasjonen følg hovedveien nordover mot Nordnes. Sving av inn på Markveien, og etter et parkeringshus ta til høyre. Finn Lille Markvei no. 23 m/rød dør.

s. 131 Rita's Romutleie
Fra Fisketorget: Kjør opp mot Fløibane-stasjonen. Ta til venstre bort Øvregaten. Kjør forbi Mariakirken og opp Nye Sandviksvei. Ta første vei til høyre; Helgesensgate. Kjør rett frem og inn Stølegaten, og ta til venstre når veien deler seg; dette er Øvre Blekevei.

s. 132 Siri & Gerran's House
Fra Bryggen tar man seg til Øvregaten (parallellgate til Bryggen). Følg Øvregaten til Helgesensgate. Ta til høyre her og følg denne til Ladegårdgaten. Ta til høyre når du ser skiltet med Prof. Dahlsgate og følg denne forbi Krohnengen Skole. Siri & Gerran's hus er det nest siste i den første rekken på venstre sid. Parkering og inngang på baksiden av huset.

s. 133 Aadland Gardsferie
42 km frå Bergen sentrum; følg E-16 frå Bergen til Trengereid og følg så RV 7 retning Norheimsund. Ca 9 km etter avkjøring på Trengereid kjem du til kyrkja i Samnanger, og her finn du eit skilt med "Gardsferie". Aadland Gardsferie ligg ca 2 km før Bjørkheim viss du kjem vestifrå.

s. 135 Skjelde Gård
Fra Bergen; kjør E-16 mot Voss og ta av til Bulken 10 km før Voss.
Fra Voss; kjør E-16 vestover til enden av Vangsvatnet og ta av til Bulken. Kjør over broen, kjør til venstre og se etter skilt med Skjelde Gård, som er første gården på venstre side. Fra Bergen er det 90 km til Bulken, 100 km til Voss.

s. 136 Skjerping Gård
Når du kjører E-16 skal du ta av ved skilt som sier "Osterøybrua" RV 566. Fra Bergen finner du avkjørselen etter Arnanipatunnellen. Fra Voss er det etter tettstedene Dale - Vaksdal - Trengereid. Kjør så over brua og følg skilt i retning Lonevåg. Etter en tunnell kjører du ca. 4-5 km og se etter en privat vei til høyre med skiltet "Skjerping" plassert sammen med et postkassestativ med gress på taket.

s. 137 Sollia
Kjør inn til Ulvik sentrum. Ta veien mot Granvin og kjør ca. 200 m på denne. Huset ligger like ved et stort rødt forsamlingshus. Der er "Rom"-skilt ved veien og på huset.

s. 138 Haugen Gard
Fra Dale; ta RV 569 mot Romarheim/Mo. Kjør forbi Stamnes, i krysset ta til venstre mot Gullbrå. Kjør mot og forbi Eidslandet, Høvik, Flatekval og Lavik. Ca. 1 km etter Lavik ta til venstre mot Fjellanger. Her står også skiltet "Rom". Hold til venstre i første veikryss. Kjør 1,8 km. Du kommer opp på en flate. Ta til høyre hvor du ser noen hus og et fjøs.

s. 139 Godmorstova
Fra Bergen kan du ta E-39 til Romarheim, fortsett på RV 569 til Modalen, gjennom tunnellen til Eksingedalen, ta så til venstre, FV 344, og finn skilt til Vetlejord etter 3 km. Eller du kan fra Bergen ta E-16 til Dale, videre mot Dalseid, men like før Dalseid ta RV 569, avkjøring til venstre, med skilt mot Romarheim-Mo. Etter Stamnes, ta til venstre ved skilt mot Gullbrå (Eksingedalen). Fra Voss følger du E-16 vestover, ta av mot Evanger, i Evanger tar du av til høyre, FV 313, og følger skilt til Eksingedalen. I krysset ved Nesheim tar du til ventre, inn FV 344 og nedover dalen til du ser skilt med Vetlejord.

s. 140 Straume's Romutleige
Fra Bergen kan du kjøre over Nordhordlandsbrua, følg E-39 til Romarheim, der du tar av til høyre på RV 569 til Modalen. Du kjører gjennom Modalen, opp til

Straume, der finner du Straumes Romutleie, ca. 15 km frå Mo.

s. 141 Eri Gardshus
Eri Gardshus ligger 4 km fra Lærdal sentrum i retning Fagernes. Huset er lett synlig fra veien. Tegningen i boken er gamle-tunet som ligger litt lenger opp i dalen.

s. 142 Urnes Gard
Frå tettstaden Sogndal køyrer ern RV 55 mot Sognefjellet. Etter 17 km tek ein av til fergestaden Solvorn, der det går ferge kvar time på dagtid. Hvis ein kjem over Sognefjellet, RV 55, tek ein til venstre i Skjolden, skilta til Ornes, og køyrer 30 km utover langs fjorden.

s. 144 Amla Nedre
10 km øst for Sogndal sentrum tar du av fra riksveien og kjører mot Kaupanger. Fra Kaupanger fergekai kjører du 1 km langs fjorden, så vil du se huset fremfor deg.

s. 145 Lunden ferieleiligheter
Slinde ligger langs RV-55 mellom Sogndal og Hermansverk / Hella. 15 km fra Sogndal, 6 km fra Hermansverk og 22 km fra Hella. Det rødmalte huset ligger like i strandkanten og er lett synlig fra veien.

s. 146 Sognefjord Gjestehus
Fra Bergen: kjør til Voss, Vinje og over Vikafjellet til Vik og videre ut til Vangsnes. Fra Oslo: kjør via Gol, Hol, Aurland, Vinje og videre til Vangsnes. Ekspressbåt fra Bergen til Vangsnes (Vik) Ca. 4 timer.

s. 147 Flesje Gard
4.5 km frå Balestrand sentrum i retning Høyanger.

s. 148 Årseth Hytter
Beliggenhet midt mellom Bergen og Ålesund, - ca. 4 timer med bil til hver by. 2 mil fra Førde og 20 km til Skei i Jølster.

s. 150 Rom i Jølster
Fra Førde: 20 km langs RV-39 til du kommer til en Statoil-stasjon og en "Spar"-butikk. Ta til venstre, kjør ca. 500 m og ta til høyre - inn på Storetærvegen. Huset ligger i enden av veien.

s. 151 Steinen eksp. & utleige
Førde sentrum har ei rundkjøyring som ligg ved Comfort Hotel. Frå denne køyrer du 300 m i retning Vadheim/Bergen/Askvoll. Sving så til høgre i første kryss, RV 609, mot Askvoll. Kjøyr 700 m rett fram til neste kryss og ta til venstre inn i Steinavegen. Følg denne til det store huset på kaia.

s. 152 Skilbrei Pensjonat
Skilbrei Pensjonat ligger langs E-39, på veien mellom Ålesund og Bergen, 13 km sør for byen Førde. Det er merket med skilt for overnatting 400 m før avkjørsel. Det er også merket med skilt: Skilbrei ved avkjørsel.

s. 153 Von Rom & Frokost
Følg RV 5 til sentrum. Ta til venstre ved skilting til flyplass. Ta andre veg til høgre og første avkjørsel til høgre inn på parkeringsplass. Michael Sarsgate 23 er grønnmalt med gule lister.

s. 154 / 155 Stranda Rom & Frukost / Friheten
Følg Riksveg 5 til Florø. 200 m før båtterminalen ta til venstre ved skilt som viser "Vestlandshus". Køyr 300 m langs Strandavegen. 50 m etter Vestlandshus ligg to gule tomannsbustader på venstre side. Skilt på husvegg.

s. 157 Hammersvik Gjestehus
Fra Otta; kjør Stamvei 15 over Stryn og Nordfjordeid til Maurstad. Fra Maurstad på R-61 til Åheim, videre på RV-619 til Kjøde og på RV-618 til Selje. Hammersvik Gjestehus er ca. 1 km før Selje sentrum.

s. 158 Skipenes Gard
Utgangspunkt Førde: Avstand til Nordfjordeid er 108 km. Kjør E-39 nordover fra Førde. Her er en fergestrekning Anda - Lote. Fra Lote må du gjennom en tunell. Etter nedstigning etter tunellen, kommer du til en bro, sving til høyre før broen. Skipenes Gard ligger 100 m fra broa, på venstre hånd.

s. 160 Loen Pensjonat
Loen ligger 10 km fra Stryn - retning Førde. Ta av

mot Lodalen i Loen og kjør ca. 500 m mot Lodalen. Pensjonatet ligger like ved kirka i Loen.

s. 161 Olden romuteleie
Like ved en butikk og en bensinstasjon (Statoil), like ved sentrum av Olden. Spør etter vertinnen på Statoil-stasjonen.

s. 162 Trollbu
Fra Olden skal du kjøre mot Oldedalen/Briksdal, ca. 20 km. Det er skilt ved veien som sier "Trollbu".

s. 163 Molladalen B&B
Nærmeste tettsted er Spjelkavik. Følg E-39 og skilt som viser vei mot Volda. Deretter ferge fra Solevåg-en til Festøya. Det er 4 km fr Festøya til Barstadvik. I sentrum av Barstadvik står det skilt med "Rom/B&B-2.8 km" som viser vei mot Erdal som ligger fremst i dalen. Fra Ørsta er det 37 km til Barstadvik; følg E-39 mot Ålesund, og når du kommer til Barstadvik, følger du skiltet mot Erdal.

s. 164 Rønneberg Gard
Kjør 25 km fra Geiranger mot Eidsdal over Ørnevei-en. Se etter skiltet "Rønneberg/Kilsti". Det er 3 km bratt vei fra riksvegen opp til gården. Se etter det røde huset. Fra Eidsdal er det ca. 7 km til avkjøring "Røn-neberg/Kilsti".

s. 166 Petrines Gjestgiveri
Ligger ved fjorden i Norddal, 30 km fra Geiranger langs "The Golden Route".

s. 167 Strandhuset Måndalen
Huset ligger i sentrum av Måndalen, nede ved sjøen. Lett å finne og godt synlig fra E-136. Se etter skilt med "Rom/overnatting".

s. 168 Trollstigen Gjestegård
Anlegget ligger 10 km fra Åndalsnes langs E-136. Ta RV-63 mot Trollstigen og kjør 5 km. Se etter avkjør-selsskiltet som er merket med "Trollstigen Gjeste-gård". Fra Geiranger er det det første turistanlegget cttcr at du kommer ned fra Trollstigen.

s. 170 Kneiken Romutleie
Før du kommer inn til sentrum av Ålesund vil du se skilt med "Fjellstua". Følg disse skitlene et stykke oppover fjellsiden til du kommer til et kryss med 4 veier og med Spar marked til venstre i krysset. Ta til venstre nedover ca. 50 meter, deretter første vei opp til høyre ca. 50 meter, og du har Kneiken 2 på høyre side av veien.

s. 171 Remheim Gjestehus
Fra Molde: Kjør RV 662 til Hollingsholm, Fergerute 31 til Aukra og fergerute 32 fra Småge til Sandøy. Fra Ålesund: Ta av til Brattvåg som er skiltet til høyre (661) (659). Ta fergerute 22 fra Brattvåg til Mykle-bust og fergerute 32 fra Finnøy til Sandøy.

s. 172 Gråhaugen Fjellstue
På RV 65 ved grensen mellom Rindal og Surnadal, ved Kvammen i Øvre Surnadal, skal du ta av i retning skilt som viser "Trollheimshytta". Dette er bomvei (kr. 50,-). Du følger denne ca. 16 km innover Foll-dalen. Du kjører først langs Follsjøen, og ved den an-dre sjøen, Gråsjøen, ligger hyttene.

s. 173 Kjempeplassen
Ligger ved RV-30 i Ålen i Gauladalen, 33 km nord for Røros på vei mot Trondheim.

s. 174 Inger Stock B&B
Fra sør: ta av ved skilt på E-6 mot Tillerbyen. Ved lyskryss ved Rema-1000 ta til venstre, neste lyskryss ta til høyre i retning Tiller kirke. Følg John Aaes vei, tredje gate til høyre er Porsmyra. Fra nord: E-6 ret-ning Oslo, ta av til Tillerbyen, hold i midtre fil ved første lyskryss, så rett frem og Porsmyra er tredje ga-te til høyre.

s. 176 Gammeldagshuset
I stille bakgate i Trondheim sentrum; nær domkirken.

s. 177 Trøabakken
Fra Stiklestad kirke følg veg nr. 759 ca. 8 km til Leksdal ved Leksdalsvatnet. Ta veg til høyre ved "Lund". Trøabakken ligger 600 m fra Lund og riksveg 759.

s. 178 Skartnes gård

Fra Steinkjær ta RV 763 og følg skilt til Snåsa. I Snåsa sentrum ser du skilt til Skartnes. Etter 8 km på RV 763 er du i Øverbygda grendesentrum med skole og butikk. Her tar du av til venstre mot Gressåsmoen og kjører 2 km til du møter skilt til Skartnes gård. Rødt moderne gårdshus.

s. 180 Gjestehuset Nora

Nærmeste tettsted/by er Fauske, og fra Fauske følg E-6 nordover til Tømmernes (107 km), der du tar av på RV 835 mot Nordfold. Fra Tømmerhus til Nordfold er det 65 km. Gjestehuset er merket med Kvinneuniversitetet Nord. Det går også hurtigbåt til Lofoten og Bodø via Steigen.

s. 181 Modtaget

Ankomst til Engeløya via avkjøring RV 835 ved Tømmernes på E-6, ca 100 km nord for Fauske. Derifra ca. 60 km til avkjøring Brunes nordvest på Engeløy. Grusvei 3 km til før parkering. OBS! Avtal møtetid med vertinnen. Klær og sko: som til en fjelltur.

s. 182 Nordbua

Når du kommer inn mot Stamsund med bil; passér kirken på venstre side, passér Svarholt skole, ta til høyre inn Skolegata (i retning fjellene) og ta deretter første vei til venstre Rishaugveien. Vi bor i nr. 3. Så tar vi deg med til Nordbua. (Ring gjerne, så møtes vi ved bua eller avtaler et møtested).

s. 183 Svinøya Rorbuer

1 km fra Svolvær sentrum. Skiltet fra E-10. 3.5 km fra Svolvær flyplass. 1 km fra ferge Skutvik-Svolvær. 34 km fra ferge Melbu-Fiskebøl. Hurtigbåt fra Bodø og Narvik. Daglige anløp av Hurtigruten.

s. 184 Norumgården B&B

Fra torget i Narvik; kjører over broen. Følg skilt i retning flyplassen. Når du har passert Narvik kirke, kjør ca. 200 m rett frem. Huset ligger på høyre side, med et stort hvitt gjerde rundt. Nærmeste nabo er en barnehage.

s. 185 Sjøgata Gjestehus

Andenes havn, ca. 200 meter fra Hvalsenteret.

s. 187 Gunn's Turistutleie

Fra brua over til Sommarøy er det første du ser en barnehage malt som tusenbein. Ved krysset følg skiltet Unn-Tones Kro og det første huset på høyre hånd er Nordjordveien 37, en gulmalt enebolig.

s. 188 Forsøket

Fra Tromsøbrua følges Skippergata nordover til Stakkevollveien. Denne følges videre nord til første lyskryss, og det tas til venstre opp Søren Zakariassens gate. Den dreier til venstre på toppen, og man er inne i Borgermester Eidems gate. Rødbrunt hus med grønn vindusbelistning.

s. 189 Krokstranda

Fra Tromsdalen tar man hovedveien nordover langs sjøen 6,5 km. Ta av til venstre like etter Kroken forretningssenter ved skilt merket Krokstranda.

s. 190 Solsiden

12 km nord-øst for Tromsø og ca. 100 m fra sjøen.

s. 191 Det røde huset

I en rundkjøring 6-700 m før Tromsøbrua skal du ta andre vei til høyre, forbi Shellstasjon, under brua og 23 km videre nordover. Etter å ha passert Movik, Tønsvik, kommer skiltet Vågnes. Kjør videre ganske nøyaktig 3,5 km. Se etter et lyst gul-brunt hus med røde karmer og to små, røde hus på samme tomten. Kjør opp ved trippel-garasjen.

s. 192 Laksefiskerens krypinn

Ved Storslett; ta av fra E-6 og inn på RV-865 følg denne mot Bilto, Reisa Nasjonalpark. Rognmo ligger ca. 23 km fra Storslett.

s. 193 Fjellmyr

Fra Alta; kjør i retning Kautokeino 7,5 km til veiskilt viser "Skillemoveien". Følg denne 1,8 km til første veikryss. Hold til høyre i krysset og følg en gårdsvei videre ca. 150 m til Fjellmyr Gård.

s. 194 Barbara's B&B

Når du kommer til Kirkenes skal du følge E-6 gjennom byen til du kommer til Volkswagen på høyre side av veien. Der svinger du inn til høyre, tar andre veien til venstre (Henrik Lunds gate). Det første huset på venstre side er Barbara's og huset er gult med røde kanter.

s. 195 Milly's B&B

Huset ligger midt mellom Hurigrute-kaia og Kirkenes sentrum. Det er et rødt hus med sort vinduomramming. Hvis du finner et blått hus med nr. 28, er det et hus som tilhører en annen gate. Gå forbi dette til du finner et rødt.

Fra Reisa Nasjonalpark, Troms

Norsk Bygdeturisme - NBT - Hva er vel det?

NBT er et forum for småskala- og temabaserte reiselivsbedrifter som ble stiftet i februar 1997. Formålet er å være en selvstendig bransjeorganisasjon som arbeider for småskala reiselivsbedrifter. NBT samarbeider med Reiselivsbedriftenes Landsforening (RBL). NBT skal arbeide i forhold til offentlige myndigheter, veiledningsapparatet, andre organisasjoner og media.

Hva koster det å være medlem?
Det er en grunnkontigent på kr. 500,- og en serviceavgift basert på omsetningen. Har du en årlig omsetning på under kr.100.000,- kommer denne avgiften på kr. 400,-

Hva får du igjen for din kontingent?
* Bladet Veiviseren som kommer ut fem ganger i året. Dette er et fagblad for småskala reiseliv som gir deg mange nyttige råd og vink. Veiviseren er også en viktig informasjonskilde for Norsk Bygdeturisme. Abonnementet er inkludert i ditt medlemsskap. For ikke-medlemmer koster et års abonnement kr. 650,- Avtalen skal reforhandles i år 2000 det kan derfor bli endringer.
* Innkjøpsavtaler: Takket være NBTs samarbeidsavtale med RBL, oppnår du betydelige rabatter på varer til storhusholdning.
* Fagkurs: Det arbeides med å utvikle dagsaktuelle kurs hvor medlemmer får en fordelspris.

Hver for oss er vi små, men sammen er vi store - NBT vil vise hvem vi er og hvor vi står. NBT blir hørt både når det gjelder den nye landbruksmeldingen, den nye reiselivsmeldingen, arbeidet med friluftsmeldingen og den nye handlingsplanen for bygdeturisme. I tillegg arbeides det hardt for å skaffe småbedriftene riktig hylleplass i morgendagens markedsføring. Mange oppgaver venter, farten er du med på å bestemme.
Internasjonal kontakt, kontakt med medier, tilpassing av lover og regler til småbedrifter, faglig bistand når du trenger det - er oppgaver som man kan arbeide enda mer med etter hvert som NBT vokser.

Produktgrupper og aktiviteter
Under bransjeorganisasjonen NBT arbeider vi i "Produktgrupper" som har felles interesser mot spesielle markedssegmenter. Eksempler på dette er: Hytteutleie, Hest i Turistnæring, Besøksgarder og Bed & Breakfast.

I produktgruppe Bed & Breakfast har vi følgende aktiviteter:
* Innført et kvalitetssikringsprogram for B&B, som er implementert i boka "Bed & Breakfast Norge".
* Deltatt økonomisk med å videreutvikle boka "Bed & Breakfast Norge".
* Deltatt i et 2-årig markedsføringsprosjekt på det tyske markedet.
* Internettpresentasjon av Bed & Breakfast for rundreiser: http://www.aktiv-urlaub.com/b&b/
Her kan du og din bedrift bli med. Jo flere vi er, jo rimeligere blir det. Markedsarbeid er vanskelig og dyrt. I et fellesskap blir vi sterkere og vi får ned våre markedskostnader.

Ta kontakt med oss: NBT v/ Anders Bleka
Skarsmoen Gård, 2635 Tretten
Tlf: 61 27 63 13, Fax: 61 27 64 66
E-mail: info@skarsmoen.no

Vi håper informasjonen i boken gir et riktig bilde av hva som tilbys. Innholdet er basert på informasjon som tilbyderne har sendt inn til redaksjonen. Hvis standardnivå eller øvrig kvalitet ikke står i forhold til forventningene kan ikke vår redaksjon ta noe økonomisk ansvar. Ethvert leieforhold som baseres på denne boken er en avtale mellom vert og gjest. Vi har kun en informasjonsoppgave.

Det er gjort en stor innsats for å få alle opplysningene korrekte. Men feil kan likevel oppstå. Utgiver kan ikke påta seg noe ansvar i forbindelse med eventuelle feil.

We hope that the information in this book gives a correct picture of what is offered. The information within is based on the host's descriptions, hence, if quality or standard does not forfill your expectations we, the editors, have no responsibility what so ever regarding to any agreements/reservations between the guest and the host based on informaiton from this book.

Great effort has been made to insure that all information in the book is correct. Mistakes unfortunately may occur. The author/publisher cannot assume responsibility due to mistaken information.

Wir hoffen, dass die Information dieses Buches ein korrektes Bild der Angebote vermittelt. Der Inhalt gründet sich auf die Auskünfte, die die Anbieter an die Redaktion geschickt haben. Sollten Standard oder übrige Qualität nicht im Verhältnis zu den Erwartungen stehen, kann unsere Redaktion dafür keine finanzielle Verantwortung übernehmen. Ein jedes Mietverhältnis aufgrund dieses Buches ist eine Vereinbarung zwischen den Gastgebern und den Gästen. Wir erfüllen nur die Aufgabe der Information.

Viel Mühe wurde für die Richtigkeit aller Auskünfte angewandt, doch trotzdem kann es Fehler geben. Der Herausgeber kann keine Verantwortung für eventuelle Fehler übernehmen.

Evaluering / Evaluation / Beurteilung

For å kunne presentere et enda bedre B&B-tilbud i neste utgave av denne boken tar vi gjerne imot dine synspunkter og erfaringer etter at du har vært vår gjest. Send inn denne siden til adressen øverst.

To present even better updates of this B&B book we are interested in hearing from you. Please share of your experiences and opinions after you have been our guest. Please send to above address.

Damit die nächste Ausgabe des B&B-Buches noch besser werden kann, möchten wir gerne Ihre Ansichten und Erfahrungen nach Ihrem Aufenthalt wissen und bitten Sie, diesen Fragebogen an obige Adresse zu senden.

Jeg var gjest hos: / I was a guest at: / Ich war als Gast bei:

....

1. Bostandard og renhet / Living standard and cleanliness / Wohnstandard und Sauberkeit
2. Frokost og servering / Breakfast and food / Frühstück und Servierung
3. Gjestfrihet og service / Hospitality and service / Gastlichkeit und Service
4. Pris i forhold til standard / Price and value / Preis im Verhältnis zum Standard
5. B&B bokens informasjon / B&B book's information / Information im B&B-Buch

Kommentarer / Commentary / Kommentare:

....

....

....

....

....

....

....

....

....

....

....

Du må gjerne være anonym, men hvis du setter navn og adresse her, blir du med i en trekning hvor 10 heldige får neste utgave av boken gratis tilsendt.

You may choose to be anonymous but if you include your name and address, you may be one of the 10 fortunate names drawn to receive the next copy of this book free of charge.

Sie können uns gerne anonym schreiben, doch wenn wir Ihren Namen und Adresse kennen, nehmen Sie an der Verlosung von 10 neuen, kostenlos zugeschickten Ausgaben dieses Buches teil.

Navn / Name: ....

Address / Adresse: ....

....

Er tiden inne for å fornye din B&B Norge bok?

Etterhvert som denne boken blir foreldet trenger du en nyere utgave. Her er litt nyttig informasjon som hjelper deg å finne den neste utgaven:

Is it time to renew your B&B Norway book?

As time passes, this book will probably become dated and you will need a new, updated copy. Here you find useful information to locate your next edition of the book:

Haben Sie Bedarf für ein neues B&B Norwegen Buch?

Nach einiger Zeit wird dieses Buch veralten und Sie werden eine neue Ausgabe brauchen. Bei den nachstenhenden Adressen können Sie die nächste Ausgabe erhalten.

Norway: Distributed through general bookstores.

Denmark: Svensk Norsk Bogimport A/S, Esplanaden 8B, DK - 1263 København K
Telefon: 33 14 26 66, Fax: 33 14 35 88
or: Dansk Bed & Breakfast, Postboks 53, DK - 2900 Hellerup
Telefon: 39 61 04 05, Fax: 39 61 05 25, E-mail: bed@bbdk.dk

USA: Travel Books & Language Center Inc.
4437 Wisconsin Avenue, N.W. Washington D.C. 20016, USA
Phone: (202) 237-1322, or 1-800-220-2665, Fax: (202) 237-6022, E-mail: Travelbks@aol.com

France: Astrolabe, 46, Rue de Provence, F - 75009 Paris
Phone: (01) 42 85 42 95, Fax: (01) 45 75 92 51

Germany: Nordis Versand, Frohnkamp 18, D-40789 Monheim
Phone: 02173-95370, Fax: 02173-54278, E-mail: nordisbulk@aol.com
or/oder: Nordland-Versand, Postfach 5, D - 49585 Neuenkirchen
Phone: 05465/476, Fax: 05465/834, E-mail: Nordland@t-online.de

Spain: Casa del Libro, Gran Via, 29, 28013 Madrid
Phone: 91 521 39 99, Fax: 91 522 77 58, E-mail: importac@teleline.es

UK: The Scandinavia Connection,
26 Woodsford Square, London W14 8DP, England
Phone: (0171) 602-0657, Fax: (0171) 602-8556, E-mail: books@scandinavia-connection.co.uk

Sweden: Kartbutiken, Kungsgatan 74, S - 111 22 Stockholm
Phone: (08) 20 23 03 Fax: (08) 20 27 11

Switzerland: Travel Book Shop, Rindermarkt 20, CH - 8001 Zurich
Phone: 1-252-3883, Fax: 1-252-3832, E-mail: info@travelbookshop.ch

Netherlands: Geografische Boekhandel Jacob van Wyngaarden, Overtoom 97, ND - 1054 HD Amsterdam
Phone: 020 612 1901, Fax: 020 689 2666

Italy: Libreria dell'Automobile, Corso Venezia 43, 20121 Milano, Italia
Phone: 02 / 76 00 66 24, Fax: 02 / 27 30 14 54, E-mail: nadamail@sii.it

Iceland: Bókabúd Máls og Menningar, Laugavegi 18, 101 Reykjavík
Phone: 515 2500, Fax: 515 2505, E-mail: erlent@mm.is

Finland: Akademiska Bokhandeln / Akateeminen Kirjakauppa
Dickursbyvägen 146, PB 108, 01531 Vanda
Phone: (09) 12141, Fax: (09) 1214441

Other countries:
Norwegian Library House AS, P.O.Box 191 Kjelsaas, N - 0411 Oslo
Phone: (+47) 22 95 27 42, Fax: (+47) 22 95 03 25, E-mail: nlhas@online.no

Online bookdistribution:
http://amazon.ac.uk (distributed from UK)
http://home.t-online.de/home/nordland/homepage.htm (distributed from Germany)
http://www.sn.no/nlh/nlh.html (distributed from Norway)
http://bokkilden.no (distributed from Norway)